KB166834

작은 지구를 위한 마음

Earth in Mind

On Education, Environment, and the Human Prospect

작은 지구를 위한 마음

생.태.적. 문.맹.에서
벗어나기

데이비드 W. 오어 지음 — 이한음 옮김

현실문화

추천사

참된 교육이란
사랑의 패러다임으로 새로운 집을 짓는 것

강수돌
| 고려대 교수, 조치원 마을 이장 |

대한민국은 세계 최고의 교육열을 자랑한다. 예컨대 아이 교육을 위하여 돈이 많이 들어도 학군이 좋은 곳으로 이사를 가거나 심지어는 자녀 교육을 위해 온 가족이 생이별을 하는 '기러기 가족'도 많다. 전국 대부분의 고교에서는 야간자율학습이 일상화되었고, 많은 인문계 고교에서는 일류대 진학을 위해 기숙사 학교를 운용하기도 한다. 어쩌면 이런 모습은 '고전'에 속할 것이다. 요즘은 뱃속 아기를 위해 산모가 영어교육을 집중적으로 받기도 하고, 방학 중엔 초등학생마저 수백만, 수천만 원이 드는 영어 캠프를 가되, 캠프 도중에 수학 과외까지 해주는 프로그램이 인기를 끄는 진풍경이 연출되기도 한다.

반면에 이렇게 뜨거운 교육열에도 불구하고 도대체 참다운 교육이 뭔지에 대해 우리가 성찰하고 실천하는 정도는 어쩌면 세계 최저의 수준일지 모른다. 부끄러운 일이다. 왜 자식 교육에 이토록 뜨겁게 매달리는지에 대해 근본적인 철학이 정립되지 않은 채 거의 맹목적으로 달리다 보니 결국은 어른과 아이들 모두가 지치고 만다. 심지어 많은 청소년들이 병적인 일탈을 하거나 자기 목숨까지 포기하는 비상사태가 드물지 않게 발생한다.

이런 식으로 4,800만 국민들이 공통적으로 매달리는 주제는 아마도 '교육'과 '경제'라고 해야 할 것이다. 사실 이 두 가지 문제는 결국 '어떻게 먹고살 것인가'의 문제이기에 따로 분리된 것도 아니다. 생각건대 오늘날 배움터는 즐거움과 기쁨의 공간이 아니라 스트레스의 공간, 공포의 공간이며, 일터 또한 보람과 행복감의 공간이 아니라 긴장과 경쟁의 살벌한 공간이 되고 말았다. 이 모든 현상은 결국 '우리가 도대체 무엇을 배우고 어떻게 살 것인가' 하는 문제와 밀접하게 연관된다.

데이비드 오어 선생의 이 책은 이러한 문제와 관련하여 임기응변적 대응책보다는 근본적 처방을 강조한다. 그것은 교육과 환경과 인간에 대한 우리의 기본적인 관점을 보다 차분하게 그 뿌리로부터 재고찰할 것을 요구한다. 그는 자신이 살고 있는 신자유주의의 맹주국인 미국뿐만 아니라 전 세계적 차원에서 인간과 자연의 관계가 갈수록 뒤틀리고 있음을, 그리하여 마침내 인간 생존의 토대가 온통 위험에 처해지고 있음을 강조하고 있다. 예컨대, 세계적으로 남성 정자수는 1938년 이래 50%나 줄었다. 또 엄마의 모유는 치명적 유독 성분을 함유하고 있다. 유럽 숲의 약 80%는 산성비 피해를 입고 있으며, 미국의 산업계는 해마다 약 114억 톤의 유해 폐기물을 자연으로 방출한다.

과연 우리는 언제까지 이러한 눈앞의 현실을 무시하며 맹목적 성장의 논리, 맹목적 점수의 논리로 앞만 보며 달려갈 수 있을까? 바로 이것이 오어 선생이 우리 모두에게 던지는 절실한 질문이다. 그는 말한다. 교육이란 도대체 무엇이며, 그것이 잘못된 것일 때 얼마나 위험한 것인지를. 교육이 산업이 되어 돈벌이를 추구해도 부끄러워하기는커녕 뻔뻔스럽게 자랑하는 현실, 아이들에게 꿈과 희망보다는 상처와 좌절을 안겨다주는 현실, 바로 이런 현실을 바꾸기 위해 그는 완전히 새로운 접근이 필요하다고 본다.

저자는 "점점 전문화하는 교육과정과 인간 조건에 관한 큰 질문을 하는 능력 사이"에 커다란 간극이 존재한다고 본다. 다시금 인간 조건에 대해 큰 질문을 하기 시작하는 것이 해결의 출발점이라는 것이다. 그것은 결국, 사랑, 지성, 지혜, 미덕, 책임감, 가치, 양식에 관한 질문들이다.

생각건대, 오늘날 우리의 학교도, 초중고교나 대학교를 가릴 것 없이 말로는 사랑과 지혜와 미덕과 같은 아름다운 가치를 얼마나 많이 강조하는가? 그러나 현실은 경쟁과 질투, 단순 암기와 점수 기계를 강요하고 있다. 이 모든 것이 시스템화되어 있고, 이러한 시스템화조차 깨닫지 못하는 것이 우리의 솔직한 현실이다. 이반 일리히(Ivan Illich) 선생이 말하는 "전문가 백치"가 되어가면서도 그것조차 모르는 것이 우리의 솔직한 모습이다.

따라서 시스템을 새롭게 디자인하는 것, 사랑과 지혜와 미덕과 같은 참된 인간의 가치, 생명의 가치를 가지고 사람과 사람, 사람과 자연 사이의 관계를 완전히 새롭게 디자인하는 것, 그러한 새 디자인 위에 새로운 현실을 창조하는 것, 이것이 바로 우리가 차분히 해야 할 과제다. 마치 새로운 집을 짓듯이 말이다. 이것을 저자는 '바이오필리아 혁명'이라 부른다. 생명에 대한 사랑을 기초로 이루어지는 혁명이다.

그렇다. 현재의 교육은 이러한 근본적 혁명 없이 부분적 땜질로는 절대 올바로 고쳐질 수 없다. 대부분 사람들이 이러저러한 문제 제기를 하지만 실제로는 아무 변화가 오지 않는 것도 바로 이런 점 때문이다.

따라서 교육의 문제를 교육의 문제로만 풀려고 해서는 안 된다. 교육과 더불어 경제, 생명, 노동, 정치, 문화 등 모든 영역이 서로 맞물리면서 사랑이라는 주춧돌 위에 새롭게 재구성되어야 한다. 탐욕이라는 기존의 주춧돌을 과감히 빼버려야 비로소 새로운 집을 지을 수 있는 것이다.

이 세상 모든 책을 여덟 글자로 요약하면 '세상에 공짜는 없다'라 한다. 탐욕의 패러다임에서는 가능한 한 공짜로 더 많은 것을 얻으려 한다. 더 많은 돈과 권력을 탐하다 건강을 잃고 친구를 잃고 이웃을 잃는다. 심하면 마을도 망치고 지구도 망친다. 그러나 사랑의 패러다임에서는 사람과 사람, 사람과 자연이 서로 평화롭고 우애로운 관계를 맺는 데서 보람을 찾는다.

탐욕을 버리고 사랑으로 살아도 행복하게 살 수 있는 그런 시스템을 새로 만들어야 한다. 그것이 우리의 희망이다. 이러한 희망의 교육, 삶의 교육을 공부하고 싶은 분들에게 이 책은 큰 도움이 될 것이라 믿는다.

차례

2부

첫째 원칙들

3부

교육을 다시 생각하다

4부
목적

일러두기

*2009년에 나왔던 《학교를 잃은 사회, 사회를 잊은 교육》이 《작은 지구를 위한 마음》으로 다시 나왔습니다.
*본문의 각주는 모두 옮긴이 주입니다.

10주년 기념판 서문

작가이자 문명비평가, 농부이기도 한 웬들 베리가 언젠가 혼인에 비유했듯이, 정규교육은 완전히 해결할 수 없는 문제를 완전히 해결할 수 있는 답이 못 된다. 게다가 다양한 견해와 논쟁을 자극하는 과목도 거의 없다시피 하니. 존 테일러 개토는 뉴욕시티에서 오랜 교사 생활 끝에 정규교육은 대체로 사람을 멍청하게 만드는 역할을 할 뿐이라는 결론에 이르렀다. 마찬가지로 고인이 된 작가이자 사회비평가인 닐 포츠먼은 교육이 이룰 수 있는 최고 목표가 학생을 더 영리하게 만드는 게 아니라 기껏해야 그저 덜 어리석게 만드는 것이며, 그것조차도 몹시 어려운 목표라고 보았다.

한편, 창조론자들은 다윈과 그의 사도들을 사원에서 몰아내고 싶어한다. 2001년 9월 11일 이래로 그들은 민주주의를 수호한다는 명목으로 자신들의 견해와 다른 비판적 사고를 함양하는 교과과정을 추방하려고 시도했다. 2004년에는 1,600명이 펜실베이니아 대로에 모여 단 한 명의 아이도 낙오되지 않도록 국가정책을 바꾸라고 시위를 벌였지만, 한마디로 요약하자면 그들은 아이들을 그 정책 버스에 태우는 데 실패했다. 그리고 역사가 야코프 부르크하르트가 '끔찍한 단순론자(terrible simplifiers)'라고 부른 사람들이 있다. 졸업생이 사소한 것과 중요한 것을 구분할 수 있고 또 기꺼이 그러는지, 명쾌하게 사고하는지, 평생학습자로 살아가는지 여부는 개의치 않은 채, 교육문제에서 숫자로 환원시킬 수 있는 문제들만 따지는 사람들이다.

교육이라는 이 완전히 해결할 수 없는 문제는, 교육자 파울루 프레이리가 '은행 저금식 교육(banking education)'으로 제시한 것처럼, 올바른 것들을 학생들의 머릿속에 차곡차곡 넣기만 하면 해결할 수 있는 식으로 여겨지곤 한다. 자신이 은행가와 다소 비슷하다고 믿는 교육자들에게 교육목표란 어린 학생들이 알아야 할 다양한 사실과 해당 시기를 죽 나열하여 가르치고 나서 학생들의 머릿속에 그것들을 제대로 쑤셔 넣으려고, 적어도 시험을 칠 때까지 박혀 있게 하려고 표준화 시험을 치는 것을 가리킨다. 정부가 어떤 기준을 천명하든 간에, 결과는 그리 신통치 않다. 아니, 신통할 수가 없다. 그 이유는 노력이나 예산이 부족하다는 것과 별 관계가 없다. 본질적으로 바탕이 되는 철학의 빈곤 탓이다. 이 책의 10년 전 판본에서 나는 교육(education)이라는 영어 단어의 라틴어 어근이 '이끌어내다'라는 뜻이라는 말로 책의 마무리를 지었다. 그렇다면 미국의 정규교육은 무엇을 이끌어낼까? 사실 기대에 못 미치며, 사회가 이미 이룬 것을 그저 되새기는 것뿐일 때가 종종 있다.

그런데 잘 벼려진 광고 도구들을 이용하여 사람들을 속여 넘기는 일에 연간 5,000억 달러를 쓰는 사회에서 과연 어떻게 해야 어린 학생들에게 무엇이 중요한지 올바르고 명쾌하게 생각하게끔 가르칠 수 있을까? 오락거리에 정신을 빼앗기고 전문화가 이루어진 사회에서 어떻게 하면 아이들에게 전체적인 체계와 패턴과 더 큰 맥락을 이해하는 능력을 함양시킬 수 있을까? 비만이 유행병이 된 패스트푸드 문화에서 어떻게 해야 건강을 소중히 하는 마음을 갖게 할 수 있을까? 수백만 시민을 감옥에 가두고 있는 사회에서 어떻게 하면 법의 가치를 아이들에게 가르칠 수 있을까? 우리 사회가 폭력을 찬미하고, 미국 정부가 그다음 후순위 21개국의 국방예산을 합친 것보다 더 많은 연간 4,000억 달러를 군대에 쏟아붓는 현실에서 어떻게 해야 아이들에게 평화의 가치를 가르칠 수 있을까? 금권정치 국가로 변해 가는 나라에서 어떻게 해야 민주주의를 가르칠 수 있을까? 경제정책과 조세체계가 부자를 위한 것이 뻔히 보이는 상황에서 어떻게 공정성과 직업윤리를 가르칠 수 있을까? 하루에 평균 4시간 이상 텔레비전을 보는 아이들에게 어떻게 비판적 사고 기술을 가르칠 수 있을까? 식견을 갖춘 시민의 책임 있는 행동을 평가절하 하는 사회에서 어떻게 아이들에게 사회에 봉사하라고 가르칠 수 있을까? 미국이 기후변화의 주된 행위자인 상황에서 미국의 아이들에게 어떻게 세계를 존중하라고 가르칠 수 있을까? 우리 사회가 땅과 공동체보다 개인주의와 소비에 가치를 더 두고 있는데, 어떻게 아이들에게 땅과 공동체를 사랑하라고 가르칠 수 있을까?

이토록 파괴적이고 제멋대로 변한 사회에서 아이들을 슬기롭게 키우거나 아이들이 이지적인 어른으로 살아갈 수 있다고 믿는다니 어리석기 그지없다. 교육 내의 문제들과는 대조적으로, 교육의 문제는 대체로 초중고등학교와 대학교가 더 큰 규모의 경제력과 정치력을 무비판적으로 받아들이고 때로 그런 세력의 혜택을 받을 때가 너무나 많다는 점 때문일 수 있다. 늘 그런 것도, 모든 곳에서 다 그런 것도, 언제나 그런 곳이 있는 것도 아니지만 그런 경우가 너무나 많다. 그 결과, 우리는 아이들에 대한 의무를 제대로 이행하지 못하고 있다. 우리가 방치하는 것들이 빚어내는 결과를 다룰 능력을 아이들에게 갖추어주지 못하고 있다는 점에서 더욱더 그렇다.

10년 전 나는 지구라는 행성에서 평범한 하루에 잃어가는 것들을 묘사하면서 이 책을 시작했다. 우리가 아는 한, 10년 뒤인 지금, 수치상으로 상황은 좀 더 열악해져 있다. 긍정적 측면은 인구성장률이 느려지고 있다는 점이다. 이유는 여성이 아이를 덜 낳는 쪽을 택한다는 점과, 안됐지만 아프리카와 러시아 같은 나라들에서 기대수명이 크게 떨어진 때문이다. 하지만 온실기체 배출량은 여전히 증가하고 있으며, 그 결과 기후변화가 인류의 최대 현안으로 대두하려 하고 있다. 생물 종이 사라지는 속도도 느려질 기미가 보이지 않는다. 크고 작은 바다도 상태가 계속 나빠지고 있다. 생태 환경 악화는 제3세계 많은 지역에서 벌어지는 정치적 격변의 근본 원인이 되어 있다. 이 목록은 계속 이어진다. 세계 각국 정부는 대책을 마련하는 데 미적거려 왔으며, 극단적 시장 이데올로기에 사로잡힌 미국 정부는 지구 거주 가능성과 관련한 거의 모든 현안에 자폐증세를 보여왔다.

2001년 9월 11일 사건 이래로, 테러는 국가의 최우선 관심사이자 아이들에게 영향을 줄 사항들을 비롯해 다른 모든 관심사를 공적인 무대에서 끌어내리는 핑계거리가 되어왔다. 그 때문에 우리는 진정한 안보, 평화, 기후 안정성, 공정성, 번영, 환경의 질이 서로 떼어낼 수 없는 현안이라는 인식을 잃어가고 있다. 사실 그것들은 공공사업의 운영이라는 한 현안의 여러 측면이다. 그리고 공공사업은 국가, 부족, 종교, 민족성, 언어, 문화, 정치 같은 것을 통해 갈라놓을 수 없는 훨씬 더 큰 전체, 즉 지구 공익사업의 일부다.

우리는 모두 우연한 일, 나쁜 판단, 악의 같은 것에 취약한 허약한 실험에 참여하고 있다. 지구 거주 가능성을 줄이면서도 안전하고 번영하기를 바란다면, 우리는 결코 존재한 적이 없고 앞으로도 존재할 수 없는 것을 바라는 셈이다. 우리는 모두 태곳적부터 이어져 온 모험사업의 공동 일원이지만, 알도 레오폴드가 지적했듯이 우리가 생명 공동체의 평범한 구성원이자 시민임을 배우는 능력은 예전보다 나아진 게 없다.

이 책의 제목(Earth in Mind)은 그것이 명령이면서 가능성임을 시사한다. 명령은 그저 우리가 삶의 토대인 생태 조건과 선결 조건에 전폭적이고 세심하게 주의를 기울여야 한다는 것이다. 우리는 인간 활동이 생태계나 생물권에 어떤 영향을 미치는지 거의 알지 못한다. 그것이 바로 우리가 제대로 안 상태에서 조심스럽게 행동해야 할 이유다. 그리고 지구에 주둔하는 인간의 규모와 관성 운동량을 생각할 때, 다른 주장을 하는 건 지극히 어리석은 짓이다.

또 책 제목은 인류가 오랜 세월 살아오는 동안 생명, 대지, 숲, 물, 흙, 장소를 애호하는 마음을 터득했을 가능성도 시사한다. 에드워드 윌슨이 말한 바이오필리아(biophilia, 생명사랑) 말이다. 바이오필리아는 단순히 흥미롭고 옹호할 수 있는 가설 차원의 것이 아니다. 내가 보기에는, 우리 미래를 위한 최선의 희망이다. 단순한 기대 심리와는 다른 진정한 희망을 말하려 할 때, 우리는 이런저런 진보에 관한 추상적 개념이나 기술 발전이 아니라, 우리 애정의 범위와 깊이를 먼저 살펴보아야 한다. 그 애정은 우리가 무엇을 할지 범위를 설정하고 우리 지능의 방향을 돌려서 더 낫거나 나쁜 가능성을 보게끔 한다. 우리의 아이들, 장소, 후손, 생명에 애정을 간직할 가능성은 우리 모두에게 있다. 그것은 우리 진화적 유산의 일부다. 그것은 우리의 가장 훌륭한 종교적 가르침들에 담겨 있다. 그리고 예민하고 철저하고 선견지명을 갖춘 애정에서 나오는 의무의 전체 범위를 깨닫는 일은 이제 단순한 이기심 차원의 문제가 되어 있다.

갖은 역경을 극복하고 지구 생태적 계몽의 윤곽이 드러나기 시작했다. 전 세계의 비영리기관, 초중고등학교, 대학교에서 환경교육이 체계를 잡아가고 있다. 지구 규모에서 풍력과 태양력을 이용하는 에너지 체계로 전환하려는 진지한 노력이 시작되었다. 지속 가능한 농업과 임업이 기반을 잡아가고 있다. 녹색건축(친환경 건축) 관련 기술과 학문이 번성하고 있다. 설계, 기획, 의학, 경제, 법, 언론, 교육, 농업 같은 분야에 '환경'이라는 단어가 붙으면서 내가 아는 한 가장 흥분되는 직업의 기회가 펼쳐지고 있다. 로키마운틴연구소(Rocky Mountain Institute), 생태소양센터(Center for Ecoliteracy), 슈마허대학(Schumacher College), 에코트러스트(Ecotrust), 오션아크스(Ocean Arks) 같은 소규모 비정부 기관들은 지금 전 세계에서 활동하고 있다. 인터넷은 세계 시민들이 정부에 책임을 지울 새로운 가능성을 여는 중이다. 하지만, 나는 우리가 교육과 파국 사이에서 경주를 벌이고 있다는 허버트 G. 웰스의 말이 맞다고 생각한다. 그 경주는 전 세계의 교실에서 판가름 날 것이다. 그리고 지성, 사고, 따뜻한 마음을 함양하는 모든 곳에서.

서문

내 책상에는 지난달의 신문, 잡지, 책에서 아무렇게나 그러모은 사실 자료들이 흩어져 있다.

- 세계적으로 남성의 정자 수가 1938년 이래로 50%가 줄어들었는데, 정확한 이유는 아무도 모른다.
- 사람의 모유는 낙농업자들이 파는 우유에 허용되는 것보다 유독 성분을 더 많이 함유할 때가 종종 있다.
- 사망했을 때 사람의 시신은 유해 폐기물로 분류될 만한 양의 유독 물질과 중금속을 포함할 때가 종종 있다.
- 마찬가지로 세인트로렌스 강과 대서양 연안에 휩쓸려 올라온 고래와 돌고래의 사체도 유독하다.
- 세계적으로 곰팡이가 뚜렷하게 줄어들고 있는데, 아무도 이유를 모른다.
- 세계적으로 양서류 개체도 쇠퇴하고 있다. 비의 pH(수소이온

지수: 용액의 산성도나 염기도를 나타내는 지수)가 정상인 지역에서도 그렇다.

– 유럽 숲의 약 80%는 산성비에 피해를 입고 있다.
– 미국의 산업은 해마다 유해 폐기물 약 114억 톤을 배출한다.
– 캐나다 토론토의 지면에 닿는 자외선은 해마다 5%씩 증가하고 있다.

이런 사실들은 무작위로 고른 듯이 보이지만, 사실은 결코 무작위적인 게 아니다. 이것들은 쇼핑몰과 삼림 파괴, 화려한 교외 지역과 오존 구멍, 혼잡한 고속도로와 기후변화, 빼곡한 슈퍼마켓과 토양 침식, 5조 달러를 넘는 국민총생산과 정화해야 할 유해물질 불법 매립지, 기술적 경이와 비정한 폭력을 포함하는 더 큰 패턴의 일부다. 현실에서 '부작용'이나 '외부효과(externality)' 같은 것은 아예 없다. 그런 것들은 전체 천의 실들이다. 나는 우리가 그것들을 서로 동떨어진 사건들로 보거나 아예 알아보지 못한다는 사실이 교육의 실패 사례로서 인정해야 할 크나큰 실패의 증거라고 본다. 그것은 폭넓게 생각하고 체계와 패턴을 인식하고, 온전한 인간으로 살아갈 수 있게끔 사람들을 교육하지 못한 실패 사례다.

하지만, 교육기준과 교육개혁에 관한 현재 논쟁의 상당 부분은 우리가 오로지 젊은이들을 세계경제에서 효율적으로 경쟁할 수 있게 준비시키기만 하면 된다는 믿음에서 나온다. 그렇게 한다면 만사 다 잘될 터다. 아니, 그렇다고 간주된다. 그러나 교육을 개혁할 더 좋은 이유들이 있으며, 그 이유들은 지구 거주 가능성의 급격한 감소와 관련이 있다. 우리가 지구를 산업화할 수 있게 해준 훈련 위주의 교육이 산업화가 일으킨 피해를 치유하는 일에 반드시 도움이 된다고는 할 수 없다. 예일대학교 역사학자 폴 케네디(Paul Kennedy)는 이전 한 세기를 조사하고 나서 대체로 이와 비슷한 결론에 이르렀으며, '인류의 재교육에 맞먹는 것'을 요구했다(1993, p. 331).

하지만, 우리는 지구에 비상사태 같은 것은 없는 양 대체로 하던 대로 젊은이들을 교육하고 있다. 환경문제는 이런저런 기술로 해결할 수 있겠거니 하는 가정이 널리 퍼져 있다. 더 나은 기술이 도움을 줄 수 있으리라는 건 분명하지만, 그 위기는 무엇보다도 기술적인 게 아니다. 오히려 위기는 기술을 개발하고 이용하는 정신 내의 위기다. 생태계와 지구의 대규모 생물지화학적 순환(biogeochemical cycle)* 의 교란은 산업형 정신 본연의 사유, 지각, 상상, 일의 선후관계 판단, 충직한 태도에 먼저 교란이 일어났음을 반영한다. 그렇다면 궁극적으로 생태 위기는 우리가 생각하는 방식과 사고하는 능력을 형성하고 다듬겠다는 목표를 지닌 기관들과 관련이 있다.

이 책에 실린 글들은 1990~93년에 각기 다른 목적으로 서로 다른 독자를 염두에 두고 쓴 것이다. 환경 위기가 생태적 패턴, 인과체계, 인간 행위의 장기적 영향을 생각하는 능력이 없는 데서 빚어진다는 믿음 하에 쓴 글들을 모은 것이다. 궁극적으로 그것들은 토양침식, 멸종, 삼림 파괴, 추악함, 오염, 사회 부패, 부정행위, 경제적 비효율로서 드러난다. 반면에 생태 설계 지성(ecological design intelligence)이라 부를 수 있는 것은 사람이 살아가는 생태적 맥락을 이해하고, 한계를 인식하고, 일의 규모를 제대로 파악하는 능력이다. 생태 설계 지성은 인간의 목적과 자연의 제약을 헤아릴 줄 알고, 우아

* 생물체에 존재하는 필수원소들이 지구 전체에서 자연스럽게 순환하는 과정.

하고 경제적으로 그 일을 해내는 능력이다. 생태 설계 지성은 기술 같은 것들만이 아니라, 지구에 맞추어 우리의 생각과 철학의 형태와 규모를 조절하는 일과도 관련이 있다. 본질적으로 생태 설계 지성은 세계에 대한 윤리관과 그에 대한 우리의 의무를 동기로 삼는다. 다른 식으로 하면 가능하고 때로는 수지도 맞는 것들에 아니라고 말하는 데는 양식과 도덕적 에너지가 필요하다. 생태 설계 지성의 가장 확실한 징표는 집단적 성취 사례들이다. 건강하고, 오래 견디고, 원상 복원되고, 공정하고, 번영하는 공동체들 말이다.

나는 교육자란 생태적으로 숙달된 정신과 그런 정신을 함양하기 위해 해야 할 것들을 배우는 자가 되어야 한다고 믿는다. 조만간 이것은 교육 자체를 재설계하는 것이나 마찬가지의 의미가 될 것이다.

1부

교육이라는 문제

교육은 그다지 문제로 여겨지지 않는다. 바로 그 점이 문제인데 말이다. 교육이란 다 좋은 것이며, 많이 받을수록 더 좋다는 것이 상식이다.
1부에는 생태적 관점에서 이 견해에 도전하는 글들이 실려 있다. 진실을 말하자면, 아주 조심하지 않으면 교육은 사람들을 그저 지구를 더 효과적으로 파괴하는 자로 만들 수 있다. 귀를 잘 기울이면, 학위를 딴, 명석하지만 생태학적으로 문맹인, 성공을 열망하는 호모사피엔스 무리가 생물권으로 쏟아질 때마다 만물이 신음하는 소리를 들을 수 있을지도 모른다. 그래서 1부의 글들은 교육 내의 문제들이 아니라 교육이라는 문제를 다룬다. 이 글들은 조금씩 땜질하자는 것이 아니라, 더 철저한 변화가 필요하다고 외친다.

01_ 교육은 무엇을 위한 것인가?

오늘이 행성 지구의 전형적인 하루라면, 우림 300제곱킬로미터가 사라지고 있을 것이다. 1초에 약 4,000제곱미터다. 또 186제곱킬로미터 땅이 사막에 삼켜질 것이다. 사람의 관리 부실과 인구과잉의 결과다. 그리고 40～250 생물 종이 사라질 것이다. 정확히 40종인지 250종인지는 아무도 모른다. 오늘 인구는 25만 명 늘어날 것이다. 그리고 오늘 우리는 염화플루오린화탄소(CFCs, 염화불화탄소: 상품명인 '프레온' 가스로 흔히 불린다) 2,700톤과 이산화탄소 1,500만 톤을 대기에 추가할 것이다. 오늘 밤 지구는 약간 더 더울 것이고, 물은 약간 더 산성을 띨 것이며, 생명의 천은 조금 더 해질 것이다. 한 해가 저물 무렵이면 엄청난 수가 된다. 우림의 총 상실 면적은 미국 워싱턴 주만 할 것이다. 늘어난 사막 면적은 웨스트버지니아 주만 할 것이고, 세계 인구는 9,000만 명 이상 더 늘어날 것이다. 2000년 말에는 아마 1900년에 존재했던 생명체의 20%가 사라지고 없을 것이다.

우리의 장래 건강과 번영의 토대가 될 많은 것들이 심각한 위험에 처해 있다. 기후 안정성, 자연계의 복원력과 생산성, 자연의 아름다움, 생물 다양성이.

이것이 무지한 사람들이 저지른 일이 아니라는 점을 언급할 필요가 있다. 오히려, 주로 문학 학사, 과학 학사, 법학 학사, 경영학 석사와 박사 학위를 받은 사람들이 저지른 결과물이다. 루마니아 태생의 유대계 미국 작가 엘리 위젤(Elie Wiesel)은 아우슈비츠, 다하우, 부헨발트 나치 집단수용소의 유대인 대학살을 계획하고 실행한 자들이 세상에서 가장 교양 있는 인물로 널리 받아들여져 있는 칸트와 괴테의 계승자들임을 지적하면서, 같은 논지를 펼친 바 있다. 그들이 받은 교육은 잔인한 행위를 막아줄 장벽이 되어주지 못했다. 그들의 교육에서 뭐가 잘못된 것일까? 위젤은 이렇게 말한다.

> 그것은 가치 대신에 이론을, 인간보다 개념을, 의식보다 추상을, 질문 대신에 대답을, 양심보다 이념과 효율을 강조했다. (Wiesel 1990)

나는 우리 교육에도 같은 말을 할 수 있다고 본다. 자연 세계에 대해 우리 교육은 가치가 아니라 이론을 강조한다. 의식보다 추상을, 질문 대신에 산뜻한 답을, 양심보다 기술적 효율을 말이다. 그것은 이 행성에서 길든 짧든 얼마간 지속 가능하게 살아온 사람들이나, 암만파(아미시) 신도들처럼 함축된 의미를 읽어내는 일에 별 관심이 없는 사람들만이 알아차리지 못하는 사소한 결과 따위가 아니다. 내 요지는 단순하다. 교육이 예의나 사려 깊음이나 지혜를 보장하지는 않는다는 것이다. 똑같은 유형의 교육은 더 많을수록 문제를 더 복잡하게 할 뿐이다. 이것은 무지를 옹호하는 주장이 아니라, 오히려 교육의 가치를 이제는 예의와 인간의 생존을 기준으로 평가해야 한다는 주장이다. 두 가지는 21세기에 우리 앞에서 대단히 크게 어른거리고 있다. 우리를 구해줄 것은 교육 전반이 아니라, 특정한 유형의 교육이다.

현대 교육을 둘러싼 신화

현재의 문화와 교육이 뭐가 잘못되었다는 것일까? 우리는 지식과 힘을 얻으려고 영혼을 판 포스터스 박사를 그린 크리스토퍼 말로(Christopher Marlowe)의 작품, 자신의 창조물에 책임지기를 거부한 프랑켄슈타인 박사를 그린 메리 셸리(Mary Shelley)의 작품, "내가 쓰는 수단은 다 멀쩡하지만, 내 동기와 목적은 미친 거야"라고 말하는 에이허브 선장을 그린 허먼 멜빌(Herman Melville)의 작품* 같은 문학에서 깨달음을 얻을 수 있다. 이런 인물에게서 우리는 자연을 지배하려는 현대인의 욕구의 본질을 마주친다.

역사적으로, 프랜시스 베이컨이 주장한 지식과 힘의 통합은 그토록 많은 해악을 끼쳐온 현대의 정부, 기업, 지식 사이의 동맹을 예고했다. 식자층과 갈릴레오 갈릴레이의 결별은 창조성, 유머, 전체성을 다루는 정신보다 분석적 정신의 우위를 예고했다. 르네 데카르트의 인식론에서는 자아와 대상을 근본적으로 가르는 태도의 뿌리를

* 차례로 〈포스터스 박사의 비극(The Tragical History of Doctor Faustus)〉(1604), 〈프랑켄슈타인: 현대의 프로메테우스(Frankenstein: or, The Modern Prometheus)〉(1818), 〈모비딕(Moby-Dick)〉(1851)을 가리킨다.

찾을 수 있다. 이 세 가지가 합쳐져서 현대 교육의 토대를 이루었다. 이 토대는 이제 우리가 의심 없이 받아들이는 신화들 속에 고이 모셔져 있다. 그 신화들 중 여섯 가지를 살펴보기로 하자.

첫째, 무지가 해결 가능한 문제라는 신화가 있다. 무지는 해결 가능한 문제가 아니다. 오히려 피할 수 없는 인간 조건의 일부다. 우리는 세계를 완전히 이해할 수 없다. 지식 발전은 언제나 어떤 형태의 무지를 앞세우면서 이루어진다. 한 예로 1929년 CFCs 같은 물질이 성층권 오존과 기후 안정성에 어떤 영향을 미칠지에 관한 지식은 그 화합물이 아직 발명되지 않았기에 사소한 무지의 단편이었다. 하지만 1930년 토머스 미즐리(Thomas Midgley)가 CFCs를 발견하자 사소한 무지의 단편이었던 것은 인간의 생물권 이해에 난, 생명을 위협하는 중대한 틈새가 되었다. 1970년대 초까지 '이 물질이 어떤 영향을 끼칠까?' 하는 질문을 떠올린 사람은 아무도 없었다. 1986년 CFCs가 남극 상공의 오존층에 미국 본토 48개주만 한 구멍을 만들었다는 것이 발견되었다. 1990년대 초가 되자, CFCs는 전 세계의 오존층을 크게 줄였다. CFCs의 발견으로 지식은 늘어났지만, 커지는 원의 원주처럼 무지 또한 늘어났다.

두 번째는 우리가 충분한 지식과 기술을 갖추고 있으면, 《사이언티픽 아메리칸(Scientific American)》(1989)의 말마따나 '행성 지구를 관리'할 수 있다는 신화다. 고등교육은 대체로 인간의 지배력을 최대한 확장하려는 충동이 빚어낸 것이다. 이 임무에서 인간의 지성은 잘못된 길을 밟아왔는지 모른다. 그렇긴 해도 행성을 관리한다는 말은 우리 지성에 착 와 닿는다. 그 말은 디지털 판독기, 컴퓨터, 버튼, 다이얼처럼 우리를 홀리는 듯하다. 하지만 지구와 그 생명체계들의 복잡성은 결코 안전하게 관리할 수 없다. 표층토라는 가장 위쪽 몇 센

티미터의 생태가 더 큰 생물권의 체계와 어떤 관계를 맺고 있는지는 아직 대부분 알려지지 않았다. 어쩌면 관리되어야 할 대상은 우리일 수 있다. 인간의 욕망, 경제, 정치, 공동체 말이다. 하지만 우리는 정치, 분별, 윤리, 상식이 짐 지우는 어려운 선택을 회피하는 것들에 정신이 팔려 있다. 우리의 무한한 욕구에 맞추어 행성을 바꾸려고 시도하기보다는 유한한 행성에 맞게 우리 자신을 바꾸는 것이 훨씬 더 이치에 맞는다.

세 번째 신화는 지식이, 그리고 그에 따라 인간의 미덕이 늘어난다는 것이다. 정보폭발 즉 자료, 문자, 종이의 급증이 일어나고 있다. 하지만 이 폭발을 지식과 지혜의 증가로 착각해서는 안 된다. 지식과 지혜의 증가는 그렇게 쉽게 측정할 수 있는 게 아니다. 진정으로 말할 수 있는 것은 일부 지식은 늘어나지만 다른 지식은 잃어가고 있다는 점이다. 한 예로 생물학과 교수인 데이비드 에런펠드(David Ehrenfeld)는 생물학과에서 더 이상 계통학, 분류학, 조류학 전공 교수를 채용하지 않는다고 지적했다(사적인 대화). 다시 말해서, 돈은 더 되지만 더 중요한 탐구 영역이라고는 할 수 없는 분자생물학과 유전공학이 최근에 지나치게 강조되는 바람에 잃어가는 중요한 지식이 있다. 일부 분야에서 발전하고 있긴 해도, 우리는 반세기 전 알도 레오폴드(Aldo Leopold)가 요구한 육지 건강을 다룬 과학 같은 것을 여전히 갖고 있지 않다. 우리는 특정 분야의 지식만이 아니라 향토지식도 잃어버리고 있다. 향토지식(vernacular knowledge)이란 사람들이 자기 지역에 관해 지니는 지식을 말한다. 배리 로페즈(Barry Lopez)는 이렇게 말한다.

> 지역적이든 전국적이든 간에 지리에 대한 무지가 손 공구에 대한

> 무지만큼 용서가 되고, 고향에 대한 헌신이 일시적인 기분 전환거리에 불과하고 결국에는 고지식한 것으로 치부되는 것이 현대 사회의 섬뜩한 본성이다.
>
> 나는 위험하지는 않다고 할지라도 뭔가 기이한 일이 시작되고 있음을 깨닫게 된다. 땅을 직접 접하면서 살아가는 사람은 해마다 줄어든다. 시골 인구는 계속 도시로 옮겨가고 있다……. 이런 개인적 · 지역적 지식, 즉 진짜 지리에서 나오는 지식, 한 나라가 궁극적으로 딛고 서야 하는 지식의 상실 뒤에 뭐라고 정의하기는 어렵지만 내가 보기에 불길하고 불안하게 하는 무언가가 오고 있다. (Lopez 1989, p. 55)

오늘날의 대학교는 이런 종류의 지식을 별난 '민속문화'로서 기록하는 것 말고는 그것을 알 가치가 있다고 보지 않는다. 그 대신 연구를 통해 이른바 '인류 지식의 보고'를 더 채우는 일을 임무로 여긴다. 무엇을 연구라 말할 수 있을까? 역사학자 페이지 스미스(Page Smith)는 한 가지 답을 내놓는다.

> 현대 대학교에서 내놓은 이른바 연구의 대부분은 본질적으로 무가치하다. 그것은 그 무엇에도 또 그 누군가에게도 중요한 혜택을 주지 않는다. 그것은 그렇게 자신만만하게 내세우는 어디에나 있는 '지식의 변경' 을 밀어내지 않는다. 그것은 일반 대중이나 그 중 어느 일부의 건강이나 행복을 더 증진시키는 주된 결과를 빚어내지 않는다. 그것은 거의 파악할 수 없는 방대한 규모의 바쁘기만 하고 성과는 없는 일이다. 그것은 낙심하게 만든다. 그것은 학문 활동 전체를 풀 죽게 한다. 그리고 가장 중요한 점은 그것이

학생에게서 자신이 가치를 두어야 할 것을 앗아간다는 점이다. 가르치는 일에 깊이 전념하는 교사의 사려 깊고 세심한 주의 말이다. (Smith 1990, p. 7)

자료와 지식의 혼동 속에 있는 것은 학습이 우리를 더 나은 사람으로 만들 것이라는 더 뿌리 깊은 착각이다. 인류학자이자 교육학자인 로렌 아이즐리(Loren Eiseley)가 말했듯이, 학습은 끝이 없으며 '그 자체는…… 결코 우리를 도덕적 인간으로 만들지 못할 것이다' (1979, p. 284). 궁극적으로 우리의 다른 모든 진보들 때문에 가장 위협을 받는 것은 선(善)에 관한 지식일지 모른다. 모든 것을 종합할 때, 우리는 지구에서 지속 가능하게 살아가기 위해 알아야 할 것들에 점점 무지해질 가능성이 있다.

지속 가능한 사회를 건설하는 데 어떤 종류의 지식과 연구가 필요할지 생각하려면, 지성(intelligence)과 영리함(cleverness)을 구분할 필요가 있다. 진정한 지성은 길게 보고 전체를 지향한다. 영리함은 대체로 짧게 보고 현실을 조각내어 보는 경향이 있다. 더 상위 기술이 어디에 쓰여야 할지에 대한 단서 없이 요령과 방법으로 무장한 기능적으로 합리적인 전문 기술자가 바로 영리함의 화신이다. 교육의 목표는 지성을 계 전체에 중점을 두는 태도와 연관 짓고, 길게 보는 태도를 세세한 것을 잘 파악하는 일과 관련된 영리함과 연결 짓는 것이 되어야 한다.

고등교육의 네 번째 신화는 우리가 해체한 것을 충분히 복원할 수 있다는 것이다. 현재의 교과과정 이야기다. 우리는 세계를 분야와 하위 분야로 조각내고 또 밀봉하듯이 서로 다른 분야들을 단절시켰다. 그 결과 12년 혹은 16년 또는 20년을 교육 받은 대다수 학생들은 만물의 통일성이라는 폭넓은 통합된 인식을 갖추지 못한 채 졸업한다. 그 일이 그들의 개성과 그들이 살아가는 행성에 미치는 영향은 아주 크다. 한 예로, 우리는 생태학이나 열역학에 관한 가장 기초적인 이해도 없는 경제학자들을 찍어내듯이 배출하고 있다. 그것으로 우리의 국가 회계가 생물학적 빈곤, 토양침식, 공기와 물 오염, 자원 고갈의 비용을 국민총생산에서 빼지 않는 이유가 설명된다. 우리는 밀 한 가마의 판매가격을 국민총생산에 더하지만, 그 밀을 기르기 위해 잃는 표층토 세 가마를 국민총생산에서 빼는 것을 잊고 있다. 불완전한 교육의 결과로 우리는 실제보다 훨씬 더 부유하다는 착각에 빠지게 되었다. 생명 자체와 밀봉하듯 단절된 다른 분야와 하위 분야에 대해서도 똑같이 말할 수 있다.

다섯 번째로 교육의 목적이 학생들에게 지위 상승과 성공의 수단을 제공하는 데 있다는 신화가 있다. 토머스 머튼(Thomas Merton)은 이를 '고심하여 창안한 전적으로 인위적인 몸짓 놀이에 참여하는 것 말고는 실제로 어떤 것에도 들어맞지 않는 사람들의 대량생산'이라고 파악한 바 있다(1985, p. 11). 머튼은 자신의 성공 이야기를 써 달라는 요청을 받자, 이렇게 대꾸했다. "제가 전에 베스트셀러를 쓰긴 했지만, 그건 부주의와 단순함이 빚어낸 전적으로 우연한 사건이었습니다. 두 번 다시는 같은 일이 벌어지지 않게끔 세심하게 주의를 기울일 겁니다." 그는 학생들에게 이렇게 조언한다. "미치광이가 되든 술주정뱅이가 되든 별 거지깽깽이 같은 인간이 되든지 간에 자신이 원하는 대로 하라. 하지만 어떤 일이 있어도 한 가지는 피하라. 성공 말이다"(p. 11). 지구가 성공한 인물을 더 필요로 하지 않는다는 것은 말할 나위 없다. 반면에 지구는 평화 중재자, 치료사, 복원가, 이야기꾼, 모든 유형의 애호가를 절실히 더 필요로 한다. 자기 지역에서 잘 살아가는 사람들을 필요로 한다. 세계를 거주하기에 알맞고 인간적인 곳으로 만드는 싸움에 기꺼이 참여할 도덕적 용기를 지닌 사람을 필요로 한다. 그리고 이런 품성은 우리 사회가 정의하는 성공이라는 말과는 거의 관계가 없다.

마지막으로, 우리 문화가 인간 성취의 정점을 나타낸다는 신화가 있다. 물론 이는 최악의 문화적 오만이자 역사와 인류학을 전적으로 오독한 것이다. 최근에 이 견해는 우리가 냉전에서 이겼다는 형태를 취해 왔다. 공산주의는 너무 많은 비용으로 너무 적게 생산했기 때문에 실패했다. 하지만 자본주의도 우리 아이들과 손자들에게 너무 많은 비용을 부담시키면서 너무 많이 생산하고 너무 적게 공유하기 때문에 실패해 왔다. 공산주의는 금욕적 도덕으로서 실패했다. 자본주의는 도덕을 전면적으로 파괴해서 실패해 왔다. 이것은 수많은 경솔한 선전가와 정치가들이 묘사하는 행복한 세계가 아니다. 우리는 소수를 위한 사치스러운 부와 늘어나는 최하층민을 위한 캘커타(콜카타)식 빈곤의 세계를 구축해 왔다. 최악일 때, 그것은 거리의 비명, 비정한 폭력, 아노미, 가장 절망적인 형태의 가난이 만연한 세계다. 우리가 붕괴하는 사회에서 살고 있다는 것은 분명한 사실이다. 론 밀러(Ron Miller)는 이렇게 말한다.

> 우리 문화는 인간 정신에서 가장 탁월하거나 고귀한 것을 함양하지 않는다. 혜안, 상상력, 심미적 또는 정신적 감수성도 배양하지 않는다. 친절, 아량, 배려, 연민도 북돋우지 않는다. 20세기 말에 점점 위세가 커지는 경제-기술-통계 지상주의적 세계관은 인간 영혼에서 사랑하고 삶이 귀하다는 확신을 주는 것들의 극악무도한 파괴자가 되어왔다. (Miller 1989, p. 2)

교육을 다시 생각함

인간 생존이라는 명제에 비추어볼 때, 교육을 어떤 식으로 재고하면 좋을까? 나는 여섯 가지 원칙을 제시한다.

첫째, 모든 교육은 환경교육이다. 이것을 넣고 저것을 빼고 함으로써, 학생들에게 그들이 자연 세계의 일부라거나 자연 세계에서 떨어져 있음을 가르치게 된다. 한 예로 열역학 법칙이나 생태학 법칙을 언급하지 않은 채 경제학을 가르치는 것은 근본적으로 중요한 생태학적 교훈을 가르치는 것과 같다. 물리학과 생태학이 경제와 아무런 관계가 없다는 식 말이다. 이는 부지불식중에 이루어지는 끔찍한 잘못이다. 교과과정 전체가 다 그렇다.

둘째 원칙은 파이데이아(Paideia)라는 고대 그리스 개념에서 유래한다. 교육의 목표는 어떤 과목이 아니라 자기 자신에 정통하는 데 있다. 과목은 도구에 불과하다. 사람은 망치와 끌로 대리석 덩어리를 조각하는 것과 마찬가지로, 생각과 지식으로 자신의 인격을 다듬는다. 대체로 우리는 목적과 수단을 혼동한다. 온갖 사실, 기술, 방법, 정보를 학생의 머리에 쑤셔 넣는 게 교육의 목표라고 생각하면서. 그것이 어떻게 쓰이고 어떤 결과를 빚어낼지 전혀 개의치 않은 채 말이다. 차라리 고대 그리스인들이 더 나았다.

셋째, 지식에는 그것이 세상에서 올바로 쓰이는지 지켜볼 책임이 따른다. 현대의 많은 연구가 빚어낸 결과들은 메리 셸리가 예고한 것과 비슷한 점이 있다. 기술이 낳은 괴물과 그 부산물에 아무도 책임을 지지 않으며, 심지어 책임을 질 것이라고 기대조차 못 한다는 점에서 말이다. 러브캐널(Love Canal) 사건*은 누구의 책임인가? 체르노빌원전 사고는? 오존층 파괴는? 엑손발데스호 기름 유출 사고는? 이런 비극들은 최종 책임을 질 사람이 아무도 없는 지식을 만들어냈기 때문에 일어났다. 이것은 궁극적으로 내가 생각하는 것을 보여줄지도 모른다. 바로 규모의 문제 말이다. 방대하고 위험 부담이 있는 일을 어떻게 할 것인가에 관한 지식은 그것을 책임 있게 이용할 우리 능력을 훨씬 넘어선다. 이 지식 중 일부는 선한 목적에 책임 있고, 안전하고 일관되게는 쓸 수가 없는 것들이다.

넷째, 우리는 지식이 사람과 공동체에 미치는 영향을 이해할 때까지는 무언가를 안다고 말할 수 없다. 나는 오하이오 주 영스타운 근처에서 자랐다. 주로 지역경제에 투자한 돈을 '회수하자'는 기업들의 결정 때문에 파괴된 곳이었다. 이 사례에서 차입매수거래, 세제 우대, 자본 이동 같은 도구에 해박한 MBA 출신들은 어떤 침략군도 해내지 못할 일을 해냈다. 그들은 아무런 피해도 보지 않고 미국 도시 하나를 파괴했다. 그것도 '순손익(bottom line)'이라는 이데올로기를 위해서. 하지만 사회의 순손익에는 다른 비용들이 포함된다. 실업, 범죄, 높은 이혼율, 알코올중독, 아동학대, 낮은 저축률, 파탄 난 인생의 비용 말이다. 이 사례에서 경영 · 경제 분야 학과들에서 배운 것 속에 사람과 공동체보다 효율성과 추상적 경제 개념을 더 높이 평가하는 협소한 파괴적인 경제적 합리성을 위해 치르는 인간적인 비

* 1892년 윌리엄 러브(William T. Love)가 미국 쪽 나이아가라 폭포 주변에 건설하려던 운하로, 운하 건설 중단 후 이 지역에 유독성 화학물질이 매립되면서 발생한 토양오염 사건. 경제 불황으로 웅덩이만 남긴 채 건설이 중단된 운하를 1940년 후커케미컬&플라스틱회사가 인수하여 유독성 화학물질을 매립하고 나서 1953년 주변 지역을 나이아가라 시교육위원회에 기증하게 된다. 이곳에 초등학교와 주택이 건설되었는데, 1970년대 이르러 학생과 주민들이 호흡기질환, 피부병, 만성두통, 신장과 간 질환, 유산, 기형아 출산 등을 겪게 된다. 시 당국이 1977년 벌인 조사에서 지하수와 토양이 유독성 화학물질에 심하게 오염된 사실이 밝혀졌다. 이 사건을 계기로 지역에서 발생하는 환경오염 문제를 신속하게 처리하기 위한 연방기금인 '슈퍼펀드(Super Fund)'와 관련법인 슈퍼펀드법이 만들어지게 된다.

용이나 좋은 공동체의 가치는 포함되지 않았다(Lynd 1982).

다섯째 원칙은 영국 시인 윌리엄 블레이크(William Blake)의 말에서 이끌어낸 것이다. '사소한 특색(minute particulars)'의 중요성과 말보다 사례의 힘에 관한 것이다. 학생들은 가장 무책임한 일에 예산을 쓰고 기부금을 내곤 하는 기관에서 교육을 받으면서 지구적인 책임 어쩌고저쩌고하는 말을 듣는다. 학생들이 거기에서 배우는 교훈이라곤 위선과 궁극적으로 절망에 관한 것들이다. 어느 누구도 말해주지 않더라도 학생들은 자신들에게 이상과 현실 사이 불안한 틈새를 극복할 능력이 없다는 점을 터득한다. 절실히 필요한 것은 성실함과 배려, 사려 깊음의 역할 모델이 될 교육자와 관리자, 모든 운영 활동에서 전면적으로 철저하게 이상을 구현할 수 있는 기관이다.

마지막으로, 나는 학습 방식이 특정 수업의 내용만큼 중요하다고 주장한다. 과정은 학습에서 중요하다. 강의 형태로 가르치는 수업은 수동성을 유발하는 경향이 있다. 실내수업은 학생들이 아무런 역설도 못 느낀 채 '현실 세계'라고 부르는 것과 단절된, 사방이 둘러싸인 벽 안에서만 학습이 이루어진다는 착각을 빚어낸다. 생물학 수업시간의 개구리 해부는 예의 바른 학우 중 어느 누구도 입 밖에 내지 않을 자연에 관한 교훈을 가르친다. 학교 건축물은 수동성, 독백, 지배, 인위성을 강화하곤 하는 교수법을 응축한 것이다. 내 요지는 단순하다. 뻔한 수업 내용을 넘어서 다양하고 미묘한 방식으로 학생들을 가르치자는 것이다.

무엇부터 할 수 있을까?

무엇을 할 수 있을까? 많은 것들을 할 수 있다. 학생들이 다음과 같은 것들을 기본적으로 이해하지 않고서는 어떤 교육기관도 졸업할 수 없게 하는 일부터 시작하자.

– 열역학 법칙
– 생태학의 기본 원리
– 환경용량(carrying capacity)
– 에너지학
– 최소비용, 최종용도 분석
– 기술의 한계
– 적절한 규모
– 지속 가능한 농업과 임업
– 균형상태 경제학
– 환경윤리학

나는 이 목록에 분석적이고 학술적인 것, 지역에서 잘 살아가는 데 필요한 실용적인 것, 즉 식량을 키우고, 보금자리를 짓고, 태양에너지를 이용하는 데 필요한 지식과, 동네의 토양과 식물상과 동물상과 유역에 관한 지식을 추가하고 싶다. 종합하자면 이것들은 건강과 질병, 개발과 성장, 흡족함과 효율, 최적과 최대, '의무'와 '가능'을 구분하는 능력의 토대다.

알도 레오폴드의 말처럼, "그 졸업생은 '자신이 생태 기구라는 톱니바퀴의 톱니 하나에 불과하다'는 것을 알까? 그가 그 기구에 맞추어 일한다면, 그의 정신적 부와 물질적 부를 무한히 확장시킬 수 있을까? 하지만 그가 맞추어 일하기를 거부한다면, 그것이 궁극적으로 그를 먼지로 갈아버릴까?" 레오폴드는 거기에 이런 질문을 덧붙였다. "교육이 우리에게 이런 것들을 가르치지 않는다면, 교육은 대체 뭘 위한 것이란 말인가?"(Leopord 1996, p. 210).

02_ 교육의 위험성

우리는 현재 또 한 차례의 정례적인 전국적 교육개혁 운동을 벌일 준비를 하고 있다. 나는 교육개혁을 찬성하는 쪽이지만, 교육개혁이 대체 무슨 뜻이며 개혁된 교육은 대체 어떤 숭고한 목적에 봉사하게 될까? 지금 고위층에서 내놓은 답은 우리가 세계경제에서 경쟁할 능력을 젊은이들에게 갖추어주어야 한다는 것이다. 그들은 우리가 일본인이나 유럽인만큼 많은 자동차, VCR, 디지털TV, 슈퍼컴퓨터를 생산할 수 없을 것이라는 큰 두려움에 사로잡혀 있다. 대조적으로 나는, 우리가 경제학자들이 계량하는 것들을 생산하는 데만 치중한 나머지 잘 보살핌을 받는 아이들, 좋은 도시, 건강한 숲, 안정한 기후, 건강한 시골 공동체, 지속 가능한 가족농장, 각종 다양성 같은 쉽게 계수화할 수 없는 것들의 생산에는 너무 소홀히 함으로써 이미 너무 지나치게 압박을 받고 있는 지구에서 너무나도 효율적으로 경쟁하지나 않을까 걱정스럽다. 현재 제안되는 교육개혁안의 상당수는 온전한 인격 형성, 진리와 이해의 추구라는 목표와 거의 관계가 없다. 지구의 한계 내에서 우리가 어떻게 살아가야 할 것인가라는 큰 문제와는 더더욱 관계가 없다. 개혁가들은 시민, 특히 '생물 공동체(biotic community)의 시민'이 아니라, 협소하게 경제적인 목적과 시야를 지닌 사람들을 배출하는 것을 목적으로 삼는다.

우리 시대의 중요한 사실들은 경제활동이 너무 적게 이루어진다는 것보다는 잘못된 형태의 경제활동이 너무 많이 이루어진다는 것과 더 관련 있다. 우리의 생계수단은 세계 곳곳에서 벌어지는 지구의 생명 징후들의 급격한 쇠퇴와 뒤얽혀 있다. 화석연료에 토대를 둔 경제체제와 운송체계 때문에, 우리는 현재 지구 기후에 관한 위험하고 돌이킬 수 없는 실험을 하고 있다. 그 실험은 오존층에도 심하게 피해를 입혀왔다. 우리가 식량과 섬유질을 생산하는 방식은 해마다 흙 240억 톤을 잃게 하고, 생물 다양성의 급감, 전 세계적으로 사막의 확산을 가져온다. 국가안보의 맹목적 추구는 그 안보가 지키겠다고 하는 사람들의 건강과 복지를 오랜 기간 위협할 빚, 독성, 방사성이라는 유산을 남겨왔다. 게다가 우리는 지구의 생태 규모에 적합하지 않은 기술과 기술체제를 계속 내놓고 있다.

이런 것들 대부분은 교육을 받지 않은 사람들이 한 짓이 아니다. 오히려, 시인이자 생태사상가이기도 한 게리 스나이더(Gary Snyder)의 말처럼, 교육을 받은 사람들이 한 짓이다. 이들은

> 상상할 수 없는 엄청난 돈을 벌고 나무랄 데 없는 차림을 하고, 일류 대학교에서 우수한 교육을 받고—남녀 할 것 없이—좋은 음식을 먹고 고전문학을 읽으면서, 투자와 법규를 잘 버무려서 세계를 파탄 낸다. (Snyder 1990, p. 119)

다시 말해, 교육은 위험한 것이 될 수 있다. 따라서 나는 교육에서의 문제들이 아니라, 교육이라는 문제에 초점을 맞추고자 한다. 나는 지금이 교육 '페레스트로이카'가 필요한 때라고 본다. 즉 세계에 저지른 잘못된 짓의 상당수가 인간의 지배라는 미명 아래 우리를 생명과 멀어지게 하고, 통합 대신 분열을 부추기고, 성공과 경력을 과장하고, 지성과 감정을 떼어내고 이론과 실무를 분리하고, 자신이 무지하다는 것을 모르는 정신의 소유자들을 세계에 풀어놓은 교육의 결과임을 인정하는 데서 시작하여, 모든 수준에서 교육의 과정과 내용을 전반적으로 재고한다는 의미다. 그럼으로써 단순한 지적 영리함이 부주의하고 탐욕적으로 저지른 짓의 상당 부분을 원상회복시키려 시도할 지성의 비율이 늘어날 것이다.

위험의 예견

고대문명 대부분은 우리가 잊어버린 것을 알고 있었다. 지식이 두려운 것이라는 사실 말이다. 무언가의 이름을 안다는 것은 그것을 지배할 힘을 지닌다는 의미였다. 잘못 이용하면 그 힘은 신성한 질서를 깨뜨리고 파국을 불러올 것이다. 고대 신화와 전설은 자신이 신보다 영리하며 신의 처벌을 받지 않을 것이라고 믿었던 사람들의 이야기로 가득하다. 하지만 어떤 형태로든 간에 지식의 나무 열매를 따먹는 것은 낙원이나 다른 어딘가에서 추방을 뜻했다. 현대 세계에서 이 지식의 야누스적 속성은 잊혀왔다. 한 예로 데카르트는 '앎을 추구할수록 내가 얼마나 무지한가를 더욱더 깨닫게 된다'라는 결론에 이르렀다. 데카르트는 이것을 좋은 교육의 적절한 결론으로 간주하는 대신에, 급진적 회의주의라는 과정을 통해 특정한 진리를 찾으러 나섰다. 베이컨은 더 나아가서 과학과 힘의 동맹을 주장했으며, 그것은 맨해튼계획과 최초의 원자폭탄 개발로 결실을 보았다.

하지만, 경고의 목소리도 있었다. 이주당한 부족들은 대개 유럽인들을 미치광이로 여겼다. 1744년 북아메리카 원주민 6부족 연합의 족장들은 아들들을 윌리엄앤드메리대학에 보내라는 제안을 거절하면서 이렇게 말했다.

> 예전에 우리 젊은이 몇이 북부 주에 있는 대학들에 다닌 적이 있소. 그들은 당신네 과학을 배웠지요. 하지만 우리 곁으로 돌아온 뒤 보니, 그들은 달리기도 못하고, 숲에서 살아가는 법이라고는 전혀 아는 게 없었소……. 사냥꾼으로도, 전사로도, 조언자로도 맞지 않는 아무짝에도 쓸모없는 존재가 되었소. (McLuhan 1971, p. 57)

북아메리카 원주민들은 선진 문물을 자랑하는 유럽인들에게 만물과의 유대감과 뿌리 의식이 없음을 간파했다. 유럽인 자신은 깨닫지 못하는 걸 말이다. 유럽식 교육은 아직 삼라만상과 관련을 맺고 있고 창조된 질서에 아직 홀려 있는 사람들의 눈을 통해서만 보이는 방식으로 백인들을 무력하게 만들었다. 다시 말해서, 유럽인들의 정신은 야생과 만날 준비가 되어 있지 않았고 그곳에서 살아가는 사람들을 이해할 준비도 되어 있지 않았다. 사람들은 지배적인 유럽인 중심주의에서 벗어나 바깥에서 대상을 보아야 했다. 한 세기 뒤, 수필가이자 철학자 랠프 왈도 에머슨(Ralph Waldo Emerson)은 비슷한 결론에 이르렀다.

> 우리는 10~15년 동안 초중고와 대학의 암기실에 갇혀 있다가, 한 가지도 제대로 알지 못한 채 단어들만 잔뜩 안고 밖으로 나온다. 우리는 자신의 손, 다리, 눈, 팔을 제대로 활용하지 못한다. 우리는 숲에서 어떤 뿌리가 먹을 수 있는 것인지 알지 못한다. 우리는 별을 보고 방향을 알아내지도 못하고, 해를 보고 몇 시인지 알아내지도 못한다. (Emerson 1972, p. 136)

이런 경고는 앞으로 더 거대한 충격을 미칠 훨씬 더 심각한 무언가가 우리에게 닥치리라는 예고였다. 나는 20세기 중엽의 상반되는 두 유명 인사를 비교하면 이 점이 더 명확해지리라고 생각한다.

한 명은 알베르트 슈페어(Albert Speer)로서, 그는 1905년 독일의 유복한 중상류 집안에서 태어났다. 부친은 급격히 커지는 산업도시 만하임에서 가장 바쁜 건축가에 속했다. 슈페어는 유명 사립학교에 들어갔고 그 뒤 카를스루에, 뮌헨, 베를린의 여러 공대를 다녔다. 23세에 그는 건축가 면허를 취득했다. 하지만 그는 우리에게 건축이 아니라 히틀러의 군수장관으로서 보여준 조직력을 통해 알려져 있다. 그는 마지막 몇 달 전까지 연합군의 맹공격을 받으면서도 독일의 무기 생산량을 계속 늘려 제2차 세계대전을 훨씬 더 길게 끄는 역할을 했다. 전쟁을 연장시키고 또 노예노동을 통해 그렇게 한 죄로, 슈페어는 뉘른베르크 전범재판소에서 20년형을 선고 받고 슈판다우 감옥에 수감되었다.

나는 슈페어의 교사와 교수도 어느 정도 비난을 받아야 한다고 생각한다. 한 예로, 슈페어는 회고록에서 자신이 받은 교육이 비정치적인 것이라고 묘사했다.

> [우리 교육]은 우리에게 사회와 전통적인 통치세력의 권력 분포가 신이 부여한 만물의 질서의 일부라는 인상을 심어주었다……. 우리는 만물의 질서를 추호도 의심하지 않았다. (Speer 1970, p. 8)

그 결과, 히틀러와 정치적 설득이라는 신기술의 매력에 대해 '방어수단을 갖추지 못한' 세대가 출현했다. 유럽에서 교육제도가 가장 발달한 국가(독일)에는 그 나라에 가장 필요한 시민교육이 없었다. 슈페어는 나치즘의 물결에 휩쓸린 다른 수많은 사람들과 별 차이가 없었다.

1934년 6월 30일의 숙청*은 도덕적 전환점이었으며, 슈페어는 이 사건을 계기로 나치체제에서 자신의 역할에 관한 모든 의구심을 잠재웠다.

> 나는 바닥에 말라붙은 커다란 피 웅덩이를 보았다. 그곳에서 파펜의 부하인 헤베르트 폰 보제가 6월 30일 사살되었다. 나는 시선을 돌렸고 그 뒤로 그 방을 피했다. 하지만 그 사건은 내게 그 이상의 영향을 미치지 않았다. (Speer 1970, p. 53)

슈페어는 이미 자신의 메피스토펠레스를 발견했다.

> 다년간 실패를 거듭하고 나자 나는 무언가를 이루고 싶어 미칠 지경이었다. 내 나이 이미 스물여덟이었다. 큰 건물을 짓는 일을

* 히틀러가 자신의 권력 기반을 강화하려고 1934년 6월 30일 밤 친위대를 이용해 나치 돌격대(SA) 지도자들에게 실시한 피의 숙청. SA 대장 에른스트 룀과 지도자들이 처형되었다. '장도(長刀)의 밤(Nacht der langen Messer/ Night of the Long Knives)'으로 불린다.

> 맡기 위해서라면 파우스트처럼 영혼이라도 팔았을 터였다. 지금은 나의 메피스토펠레스를 찾아냈다. 그는 괴테의 메피스토펠레스에 못지않은 듯했다. (Speer 1970, p. 31)

말년에 인생을 돌아보면서 슈페어는 다음과 같은 말을 남겼다.

> 내 도덕적 실패는 이 항목이냐 저 항목이냐의 문제가 아니다. 그것은 내가 사건들의 진행과정 전체에 적극적으로 관여했다는 데 있다. 나는, 권력 핵심부에 있는 우리로서는 추호도 의심한 적이 없는 세계 지배를 목적으로 한 전쟁에 참가했다. 게다가 내 능력과 활력으로 나는 전쟁을 오랜 기간 연장시켰다……. 기술의 가능성에 현혹된 나머지 나는 내 인생의 중요한 시기를 전쟁에 봉사하는 데 바쳤다. 그러나 결국 전쟁에 대한 내 감정은 대단히 회의적이다. (Speer 1970, pp. 523~524)

마지막으로, 20세기의 한 지도자가 쓴 푸념 어린 글에 확실히 들어갈 법한 대목이 나온다. "내가 흘린 눈물은 내 희생자들뿐 아니라 나 자신을, 될 수 있었으나 되지 않았던 존재를, 내가 그토록 쉽사리 파괴한 양심을 위한 것이기도 하다."

슈페어와 1933~45년이라는 세월이 20세기 말의 현안들과 동떨어진 듯이 보인다면, 그저 이름만 바꾸면 그 관계를 알아차릴 수 있다. 2차 세계대전 대신에 자연에 맞서 벌이는 전쟁을 생각해 보라. 홀로코스트 대신에 1900년 지구에 있었던 생명체의 약 20%가 다음 세기 초에 사라질, 현재 진행 중인 생물학적 홀로코스트를 생각해 보라. 제3제국의 천 년 왕국이라는 광신주의 대신에, 경제에 한계란 없으며 무한히 성장할 수 있다는 믿음에 내재한 광신주의를 생각해 보라. 슈페어의 양육과 정규교육은 당시의 큰 현안들을 생각할 수단도, 그것들을 올바른 이름으로 부를 상식도 제공하지 않았다. 나는 이런 종류의 교육이 1945년에 종식을 고했다고는 생각하지 않는다. 그것은 여전히 경제성장을 지고의 목표로 삼는 시대의 거의 어디에서나 지배적인 교육 양식으로 남아 있다.

슈페어처럼 알도 레오폴드도 중산층 출신이었다. 그는 1887년 부유한 가구 제작자의 아들로 태어나서(아이오와 주 벌링턴) 좋은 양육 환경의 혜택을 고루 누렸다(Meine 1988). 레오폴드의 평생에 걸친 자연 연구는 어린 시절 미시시피 강 연안의 습지들을 돌아다니면서 시작되었다. 내가 보기에 그가 뉴저지의 로렌스아카데미와 예일대학교에서 받은 정규교육은 독학으로 얻은 것에 비하면 다소 사소한 듯하다. 그의 독학은 근처 시골을 장시간 걸어 다니면서 이루어졌다. 레오폴드는 야외활동을 좋아했고, 평생 여기저기 돌아다니면서 다른 사람이 볼 수 없는 것을 자연에서 관찰하는 능력을 길렀다. 그는 빈틈없는 자연 연구자였다. 레오폴드가 우리에게 흥미롭고 중요한 이유는 바로 이 능력 때문이다. 레오폴드는 미국 삼림국의 다소 평범한 자원 관리자로 일하다가 아무도 굳이 물으려 하지 않았던 '자연에서 인간의 적절한 역할은 무엇인가'에 관한 질문들을 하는 과학자이자 철학자가 되었다. 이 변모를 통해 그는 인간의 지배라는 개념을 버렸고, 우리가 자연 질서 내의 한 시민이라는 생각을 토대로 한 더 급진적인 개념을 제시했다.

슈페어에게는 바닥에서 사람의 피를 보고 고개를 돌린 시점이 인생의 전환점이었다. 레오폴드는 1922년 힐라자연보호구역(Gila Wilderness)의 강이 내려다보이는 벼랑 끝 바위에서 슈페어와는 다른 종류의 전환점을 돌았다. 레오폴드와 동료들은 강둑 옆의 암늑대와 새끼들을 보고 총을 쏘았다.

> 우리가 다가가자 때마침 죽어가는 암늑대의 눈에서 사나운 초록 불길이 보였다. 순간 나는 깨달았다. 그리고 그 뒤로 한 번도 잊지 않았다. 암늑대의 눈 속에 내가 모르던 새로운 무언가가 있었다는 것을 말이다. 그 늑대와 산만이 알고 있는 무언가가. 당시 나는 젊었고 방아쇠를 당기고 싶은 욕망이 넘쳤다. 나는 늑대가 적어지면 사슴이 더 많아진다는 뜻이며, 따라서 늑대를 다 없애면 사냥꾼의 낙원이 된다는 의미라고 생각했다. 하지만 초록 불길이 수그러드는 것을 보고 나서 나는 늑대도 산도 그런 견해에 절대 동의하지 않으리라는 것을 이해했다. (Leopold 1966, pp. 137~139)

레오폴드의 이후 삶은 그 사나운 초록 불길과 산이 어떻게 생각하는지, 그 두 가지가 인간에게 어떤 의미를 지니는지를 깊이 사색하는 과정이었다.

슈페어가 자신이 비정치적이라고 생각한 바로 그 지점에서, 레오폴드는 '생물교육이 시민을 키울 수단'이라고 보았다(Leopold 1966, p. 208). 과학에 관한 지극히 소박한 생각에 침잠하는 대신에, 레오폴드는 극히 드물게 과학에 관한 과학적 견해를 피력한 인물이었다.

> 우리는 과학자가 아니다. 우리는 애초에 한 대상에 대한 충실함이나 애정을 고백함으로써 스스로가 과학자로서 부적격자임을

> 밝힌다. 그 대상은 바로 야생생물이다. 전통적인 의미의 과학자는 추상적 개념에만 충실하고, 자신 같은 부류에만 애정을 지닐 것이다……. 한 예로 과학아카데미가 내놓은 과학의 정의는 거의 오로지 힘의 창조와 행사만을 다룬다. 그러나 자연의 솜씨에 대한 경이나 존중의 창조와 행사에 관한 것은 어떨까?
> (Leopold 1991, p. 276)

슈페어가 자연에 감상적이고 도피적인('점점 더 복잡해지는 세계의 요구사항들'을 피하기 위해) 접근법을 취했던 반면, 레오폴드는 강경하고 현실적이었다.

> 야생의 문화적 가치는 결국 지적 겸손함이라는 문제로 요약된다. 땅에 대한 근본을 잃어버린 얄팍한 정신의 현대인은 무엇이 중요한지를 자신이 이미 알아냈다고 여긴다. 천 년 동안 이어질 정치적 또는 경제적 제국이 어쩌고저쩌고 떠들어대는 그런 사람들이다. (Leopold 1966, p. 279)

슈페어가 피해를 끼치고 나서 20년이라는 수감 생활 동안 윤리를 배워야 했던 반면, 레오폴드는 평생에 걸쳐 배웠고 생태사상이 배어 있는 대지윤리(land ethic)의 토대를 마련했다. 그리고 슈페어가 받은 교육이 슈페어를 주변에서 펼쳐지는 비극에 무감각해지게 한 데 반해, 레오폴드는 이렇게 썼다.

> 생태교육의 형벌(penalties) 중 하나는 상처 입은 자들의 세계에서 홀로 살아가는 것이다. 대지에 끼친 피해의 상당수는 보통 사

람에게는 전혀 보이지 않는다. 생태학자는 자신의 껍데기를 단단하게 만들어서 과학의 산물이 자신과 무관하다고 믿거나, 그저 아무 문제 없다고 믿고 그렇지 않다는 말은 듣고 싶지 않은 공동체에서 죽음의 징후들을 보는 의사가 되어야 한다. (1966, p. 197)

슈페어와 나치 이후에, 가능한 만큼 피해를 복원하는 데 수십 년이 흘러왔다. 반면에 알도 레오폴드 이후에, 그가 '대지윤리'라는 말을 무슨 뜻으로 했는지 제대로 파악하는 데 수십 년이 걸릴 것이고, 그것을 실현하는 데는 훨씬 더 긴 세월이 걸릴 것이다.

정규교육 혹은 학교교육의 위험

슈페어와 레오폴드의 삶은 정규교육, 즉 학교수업의 위험에 관해 어떤 말을 해줄 수 있을까? 가장 중요한 위험은 천직을 찾을 생각을 하기에 앞서 직업부터 구하라고 젊은이들을 부추긴다는 것이다. 직업은 일이자, 생계를 유지할 돈을 버는 수단이자, 이력서를 길게 채우는 방법이자, 다른 어딘가로 나아가는 승차권이다. 출세 지향적인 전문직에게 직업은 자신이 되돌려주는 것보다 더 많은 것을 취함으로써 '생활양식'을 지탱하는 방법일 때가 너무 많다. 대조적으로 천직은 더 큰 목적, 개성, 가장 심오한 가치, 사람이 세상에 주고픈 선물과 관련 있다. 천직은 출세의 용도에 관한 것이다. 직업은 특정한 태도에 관한 것이다. 천직은 목적에 관한 것이다. 직업은 '경력 개발' 전문가들의 도움을 받아 계획된다. 천직은 내면의 대화에서 나온다. 직업은 언제나 천직 내에서 찾을 수 있지만, 천직은 직업 내에서 쉽게 찾을 수 없다. 그 차이는 수레의 어느 쪽 끝을 말에 연결할지 결정하는 것과 비슷하다. 슈페어의 문제는 수학적 재능이나, 독해력이나, 판단력이나, 협소하게 인식된 논리의 결핍이 아니었다. 나는 그가 SAT(Scholastic Aptitude Test)나 GRE(Graduate Record Exam)에서 좋은 점수를 받았으리라 추측한다. 그의 문제는 그저 자기 야심을 제어할 수 있는 천직을 전혀 갖고 있지 않았다는 데 있다. 그는 어떤 직업을 택하든 간에 그저 '성공하기'를 원했다. 자신의 말대로 그는 '무언가를 이루고 싶어 미칠 지경'이었고, 그 야심은 슈페어가 1934년 바닥에 고인 피를 보기 오래전에 들었어야 할 경종을 잠재워 버렸다.

한편 레오폴드는 아이오와 주 벌링턴 주위의 습지에서 소년 시절에 자신의 천직을 발견했고, 그 길이 어디로 향하든 그대로 따랐다. 때로는 먼 길로 가기도 했다. 새에 관심이 많던 소년 시절로부터, 그는 어른이 되어 사냥터 관리를 시작하고, 야생협회(Wilderness Society)를 조직하고, 평생에 걸쳐 보전을 위해 적극적으로 활동하고, 환경윤리학 분야의 토대를 쌓으면서, 훌륭한 교사이자 아버지 노릇을 할 짬도 냈다. 레오폴드의 삶에는 미래상을 따라간 순례자처럼 일관성과 조화가 있다.

정규교육의 둘째 위험은 감수성이 강한 정신에 한 학과의 주형과, 그와 더불어 실제로 세계가 전형적인 교과과정의 학과, 분야, 하위 분야로 딱딱 끊어져 있다는 믿음을 새길 수 있는 것이다. 학생들은 정치학이 생태학과 분리되어 있다거나, 경제학이 물리학과 아무 관계가 없다고 믿게 된다. 하지만 세계는 그런 식이 아니며, 일시적인 분석 편의를 위한 경우 말고는 세계에 심각한 해를 끼치지 않은 채 그것을 분야와 전문 분야로 쪼갤 수 없다. 그리고 세계가 쪼개질 수 있다고 믿는 사람들의 정신과 삶에 심각한 해를 끼치지 않으면서 말이다. 우리는 그 편의가 일시적임을 학생들에게 알리는 것을 종종 잊곤 한다. 더 심각한 문제는 그 대상들이 다시 전체를 이룰 수 있다는 것을 보여주지 못한다는 점이다. 그 결과 학생들은 전체 계 수준에서 생각하는 법, 연관성을 찾는 법, 큰 질문을 하는 법, 사소한 것과 중요한 것을 구분하는 법을 모른 채 졸업한다. 하지만 이제 우리에게는 예전보다 더 폭넓게 사고하고 계, 연관성, 패턴, 근본 원인을 이해하는 사람들이 필요하다.

이것은 오직 기술적 지성의 보급만을 추구한다고 여겨지는 교육이 빚어낸, 있을 법하지 않은 결과 중 하나다. 나치 시대의 슈페어는 전문 기술자이자 선량한 인물이었다. 슈페어의 정규교육은 제3제국이 활용할 수 있는 도구를 그에게 주었지만, 왜냐고 물을 분별심과 자신이 목격한 야만성을 올바로 인식하는 데 필요한 인간성은 주지 못했다. 반면 레오폴드는 일종의 전문 기술자로서 직업을 시작했지만, 그것을 넘어섰다. 그가 세상을 떠나기 얼마 전에 쓴 《모래 군의 열두 달(A Sand County Almanac)》은 과학, 자연사, 철학이 거의 완벽하게 어우러진 책이었다.

셋째, 교육은 우리가 태어날 때 갖추고 나온 장비의 일부인 경이감, 즉 삼라만상을 대할 때 얻는 진정한 기쁨을 훼손할 위험이 있다. 이는 다양한 방식으로 이루어진다. 학습을 틀에 박힌 절차와 외우기로 환원시키고, 지나친 추상화로 살아 있는 경험을 단절시키고, 지루한 교과과정, 모욕감, 너무 많은 규칙, 성적 지상주의, 지나친 텔레비전 시청과 컴퓨터 이용, 너무 많은 실내 학습을 통해서, 그리고 무엇보다도 경이감이 자라나는 감정을 죽임으로써 말이다. 자연을 대할 때의 경이감이 줄어들수록, 신성한 것에 대한 감각, 삼라만상에서 얻는 기쁨, 수많은 가장 뛰어난 생각의 배경을 이루는 자극 또한 줄어든다. 그 경이감이 온전하게 지켜지고 함양되는 곳에서는 교사가 학생이 읽기, 쓰기, 셈하기를 배우는지 여부를 걱정할 필요가 없다.

레이철 카슨(Rachel Carson)은 《자연, 그 경이로움에 대하여(The Sense of Wonder)》에서 '아는 것은 느끼는 것에 비하면 절반도 중요하지 않다'고 썼다(1984, p. 45). 그녀는, 느낌이 삶의 초기에 대개 어른과 함께 자연을 탐사하면서 시작된다고 썼다. 경이감은 이러저러한 것을 종합할 때 세계가 '인간 실존의 경계 너머'에 흥미로운 생명으로 가득한 친근한 장소라는 믿음에 뿌리를 둔다(p. 88). 카슨이 말한 경이감은 좋은 과학교육과 동일한 게 아니다. 비록 나는 원리상 둘이 화합할 수 없는 이유가 전혀 없다고 보지만. 나는 경이감을 '경이감 101' 같은 강좌 형태로 가르칠 수 있다고는 보지 않는다. 카슨이 옳다면 그 경이감은 오직 느낄 수 있는 것이며, 그 초기 감정은 잘 배려해 주고 아는 것이 많은 어른을 통해 격려와 지원과 인정을 받아야 한다. 나는 그런 경이감이 허약하지 않을까 하는 생각이 든다. 그런 경이감은 한번 짓눌리면, 다시 꽃을 피울 가능성이 거의 없으며, 세계에 대한 실망감과 다양한 형태의 냉소주의로 대체된다.

경이감을 잴 방법은 모르겠지만, 슈페어는 일찌감치 경이감을 잃지 않았을까. 그의 증언에 따르면, 1933년 이전에 그의 자연과의 관계는 낭만적이고 현실도피적이었다. 그 시점 이후로 슈페어는 더는 자연을 언급하지 않았다. 어른인 슈페어에게 자연 세계는 그리 경이롭지도 않았고, 깨달음이나 기쁨이나 전망의 원천도 아니었다. 나치체제가 그러했듯이, 생명을 보는 그의 태도는 죽음 애호적(necrophilic)이었다. 반면에, 레오폴드는 평생 야외에서 자연을 배우는 학생이었다. 어느 모로 보아도 레오폴드는 대지에 대한 놀라울 정도로 빈틈없는 관찰자였고, 그의 지극히 건전하고 명쾌한 사고는 상당 부분 거기에서 비롯했다. 레오폴드의 지적 · 정신적 토대는 연구실이나 도서관에서가 아니라, 야생에서 보낸 세월과 그가 말년에 구입하여 식구들이 '오두막집'이라고 부르던 다 쓰러져 가는 농가에서 보낸 시간을 통해 함양되었다.

결론

교육의 위험은 무엇일까?

우리가 지구에서 살아가는 방식에 특히 중요한 것이 셋 있다. 정규교육은 학생들에게 자신이 누구인지를 알기에 앞서 돈을 어떻게 벌어야 할지를 걱정하게 만들 것이며, 학생들을 도덕적으로 메마른 편협한 전문 기술자로 만들 것이며, 생물 세계에 대한 경이감을 죽일 것이다. 물론 교육이 홀로 이런 일들을 할 수는 없다. 거기에는 무심하거나 집에 붙어 있지 않은 부모, 쇼핑몰, 텔레비전－MTV－닌텐도, 최소 공통분모를 목표로 한 사회, 자신이 디디고 있는 땅 자체를 알지 못하는 터전을 벗어난 사람들도 한몫 거든다. 학교교육은 문화 쇠퇴라는 더 큰 과정의 공범일 뿐이다. 하지만, 쇠퇴를 역전시킬 수 있는 가장 좋은 제도는 교육이다. 따라서 답은 정규교육을 폐지하거나 줄이는 게 아니라 오히려 그것을 바꾸는 것이다.

03_ 교육의 문제

헨리 루이스 멩컨(Henry Louis Mencken)*은 당시의 교육 상황을 진지하게 고민한 끝에, 대폭 개선하려면 학교는 불 질러서 다 태우고 교수진은 다 교수형을 시키는 길밖에 없다고 결론지었다. 좋든 싫든, 그 주장은 무시되었다. 하지만 그 주장이 오늘날 나왔다면, 대중의 공감을 더 샀을지도 모른다. 휘발유와 밧줄을 사러 가겠다고 나설 사람도 있을 것이다. 다른 면에서는 의견 통일이 거의 안 되는 미국인들이지만, 유치원부터 박사과정에 이르는 교육체계가 비용이 너무 많이 들고, 너무 성가시고, 전반적으로 그리 효율적이지 못하다는 점에서는 한마음인 듯하다. 그들은 근본적인 개혁이 필요하다고 믿는다. 그러나 어떻게 할 것인가를 놓고서는 의견이 갈린다.

* 미국 저널리스트이자 작가. 미국인들의 생활과 문화에 대한 신랄하고 준엄한 비판으로 유명하다.

그렇긴 해도 논쟁의 양쪽 다 교육의 기본 목표와 목적에는 동의한다. 첫째, 우리나라에 세계경제에서 더 잘 경쟁할 수 있는 '세계 수준'의 노동력을 갖추어놓고, 둘째, 각 개인에게 출세수단을 최대한 갖추어 주는 것이다. 이 점에서, 높은 수준과 낮은 수준의 이 두 교육목적은 큰 안정감을 준다.

그렇긴 해도 21세기의 세계를 지배할 인간의 생존이라는 문제와 관련해 교육을 재고해야 할 더 나은 이유들이 있다. 지금 교육을 받는 사람들은 현재 세대인 우리가 할 수 없고 하려고도 하지 않은 것들과 직면하게 될 것이다. 세계 인구를 안정시키고, 아마도 재앙을 빚을 기후변화를 일으킬 온실기체 배출량을 안정시킨 뒤 줄이고, 생물 다양성을 보호하고, 세계 곳곳에서 파괴된 숲을 복원하고, 토양을 보존하는 일 말이다. 지금 교육을 받는 사람들은 에너지와 물질을 아주 효율적으로 쓰는 방법을 배워야 할 것이다. 그들은 온갖 형태로 태양에너지를 활용하는 법을 배워야 한다. 그들은 폐기물과 오염을 없애는 쪽으로 경제를 개선해야 한다. 그들은 재생 가능한 자원을 장기적으로 관리하는 법을 배워야 한다. 그들은 지난 200년 동안의 산업화가 지구에 끼친 피해를 가능한 한 많이 복원하는 크나큰 일을 시작해야 한다. 그리고 그들은 악화되는 사회적, 인종적 불평등을 완화하면서 이 모든 일을 해내야 한다. 지금까지 어떤 세대도 이처럼 엄청난 의제에 직면한 적은 없었다.

그러나 대체로 우리는 여전히 전 지구적 비상사태 같은 것은 없다는 양 젊은이를 교육하고 있다. 컴퓨터와 대학요람에 산만하게 나열된 강좌와 프로그램들을 없애면, 1990년대의 교과과정은 1950년대의 것과 아주 흡사해 보인다. 우리가 직면한 위기는 무엇보다도 정신, 인식, 가치의 위기다. 따라서 그 위기는 정신, 인식, 가치를 형성한다는 제도들에 도전장을 던진다. 그것은 교육적인 도전장이다. 같은 유형의 교육이 더 많이 이루어질수록 상황을 더 악화시키기만 할 수 있다. 이는 교육에 반대하는 논증이 아니라, 오히려 생태학과 열역학 법칙들을 통해 작동하는 생물권을 지닌 행성에 적합한 삶과 생계를 갖추게끔 사람들을 준비시키는 교육이 필요하다는 주장이다.

지구를 산업화하는 데 필요한 실력, 소질, 태도는 지구를 치유하거나 지속 가능한 경제와 양호한 공동체를 건설하는 데 필요한 것들과 반드시 같다고는 할 수 없다. 다음 세기의 큰 생태적 과제들을 해결하려면 모든 수준에서 교육의 내용과 과정과 목적을 재고할 필요가 있으며, 그러려면 예일대학교 역사학자 야로슬라프 펠리칸(Jaroslav Pelikan)의 말처럼 '행성을 지배하라는 명령에 복종한 이전 세대들이 보여준 것에 맞먹는 열의와 독창성을 지녀'야 한다(1992, p. 21). 하지만 펠리칸 자신은 대학교가 '생태적 · 기술적 위기뿐 아니라, 궁극적으로 교육적 · 도덕적 위기에 대처할 능력이 있는지'에 회의적이다(pp. 21~22). 왜 그래야 할까? 왜 젊은이들에게 인생의 도전 과제들을 해결할 준비를 시키는 일을 담당하는 제도들은 다음 세기의 주요 도전 과제들을 인식하고 그에 따라 행동하는 데 그토록 느려야 할까? 하버드대학교 전직 총장인 데릭 복(Derek Bok)의 책에서 단서를 찾을 수 있다.

> 우리 대학교들은 기존 학계와 사회가 우선하는 목표가 서로 맞아떨어지는 지점에서 나타나는 더 쉬운 기회를 추구하는 데 뛰어나다. 한편 사회적 요구가 명확히 인식되지 못하고 재정적 뒷받침이 충분하지 않을 때, 고등교육은 기대한 만큼 효율적으로 대응하지 못할 때가 종종 있다. 미국이 직면한 가장 중요한 도전 과제

> 중 일부에서까지도 말이다. 종신 재직권과 꼼꼼하게 세계를 연구할 시간을 갖춘 교수들은 임박한 문제들을 알리는 사회의 정찰병 노릇을 할 독특한 기회를 지닌 듯이 보일 것이다……. 하지만 학계의 구성원이 부상하는 현안들을 발견하고 대중이 관심을 갖게끔 그것들을 생생하게 부각시키는 데 성공한 사례는 거의 없다. 레이철 카슨이 환경에 미칠 위험성을 경고하기 위해, 랠프 네이더가 소비자를 보호하기 위해, 마이클 해링턴이 빈곤문제를 해결하기 위해, 베티 프리던이 여성 권익을 위해 한 일은 독자적인 비평가로서 한 것이지, 교수진으로서 한 일이 아니었다. (Bok 1990, p. 105)

데릭 복의 책 105쪽에 실린 이 관찰기는 그 뒤로는 한 번도 언급되지 않는다. 이 말은 1쪽에 실어야 했다. 그러면 좀 더 나은 책이 되었을 것이다. 복이 더 나아갔더라면, 그는 똑같은 무력함에 대한 비난을 미국 교육을 이끈다는 사람들에게도 할 수 있지 않을까 하는 의문을 제기했을지도 모른다. 그 뒤에 복은 교양교육에 관한 의문시되지 않은 오래된 가정들을 재고하게 되었을지도 모른다. 한 예로 존 헨리 뉴먼(John Henry Newman)은 고전인 《대학의 이념(The Idea of a University)》에서 실용교육과 교양교육을 구분했으며, 그 구분은 당대부터 우리 시대에 이르기까지 교육에 영향을 끼쳤다. 뉴먼에 따르면, 교양 지식은 '어느 목적에 종속되거나 어느 과목에 흡수되는 것을 거부한다'. 지식은 '그 이용을 넘어서는 결과가 전혀 발생하지 않는다'면 일반교양이다(1982, p. 82). 게다가 뉴먼은, '교양교육과 자유 탐구는 정신, 이성, 반성의 훈련이다'라고 말했다(p. 80). 그는 다른 것들은 모두 실용교육으로 보았다. 뉴먼은, 실용교육은 교양과목에 낄 자리가 없다고 믿었다. 뉴먼의 실용 지식과 교양 지식의 구분은 오늘날까지도 교양교육 기관에서 거의 고스란히 지켜지고 있다. 이런저런 것을 위반했을 때의 벌칙을 염두에 두는 교수진이 데릭 복이 말한 형태의 현안들을 대담하게 다루지 않곤 한다는 게 이상하지 않은가? 나는 교수진을 없애기를 바라는 게 아니라, 교육기관들이 종종, 안주하는 사고방식, 입신출세, 우세한 기준에 대한 안전한 순응에 보상을 한다는 점을 지적해 두고 싶다. 교육기관들은 평지풍파를 일으키라고 격려하는 쪽이 아니며, 나는 복 자신의 학교가 레이철 카슨, 랠프 네이더, 마이클 해링턴에게 종신 재직권을 주었을지 몹시 의심스럽다.

철학자이자 수학자인 앨프리드 노스 화이트헤드(Alfred North Whitehead)도 교양과목에 대해 다른 견해를 갖고 있었다. 그는 1929년 '학계의 보통 사람'이 '학습과 학교교육의 배타적인 결합'에서 비롯할 수 있다고 썼다(Whitehead 1967, p. 51). 더 나아가 화이트헤드는 진정한 교육이 '체험 지식'을 요구한다고 말했다. 그 말은 정신과 '물질적인 창조 활동'의 긴밀한 관계를 뜻했다. 존 듀이(John Dewey)와 J. 글렌 그레이(J. Glenn Gray)도 비슷한 결론을 내렸다. 그레이는 이렇게 썼다. '교양교육은 정규교육에 최소한으로 의존한다. 교양교육은 부엌, 작업장, 목장이나 농장에서 할 수 있으며…… 그런 곳에서 우리는 남들에 응하여 전체를 배운다(1984, p. 81). 다시 말해, 진정한 교양교육은 인간 역량의 전 영역을 계발하는 것을 목표로 자유롭게 이루어져야 한다. 그리고 교양과목을 전담하는 기관은 전문 분야들의 단순한 집합 이상이 되어야 한다.

데릭 복이 더 나아갔더라면 모든 수준에서 교육 전체의 도덕적 전망 상실을 다루어야 했을 것이다. 생태학자 스탠 로(Stan Rowe)는 대학교에 관해 이렇게 말했다.

> 산업적 이상에 맞게 변모했다. 지식 공장으로 말이다. 이제 대학교는 전문성과 정보로 차고 넘친다. 원리를 탐구하는 기관이 되어야 할 시점에 오히려 전문 기술을 가르치는 기관이 되어 있다. 대학교의 목표는 가치 평가가 제대로 안 된 수많은 사실 자료, 요점만 고른 지식이나 무지한 지식에서 해방되는 것이어야 한다. 즉 단편적인 앎, 방향성 없는 앎, 의무 없는 앎에서 말이다.
> (Rowe 1990, p. 129)

오래전 심리학자이자 철학자인 윌리엄 제임스(William James)는 이렇게 되리라는 걸 알았고, 대학교가 언젠가는 "전례 없는 배척과 부패 능력을 지닌 독재 기관으로 발전할지 모른다고 우려했다"(1987, p. 113). 우리는 그 길로 나아가고 있으며, 왜 이런 일이 벌어지고 있는지, 상황을 되돌리기 위해 할 수 있는 일이 무언지를 물어야 한다.

부패의 한 원천은 학계와 권력층 및 기업 세계의 혼인이다. 그 혼인은 베이컨이 처음 제안한 것이었지만, 20세기 말엽에야 완성되었다. 그러나 애정과 상호 동의를 의미하는 혼인은 아마도 정확한 비유가 아닐 듯하다. 그보다는 이것은 이쪽의 보호 계약과 저쪽의 연구 과제로 시작된 돈으로 맺어진 관계다. 현재 적잖은 대학교 학과들이 여전히 국방부에 종속되어 일하고 있으며, 유전공학, 나노기술, 애그리비즈니스(agribusiness)*, 컴퓨터과학 같은 분야에서 수십억 달러

* 기업으로 운영되는 농업. 농업과 그 관련 산업인 농업용의 생산수단 공급, 농산물의 가공에서 유통까지를 총괄한다.

를 얻겠다는 희망에 산업에 종속되어 일하는 학과는 더 많다. 그렇지 않은 학과에서조차도, 역사학자 페이지 스미스(Page Smith)가 썼듯이, 연구로 간주되는 것의 상당수는 '본질적으로 무가치한…… 거의 헤아릴 수 없는 방대한 규모의 바쁘기만 하고 성과는 없는 일'이라는 결론을 피하기가 어렵다(1990, p. 7).

현대 학계의 번지르르한 허울 뒤편에는 누군가나 무엇인가가 채워주기를 기다리는 공백이 종종 있다. 한 예로, 정부에서 무상 불하를 받은 땅에 세워진 한 유명 대학교의 농대는 '미래를 위해 농부를 배치하는' 것을 돕는다고 주장한다. 하지만 21세기의 농경은 어떤 모습일지 묻자, 농대 학장은 이렇게 답했다. "모르오." "그렇다면 어떻게 그 일에 맞게 자신을 배치할 수 있다는 겁니까?"라고 묻자, 학장은 대답했다. "미리 계획할 수 있게끔 최선을 다해야 합니다"(Logsdon 1994, p. 74). 이 말을 들으니 항공기 조종사가 기내 방송으로 승객들에게 좋은 소식과 나쁜 소식이 있다고 알린다는 옛 농담이 생각난다. 좋은 소식은 비행기가 예정대로 날아가고 있다는 것. 나쁜 소식은? "길을 잃었습니다." 토양침식이 심해지고 시골 공동체가 쇠퇴하는 시기에, 농대는 '잔디 관리'를 새로운 과제로 삼아 열을 올리고 있다.

마지막으로, 데릭 복이 그렇게 선택했더라면, 그는 우리가 지성을 어떻게 정의할 것인가 그리고 그것이 더 큰 전망에 어떤 의미를 지니는가라는 질문에 이르렀을지도 모른다. 우리 교수법과 교과과정의 핵심에는 영리함과 지성의 치명적인 혼동이 자리한다. 내가 이해하는 한, 영리함은 대상을 조각내고 근시안적인 경향이 있다. 영리함의 화신은 지성과 인격이 한 가지 기능의 요구사항들에 따라 형성된 전문가, 즉 니체가 '역장애자(inverted cripple)'라고 부른 사람이다. 반면, 생태 지성(ecological intelligence)은 더 폭넓은 세계관과 장기적 관점을 요구한다. 영리함은 SAT와 GRE로 충분히 측정할 수 있지만, 지성은 그렇게 쉽게 측정이 안 된다. 나는 진정한 지성이 통합적 경향을 보이고 무언가를 심사숙고하는 동안 서서히 작동하곤 한다는 것을 때가 되면 우리가 알아차리게 될 것이라고 본다.

현대인이 명민함에 열광하는 것도 결코 우연이 아니다. 고도로 전문화하고 협소하게 초점이 맞추어진 지성은 산업경제를 구축한 도구적 지성이 요구하는 사항들에 적합하다. 80년 전 브룩스 애덤스(Brooks Adams)는 그 이유를 이렇게 말했다.

> 수도는 전문화한 정신과 최고의 품성을 갖추지 않은 정신을 선호해 왔다. 시장이 견딜 한계까지 질보다 양을 앞세우는 것이 수지 맞음을 알았기 때문이다. 자본주의자는 과학과 공학에서 말고는 교육기준을 세울 것을 주장한 적이 없다. 과학적 정신의 상대적인 과잉 자극은 이제 질서에 실질적 위협이 되고 있다. (Smith 1984, p. 116에서 인용)

적절한 세계질서에서 지속 가능한 사회 내에 좋은 공동체를 건설하라는 요구는 전문화한 일차원 정신보다 더한 것 그리고 도구적 영리함보다 더한 것을 요청할 것이다.

우리의 과제

21세기를 내다볼 때, 나는 지속 가능한 세계질서를 수립할 수 있도록 정신을 교육하는 과제가 더 포괄적이고 생태적으로 녹아든 진리의 기준을 요구한다고 본다. 근대 세계관의 설계자들, 특히 갈릴레이와 데카르트는 무게를 재고, 측정하고, 개수를 셀 수 있는 것이 정량화할 수 없는 것보다 더 참이라고 가정했다. 다시 말해 무엇이 셀 수 없다면, 그것은 중요한 게 아니었다. 데카르트 철학은 잠재적인 생태적 해악으로 가득했으며, 그 잠재력은 현실로 나타나 왔다. 데카르트 철학은 인간을 자연과 분리하고, 자연에서 모든 본질적인 가치를 떨어낸 뒤, 이어서 정신과 육체도 분리했다. 데카르트는 본질적으로 공학자였으며, 이 시대의 환경에 그가 남긴 유산은 마치 단순히 기계를 개조하는 양 세계를 개조하려 드는 냉정한 열정이다. 감정과 직관은 미적 감상, 충실함, 우애, 정서, 공감, 박애 같은 현실의 두루뭉술한 질적 부분으로서 내던져졌다. 데카르트의 가정은 그가 살던 당시(1596~1650)에는 그렇게 보였을지 모르겠지만, 실제로 그렇게 단순한 것도 사소한 것도 아니었다.

종과 환경을 구하는 것이 우리의 목표라면, 우리는 사랑하고 때로는 싸우게도 하는 바로 그 감정을 경험적 지식에 통합한 더 폭넓은 과학 개념과 더 포괄적인 합리성이 필요할 것이다. 철학자 마이클 폴라니(Michael Polanyi)는 이것을 '개인적 지식(personal knowledge)'이라 했다. 협소하게 '객관적'이라고 여겨지는 것들보다 더 폭넓은 인간의 인식, 감정, 지적 능력을 불러내는 지식을 뜻했다. 폴라니는, 개인적 지식은 '만들어지는 게 아니라 발견되는 것'이라고 말했다.

> 개인적 지식은 머리로 이해하는 차원을 넘어서 열정적으로 현실을 대하도록 한다. 검증 가능성—혹은 반증 가능성, 검사 가능성 등 뭐라고 부르든 간에—이라는 객관적 기준을 설정한다고 해서 떨쳐낼 수 있는 것이 아닌 이 책임을……. 우리는 피부를 한 겹

두른 채 살아가듯이 그 안에서 살아가기 때문이다. 그것과 비슷한 사랑이 그렇듯이, 이 헌신은 열정으로 타오르는 '불꽃의 셔츠(shirt of flame)'이며, 마찬가지로 사랑처럼 보편적 요구사항에 전념함으로써 소모된다. 그런 것이 바로 과학에서 진정한 의미의 객관성이다……. (Polanyi 1958, p. 64)

데카르트 과학은 열정과 개성을 거부하지만 역설적으로 그 둘에서 벗어날 수 없다. 열정과 개성은 객관성을 향한 열정을 통해 추진되는 가장 금욕적인 과학 지식을 포함한 모든 지식에 배어 있다. 데카르트와 후계자들은 그 점에서 분명히 틀렸다. 감정을 지식과 분리할 방법은 없다. 객체와 주체를 분리할 방법은 없다. 정신이나 몸을 생태적 · 정서적 맥락과 분리할 방법도, 그럴 이유도 전혀 없다. 그리고 지성이 인간의 전유물이 아니라고 타당한 증거를 갖고 추측하는 사람들이 등장하고 있다(Griffin 1992). 열정과 사랑 없는 과학은 해넘이를 감상할 아무런 이유를 제시하지 못할 뿐 아니라, 삶에 가치를 부여할 철저하게 객관적인 이유도 제공하지 못한다. 그런 것들은 더 깊은 근원에서 나오는 게 분명하다.

둘째, 인간의 자연 지배가 선하며, 경제성장이 자연스러우며, 중요성에 상관없이 모든 지식이 똑같이 귀중하며, 물질적 진보가 우리의 권리라고 말하는 교과과정에 숨겨진 오만에 이의를 제기해야 할 것이다. 그 오만함 때문에 우리는 기술, 편리함, 단기적 이득의 유혹에 저항할 수 없는 일종의 문화적 면역 결핍증에 걸렸다. 이 관점에서 볼 때, 생태 위기는 생명에 대한 우리의 충실함과 더 깊은 애호심, 즉 하버드대학교 생물학자 에드워드 윌슨이 '바이오필리아(biophilia)'라고 부른 것을 살펴보는 일종의 시험이다.

셋째, 현대 교과과정은 시민의식과 책임감은 거의 가르치지 않고 개인주의와 권리만 잔뜩 가르친다. 그러나 생태 위기는 충분히 많은 사람들이 시민이 된다는 것의 의미를 더 폭넓게 생각할 때에야 해결될 수 있다. 그것은 모든 교육단계에서 세심하게 배워 나가야 할 것이지만, 현재 우리의 더 높은 잠재력과 총체적 능력에 대해 만연한 냉소주의는 그것을 막는다. 내 가장 이상주의적인 학생들조차도 종종 이기심과 이기주의를 혼동한다. 그들은 마더 테레사와 도널드 트럼프가 둘 다 그저 '자신의 일'을 하는 자기 지상주의자(self-maximizer)라고 말한다. 이것이 그저 사회적이고 정치적인 문제만은 아니다. 생태 위기는 우리가 생명 공동체의 시민임을 이해하지 못한 데서 비롯한다. 현대의 관점을 취하는 우리는, 자신이 '자연의 서비스'와 더 폭넓은 생명 공동체에 얼마나 의존하고 있는지를 제대로 보지 못한다. 우리의 정치색 짙은 언어는 이 의존성을 거의 암시하지 않는다. 한 예로, 현재 쓰이는 애국심(patriotism)이라는 단어에는 생태적 의미가 담겨 있지 않다. 하지만 그 단어에는 우리가 땅, 숲, 공기, 물, 야생생물을 이용한다는 의미가 포함되어야 한다. 천연자원을 남용하고, 토양을 침식시키고, 자연의 다양성을 파괴하고, 황폐화시키고, 자신의 정당한 몫보다 많은 것을 가져가고, 자신이 써버린 것을 다시 채우지 않는 행위는 언젠가는 비애국적이며 잘못된 것으로 여겨져야 한다. '정치학'은 바츨라프 하벨(Václav Havel)의 말마따나 '공동체에 봉사하고 미래의 우리 후손에게 봉사한다'(1992, p. 6)는 의미를 다시 지녀야 한다.

넷째, 우리의 미래가 꾸준히 진화하는 기술에 달렸고 기술의 발전이 언제 어디서나 선한 것이라는, 널리 퍼져 있으며 대개 이의가 제기된 적이 없는, 가정이 있다. 이 신념에 의문을 제기한 사람들은 러다이트(기계 파괴자)라고 치부된다. 하지만 내가 아는 한 그런 비난을 하는 사람들은 러디즘(Luddism)의 실제 역사를 거의 또는 전혀 알지 못한다. 기술에 대한 믿음은 진보라는 개념을 맹목적으로 수용하는 형태로 교과과정 거의 모든 부분에 스며 있다. 하지만 제대로 말하라고 압박하면, 진정한 신자들은 진보가 인간적이거나 정치적이거나 문화적인 개선이 아니라 자신이 발전하면서 계속 생태와 문화를 없애는 무심하고 통제할 수 없는 기술적 거대 괴물을 뜻함을 드러낸다. 모든 근본주의가 그렇듯, 기술 근본주의도 이의 제기를 받아야 마땅하다. 기술 변화는 과연 우리를 원하는 곳으로 데려다 줄까? 기술 변화는 우리의 상상력에, 특히 우리의 사회적, 정치적, 도덕적 상상력에 어떤 영향을 미칠까? 기술 변화는 전체적으로 우리의 생태적 전망에 어떤 영향을 미칠까?

조지 오웰(George Orwell)은 기술 진보의 '논리적 결말이 인간을 병에 담긴 뇌와 비슷한 무언가로 환원시키는 것'(1958, p. 246)이라고 경고했다. 보라. 50년이 지난 지금 뇌에 든 내용물을 기계/몸으로 '내려받기'를 하는 데 필요한 기술을 개발하자고 주장하는 사람들까지 등장하지 않았는가(Moravic 1988). 오웰의 악몽은 현실로 나타나고 있다. 게다가 그런 연구는 주로 우리의 가장 유명한 대학교들에서 이루어지고 있다. 그런 연구는 우리에게 진정으로 필요한 것과는 정반대편에 서 있다. 우리는 양호한 공동체, 좋은 일, 사랑하는 관계, 안정적인 가족, 우리가 손상시킨 것을 복원하는 데 필요한 기술, 우리가 타고난 자기 본위를 넘어서는 방법이 필요하다. 요컨대, 우리가 필요로 하는 것은 우리의 정신이 필요로 하는 것이다. 하지만 우리의 상상력과 창의력은 주로 정신과 자연을 무너뜨리는 것들을 지향하고 있다.

결론

레오폴드는 생태교육이 우리의 '지적 강조점, 헌신하는 것, 애정의 대상, 신념'을 바꾸는 것을 지향한다고 했다. 그러려면 교육학의 낡은 가정들, 학과 중심의 교과과정이라는 구속복, 더 나아가 교실과 학교 건물 안에 틀어박힌 교육에서 벗어날 필요가 있다. 생태교육은 교과과정에 담긴 교육의 내용과 과정, 교육기관이 일하는 방식, 교육이 이루어지는 건축물, 무엇보다도 가장 중요한 학습의 목적을 바꾸는 것을 의미한다.

04_ 돈벌이가 되어버린 교육

현재의 미국인들은 서로 의견이 그다지 일치하지 않는 듯하다. 하지만, 공립학교가 몹시 위기에 처해 있다는 데는 모두 동의하는 듯하다. 이 논쟁의 한쪽에는 문제가 더 풍족한 교사 봉급, 더 나은 교과과정, 최신 실험실, 새 건물, 잘 갖추어진 도서관에 필요한 예산 부족 때문이라고 믿는 사람들이 있다. 주로 교육자들이다. 하지만, 다른 결론에 이른 사람들도 있다. 정부가, 해답이 아니라, 문제라는 것이다. 세세하게 따지면 견해가 서로 다를지라도 그들은 공공이 자신의 문제를 공개적으로 해결할 수 없다고 믿는다. 극단적으로 가면 그들은 공공이란 아예 존재하지 않으며, 소비자만이 존재한다고 믿을지도 모른다. 이 관점은 사회문제가, 빈약한 교육의 문제들과 마찬가지로, 이익이라는 동기와 사적 소유, 자유기업이라는 마법을 통하지 않으면 해결될 수 없다고 본다. 공공 부문을 아사시키고 의기소침하게 만드는 데 적지 않게 한몫 거들어 온 이 이론은 결코 실현 불가능한 게 아니다. 이 견해의 추종자들은 더 많은 사업을 주장한다. 교육협력 사업, 더 많은 사립학교, 더 많은 기술 등등. 플라톤이나 토머스 제퍼슨은 현재 교육개혁에 갖다 붙이는 이유들을 거의 이해하지 못했을 것이다. 그 이유들은 대개 국제시장에서 우리 경제를 더 경쟁력 있게 하기 위해 우리의 젊은 학생들을 '세계 수준의 노동력'으로 만드는 데 목적이 있는 것들이니까. 우리는 육지에 매립될 다음 세대의 생활 쓰레기에 다른 나라들의 상표가 아니라 미국의 상표가 찍혀 있기를 원한다.

이 목표를 위해 기업과 상업의 이익을 대변하는 단체들은 교육을 개조하는 일에 착수해 왔다. 전직 대통령 부시(아버지 부시)의 요청에 따라 설립되고 AT&T, GM, 제록스 등 대기업들에서 자금을 지원 받아 운영된다는 신미국학교개발법인(New American Schools Development Corporation)이라는 곳은 혁신적인 교육사상을 창조하는 일을 지원하겠다면서 엄청난 돈을 모금하려 하고 있다. 그들은 '도요타나 혼다의 업무 능률에 맞먹도록 교육체계 전체를 재구축'하려 든다(Stout 1992). 그 일을 위해 그들은 '민간 부문'의 참여 폭이 훨씬 더 커져야 한다고 주장한다. 여기서 한마디 해두자면, 이른바 민간 부문의 건전성은 상당한 정부 보조금과 세제상의 특전을 전제로 할 때가 흔하다. 한 예로, 경제잡지 《포브스(Forbes)》는 1991년 10월 14일에 '미국을 교육하다: 모험적인 접근'이라는 주제로 특집호를 냈다. 놀라운 일도 아니지만, 거기에는 기사 내용보다 광고, 전자매체 교육, 과다호흡증후군에 관한 광고가 더 많은 지면을 차지했다. 내용이 있든 없든 간에, 기업이 교육 분야에 진출하고 있기에, 우리는 주목하지 않을 수 없다.

물론 금전상의 이득이 있었기에 미국과 여러 나라에서 기업들은 언제나 교육에 진출하고자 애써왔다. 그 결과, 우리 학생들은 자연의 경제보다 성장 경제에 관해 훨씬 더 많은 것을 알 때가 흔하다. 대학에 경제 분야의 교수로 갓 임용된 사람들의 상당수는, 돈을 쥔 사람들이 자신의 이해관계에 충실하며 약간의 투자로 큰돈을 벌 기회를 잡는 데 열중한다고 말한다. 기업들은 이익을 나누어 가짐으로써 전체 학과들을 연구 개발용으로 통합할 수 있었다. 게다가 비용이 많이 드는 기관을 운영하면서 돈 가뭄에 시달리는 대학 관리자들은 이런 기회를 찾느라 혈안이 되어왔다.

최근까지 기업과 사업의 이익단체들은 대체로 공립학교에는 별 관심이 없었다. 지금은 아니다. 몇 년 전 휘틀커뮤니케이션스(Whittle Communications)사는 공립학교들에 채널 원(Channel One)*을 공짜로 볼 수 있게 해줄 테니 대신 수업일에 2분 동안 상업광고를 할 권리를 달라고 제안했다. 채널 원을 보는 학생은 현재 800만 명으로 추산된다. 휘틀커뮤니케이션스는 영리 목적의 공립학교 1,000곳을 만들 계획이며(에디슨계획), 계획을 이끌 책임자로 예일대학교 전직 총장 베노 슈미트(Benno C. Schmidt)를 영입했다.

에디슨계획(Edison Project)은 미국 테네시 주 녹스빌에 있는 휘틀커뮤니케이션스의 창립자인 크리스 휘틀(Chris Whittle)의 작품이다. 그는 타임워너(Time-Warner)를 비롯한 협력사들과 함께 학생 1인당 대략 지출되는 전국 평균 교육비(5,500달러)에 해당하는 수업료

* 상업광고 및 캠페인을 기반으로 미국 중고등학교에 방송되는 12분짜리 청소년 뉴스 방송채널. 케이블방송과 위성기술을 학교 마케팅에 이용한 것으로, 10분의 교육 관련 뉴스와 캠페인, 2분의 광고를 내보낸다. 채널 원은 학교 측에 방송설비를 무료로 제공하고, 그 대가로 12분의 방송 시간을 얻어냈다. 1989년 위틀커뮤니케이션스가 처음 사업화했다. 2009년 현재는 얼로이미디어+마케팅(Alloy Media+Marketing) 소유다.

로 운영되는 전국적인 영리 목적의 학교망을 구축하고자 한다. 추정 연 총수익 100억 달러를 올리기 위해 휘틀은 복잡한 교육행정 절차를 간소화하고, 학습 기술을 많이 활용하고 교사의 수를 줄이며, 학생에게 청소를 맡기고, 자원봉사자를 활용하고, 규모의 경제에 의존할 생각이다(The New York Times 1992). 부모가 공립학교나 사립학교를 선택할 수 있게 하는 전국 규모의 바우처 제도(voucher system)* 의 창설은 에디슨학교에 큰 도움을 줄 것이다. 공교롭게도 전직 대통령 부시와 당시 교육장관이자 휘틀의 가까운 친구인 라마 알렉산더(Lamar Alexander)는 그런 제도를 지지했다. 당시 알렉산더는 자신이 갖고 있던 휘틀커뮤니케이션스 주식을 잠시 부인 이름으로 옮겼고, 그의 부인은 휘틀과의 관계를 공개적으로 인정한 적이 없다(Friedman 1992).

내가 공교육이 어디에서나 모든 면에서 성공을 거두어왔다고 주장한다면 잘못된 옹고집을 부리는 꼴일 것이다. 공교육은 좋은 면과 나쁜 면을 다 보여주며, 이유도 제각각이다. 아주 잘해 온 공립학교가 있는가 하면 엉망인 공립학교도 있으며, 대부분은 그 중간의 어딘가에 해당한다. 하지만 쓸모 없는 것을 버리려다가 자칫 쓸모 있는 것까지 내버리기 전에, 지구의 생물상 보존을 걱정하는 우리 같은 사람들은 몇 가지 질문을 던지는 게 현명할 것이다. 내가 제시하는 질문 목록은 이렇다.

* 미국에서 공립학교를 불신해 (학군 밖의) 사립학교를 택한 부모나 학생 또는 그 사립학교에 재정적으로 보조를 해주는 제도. 학비 부담을 줄여 부모와 학생에게 공립학교/사립학교 선택권을 주자는 취지로 도입되었다. 2006년 1월 5일 플로리다 주 대법원은 바우처 제도에 최종적으로 위헌판결을 내린 바 있으며, 오바마 행정부 출범 이후에도 바우처 제도의 존속 여부를 놓고 논란이 빚어지고 있다.

첫째, 개혁가들은 공립학교의 문제점이 뭐라고 생각할까? 베노 슈미트는 SAT 점수의 정체 또는 하락과 높은 탈락률을 든다. 슈미트는 이렇게 썼다. "교육 개선을 위한 국가의 투자는 거의 밑 빠진 독에 물 붓기였다." 그는 이런 실패가 '체제 자체' 때문이라고 했다. 그 말은 이런 뜻이었다.

> 학교는 농사용 달력에 따라 운영되며 대부분의 시간에 문을 닫는다. 오랜 세대 동안 거의 변화가 없었던 학년과 수업으로 짜여 있다. 한 교사가 학생 20~30명을 맡는, 정적인 공장 같은 모형을 토대로 구축되어 있다……. 학교는 현대 기술에 구애 받지 않고 종이, 연필, 칠판, 책을 사용한다. 학교는 첫 인격 형성기가 지난 뒤에야 학생들을 받는다. 학교는 어쩌다가 잠깐씩만 부모를 접한다. 학교는 어느 지역이든 별 차이가 없다……. 학교는 비대한 관료주의의 통제를 받으며 교육과 무관한 정치 세력에 따라 분열된다. 학교는 경쟁, 선택의 자유, 혁신과 단절되어 있다. 무엇보다도 학교는 놀라울 정도로 변화를 거부한다. (Schmidt 1992)

이 말도 짬뽕이다. 맞는 부분도 있고 틀린 부분도 있다. 나는 공립학교를 심하게 옹호하지는 않지만, 견해가 다르다. 상업적 텔레비전, 가족의 해체, 도시문제의 소홀함, 폭력문화 때문에 어린 정신과 마음의 소유자를 가르치는 일이 예전보다 훨씬 어려워졌다. 우리가 매일 아침 학교로 보내는 아이들은 집안의 말다툼에 너무 많이 시달린 상태며, 쓸데없는 텔레비전 방송을 너무 많이 본 뒤며, 나부터라는 소비문화에 너무나 오랫동안 절여진 상태다. 학교를 비난하기는 쉽지만, 이것은 우선 학교의 실패가 아니다. 오히려 책임감 없는 부모, 더는 공동사회라고 할 수 없는 공동체, 너무 바빠서 신경 쓸 시간이 없는 교장과 공무원, 더 나아가 좋은 공동체를 건설하기보다는 자신의 이익을 추구하는 데 더 몰두하는 기업가들의 실패다. 의협심과 숭고한 목적을 지닌 정신과 삶의 가치를 높이 사는 좋은 사회를 먼저 만들지 않은 채 좋은 학교를 만든다는 일이 어떻게 가능하단 말인가?

둘째, 휘틀과 슈미트를 비롯한 개혁가들이 양성하겠다고 주장하는 정신과 마음의 자질은 어떤 것일까? 슈미트는 '생후 6개월이나 아기가 태어나기 전 6개월'에 교육을 시작한다는, 새롭고 아마도 시기상조일 생각을 이야기한다. 그의 의도는 교육학 교수 더글러스 슬론(Douglas Sloan)의 말처럼, '계산과 경쟁의 어린 대가(大家)'를 만드는 것일까, 아니면 더 깊이가 있는 인간을 만드는 것일까? 경이감은 어떤가? 정직함과 선량함 같은 더 고귀한 자질의 함양은?

셋째, 영리학교의 창립자들은 우리 아이들에게 생물 다양성을 어떻게 가르칠 생각일까? 지구의 활동은? 다른 생물들과 미래 세대에 대한 우리의 윤리적 책임은? 정의는? 시민으로서 책임과 공동체에 관해서는 무엇을 가르칠 생각일까? 그들은 비판적 사고가 에디슨 학교의 주주인 기업의 행동에 적용될 때, 과연 그것을 가르칠까? 기업 투자자들은 마음에 안 들거나 불편하거나 자신들의 이익에 해가 된다고 생각하는 것을 검열할까?

넷째, 그들은 어떻게 가르치겠다는 것일까? 슈미트와 휘틀은 꽤 많은 교사를 꽤 많은 기술로 대체할 생각이라고 말한다. 하지만 가르칠 준비가 잘 되어 있는 배려하는 헌신적인 교사들에 대립되는 기계로 젊은이들을 가르칠 때의 상대적 효과에 관해 알려진 게 있는가? '대화식 기술'과 컴퓨터는 교과과정의 내용에 어떤 영향을 미칠까? 기계 위주의 교육법에 맞지 않는다는 이유로 뭘 빼버릴 것인가? 교사는 단지 기계 관리자가 될까? 그렇다면 아이들은 누구를 제 역할 모델로 삼을까?

다섯째, 교육과 수익 사이에 마찰이 생길 때 무슨 일이 벌어질까? 모든 사업들이 그렇듯, 이 마찰은 일어날 것이다. 투자자들은 수익보다 아이들의 삶과 정신을 더 높이 살까? 아이들의 삶과 정신은 사회 회계원장에서 같은 줄에 기입되는 게 아니다. 투자자들이 수익보다 교육을 더 높이 사지 않는다고 해도, 여전히 수습할 만큼 충분히 양호한 공립학교가 남아 있을까?

여섯째, 영리학교는 필연적으로 공공적이고 공동체적인 삶의 부분을 살아가는 일에 아이들을 어떻게 준비시킬 생각일까? 영리학교는 시민을 길러낼 수 있을까? 학생들은 학사과정에 참여하게 될까? 영리학교는 많은 것들이 수익이 아닌 원리에 토대를 두는 게 분명한 복잡한 세계에서 살아가고 협력하게끔 아이들을 준비시킬까? 영리학교는 그 차이를 가르칠까?

일곱째, 영리기관은 인간 본성과 인간의 잠재력에 관해 무엇을 가르칠까? 영리학교는 교묘하게 추구되는 이기심이 아닌 다른 것을 가르칠 수 있을까? 영리학교인 에디슨학교를 신뢰하는 젊은이의 도덕적 상상력에는 어떤 일이 벌어질까?

여덟째, 영리학교는 서로 다른 전통을 지닌 각지의 다양한 공동체들에 어떤 의미가 있을까? 휘틀과 슈미트는 '기술과 완전히 통합된' 공통의 교과과정을 운영하는 전국적 체계에서 나오는 규모의 경제를 내세운다. 이렇게 보니, 에디슨학교는 소수의 관리자와 투자자의 수중에 권력이 집중된 소련의 집단농장과 다소 비슷하게 들린다. 그런 학교는 지역 전통과 지역 지식에 무엇을 할까? 애향심을 함양할까, 뿌리 없음을 함양할까?

마지막으로, 영리학교의 창설자들은 어떤 세계를 창조할 생각일까? 생물학적, 문화적 다양성을 보전할 세계일까? 그들은 생물권 안에 잘 들어맞는 문명을 창조할 의향일까? 정의와 공정성을 갖추고서 그렇게 할 생각일까? 그렇다면, 어떻게? 영리학교는 21세기의 의제, 즉 우리가 기후를 안정시키고, 화석연료를 훨씬 더 효율적으로 사용하고, 태양에 기반을 둔 기술로 빠르게 전환하고, 인구를 안정화한 뒤 줄여나가고, 사라져가는 숲을 되살리고, 생물 다양성을 보호하고, 토양을 보전하고, 시골 지역을 재건하고, 유독 폐기물을 정화하고, 가난을 급속히 줄여야 한다는 것을 어떻게 생각할까?

영리학교를 주장하는 사람들은 자신들이 그런 것들을 생각해 왔다고 우리가 믿을 만한 근거를 그다지 제공하지 않았다. 그들은 교육이 더 많은 기술을 통해 해결할 수 있는 기술상의 문제라고 생각하는 듯하다. 그들은 교육을 마치 이익과 손실의 문제인 양, '투자', '위험부담', '기업가 정신', '경쟁', '실적' 같은 경제용어로 이야기한다. 손실이 너무 클 때 기업은 손실을 줄이지만, 공동체와 사회는 그럴 수 없다. 영리학교를 세우려는 사람들은 민영화가 공공문제의 해답이라는 새로운 일반 통념의 산물이다. 그것이 해답인 경우도 있긴 하겠지만, 교육에서는 아니다. 나쁜 학교의 해결책은 비용에 상관없이 아이들과 아이들의 장기적 전망을 책임지는 더 나은 공동체를 만드는 것이다.

2부

첫째 원칙들

땜질하듯 하는 어설픈 개혁은 우리의 비참한 상황을 개선할 충분한 대응책이 못 된다면—실제로 아니다—우리는 교육목표와 학습에 관한 처음의 가정들을 재고해야 한다.

2부는 이 노력의 핵심이 되는 근본적인 것들에 대한 식견을 우리가 잃었다는 믿음하에 쓴 글들이다. 교과과정이 더 폭넓고 복잡하고 기술적으로 정교한 게 되면서 중요한 것들이 사라져왔다. 일부에서 말하는 '기초사항', 즉 읽고, 쓰고, 셈하는 능력 같은 것을 뜻하는 게 아니다. 비록 그런 것들도 위험에 처해 있다고 보긴 하지만 말이다. 내가 말하는 것은 점점 전문화하는 교육과정과 인간 조건에 관한 큰 질문을 하는 능력 사이의 관계다. 따라서 이 글들은 사랑, 지성, 지혜, 미덕, 책임감, 가치, 양식에 관한 것이다.

05_ 사랑

우리는 자신과 자연 사이의 정서적 유대를 함양하지 않고서는
종과 환경을 구하는 이 전쟁에서 이길 수 없다.
자신이 사랑하지 않는 것을 구하러 싸우지는 않을 테니까.
– 스티븐 제이 굴드

고생물학자이자 진화생물학자인 스티븐 제이 굴드(Stephen Jay Gould)는 이 현안에 나름의 견해를 갖고 있으며, 이 견해는 대다수 학문 분야에서 단연코 소수파 비주류에 속한다. 종이 사라지고 환경이 파괴되는 문제를 나름대로 고심하는 주류 학자들은 냉철한 합리성, 두려워 않는 객관성, 약간의 기술이면 그 일이 해결되리라 믿는 듯하다. 그러나 그게 전부라면, 그 일은 이미 수십 년 전에 해결되었을 것이다. 경멸하는 말로 쓰일 때를 제외하고, '정서적 유대', '싸움', '사랑' 같은 단어들은 자연과학이나 사회과학에서 정중한 대화를 나눌 때 잘 쓰이지 않는다. 정반대로 자신의 연구 대상에 대한 지나친 감정은 일부 기관에서는 좋은 과학과 어떤 형태든 감정은 서로 양립할 수 없다는 과학계의 장로교회파식의 견해를 근거로 위원회 사무나 행정 업무라는 블랙홀로 이단자를 유형에 처하는 충분한 구실이 된다.

굴드의 견해는 많은 의문을 낳는다. 예를 들자면, 과학의 절차적 요구사항과 굴드가 종과 환경을 구하는 데 필요하다고 믿은 과정인 대상과의 정서적 유대와 대상을 사랑하라는 요구사항을 조화시키는 일이 어떻게 가능할까? 둘은 서로 방해하지 않을까? 둘은 현재 거의 어디에서나 제공되는 것과는 다른 교과과정과, 다른 유형의 교육을 수반할까? 생존을 위해서는 호기심을 애정으로 누그러뜨려야 하는 걸까? 물리학과 경제학에도 같은 말이 적용될까? 우리가 '사랑'을 흡족하게 정의할 수 있다고 가정하면, 사랑이 지식이나 지식이 요구되는 방식에 한계를 설정할까? 사랑의 요구사항과 지식의 요구사항 사이에 갈등이 있다면, 어느 쪽을 우선해야 할까? 굴드의 견해에는, 현자들과 종교 예언자들이 줄곧 말해 왔듯이, 우리가 사심 없이 행동하는 법을 배워야 하지만 그 근거가 살아남기 위한 우리의 이기심과 구분이 점점 더 안 되고 있다는 역설이 담겨 있다.

이런 것들은 합리적인 사람들 사이에 의견이 다를 수 있는 중요하고도 어려운 문제들이지만, 파급효과가 아주 크기에 사랑을 교육 및 지식과 연관 지어 진지하게 지속적으로 논의하는 것은 당연하다 하겠다. 하지만, 그런 논쟁이 벌어지는 기미는 거의 보이지 않는다. 한 예로 나는 생물학 문헌 목록을 되는 대로 훑어보았는데, '사랑'이라는 단어는 아예 보이지도 않았다. 또 '정서적 유대'나 사랑 때문에 벌어지는 '싸움'이라는 항목도 전혀 찾지 못했다. 물리학, 화학, 정치학, 경제학 분야의 교재들도 마찬가지였다. 인간의 가장 강력한 감정인 사랑을 가장 강력하고 영향력 큰 인간 활동인 과학과 연관 지어 이야기하기가 왜 그토록 어려운가? 그리고 젊은이들에게 생명과 생명과정을 소개하려고 쓴 교재에서는 왜 그것들을 다루지 않는 걸까? 그 머리말 지면은 사랑, 경외심, 신비에 관해 몇 마디 언급하고 지식에 따르는 책임에 관해 한두 가지 경고를 덧붙이기에 딱 맞는 자리 같은데. 더 나아가 감정을 지성과 연관 지어 논의하고 어떻게 하면 둘을 가장 잘 결합할 수 있을지를 다루기에 좋은 자리가 아닐까. 둘은 어떤 식으로든 결합되니 말이다. 마치 지식을 얻으려는 노력의 동기가 되는 것은 은폐하자는 음모가 있는 듯하다. 개인적으로 우리를 좌우하는 것을 다루려니 낭패감만 들기 때문일까.

사랑이라는 문제를 과학 및 교육과 연관 지어 살펴보는 일에 소홀한 이유는 또 있다. 그런 논의에 가장 소리 높여 반대할 사람들은 당신보다 더 엄격한 사람들, 즉 근본주의자에 맞먹는 학자들일 게 분명하다. 그들은 과학이 열정과 정반대로 작용한다고 주장할 것이다. 그들 자신이 순수함을 향한 열정을 지니고 있음에도 말이다. 하지만 심리학자 에이브러햄 매슬로(Abraham Maslow)는 그들의 과학이 이렇다고 본다.

> 왜곡되고, 협소하고, 재미없고, 감미롭지도 않고, 감정에 호소하지도 않고, 지극히 세속적이고 신성하지 않은 세계관에 봉사하는 도구로 쓰일 수 있다. 이 탈신성화는 감정, 특히 겸손, 존경, 신비감, 경이감, 경외심 같은 감정에 잠기는 것을 막는 방어수단으로 쓰일 수 있다. (Maslow 1966, p. 139)

근본주의자들은 열정, 감정, 훌륭한 과학의 관계를 오해해 왔다. 그것들은 맞서는 게 아니라, 복잡하게 상호 의존한다. 과학은 열정과 감정을 통해 추진될 때 가장 좋은 성과를 낳는다. 우리에게 감정이 있는 이유는 팔다리가 있는 이유와 똑같다. 우리 팔다리는 오랜 진화를 거치면서 쓸모가 있다고 입증되었기 때문에 있는 것이다. 팔다리든 감정이든 중요한 점은 다양한 부속지(付屬肢)와 자질을 잘라내는 게 아니라, 오히려 그것들을 좋은 용도로 쓸 수 있게 조화시키고 길들이는 법을 배우는 것이다.

과학 근본주의의 문제점은 그것이 충분히 과학적이지 않다는 데 있다. 오히려 과학 근본주의는 과학 자체와 더 넓게는 과학이 번성할 수 있게 한 사회적, 정치적, 경제적, 생태적 조건들에 역설적으로 비회의적인, 다시 말해 비과학적인 협소한 관점이다.

둘째, 온갖 탁월한 정보 및 의사소통 능력에도, 우리는 자신의 동기와 감정을 업무 및 직업과 연관 지어 이야기하는 일이 거의 없다. 저명한 생태학자와 환경론자들로 이루어진 한 집단에 자기 신념의 근원을 말해 달라고 요청했을 때 나온 말들이 생각난다. 다른 질문이라면 유창하게 답했을 그들은 자신의 가장 심오한 감정이 마치 신중하게 심사숙고한 진로 계획의 산물인 양 설명하려고 애쓰다가 말이 앞뒤가 안 맞는 지리멸렬한 상황에 빠지고 말았다. 그러나 대화가 계속되자, 가장 개인적 형태의 경험에 관한 아주 감동적인 얘기들이 나오기 시작했다. 우리도 대부분 비슷한 경험이 있다. 하지만 우리는 마치 자신의 삶이 어린 시절이나 성년기 초의 기억에 아로새겨진 좋아한 것들, 매료된 것들, 상상 속 일들, 연상 관념들, 영감을 준 것들, 지각 경험들의 산물이 아니라, 합리적으로 계산된 것인 양 '진로 결정'이 어쩌고저쩌고 이야기하는 경향이 있다. 나는 우리 대다수가 어릴 때 자연과 자신이 하나가 되는 깊고도 생생한 경험을 해보았기에 환경론자처럼 말하고 신앙 고백자처럼 고백하는 것이라고 믿는다. 우리는 자기 자신과 비슷하게 하나가 되는 경험을 했기에 생물학이나 환경에서 인간의 위치를 연구하는 쪽을 택한 우리 학생들에게 더 솔직할 필요가 있다.

셋째, 나는 격변의 시대에는 부정의 힘이 중요한 것들에 관해 이야기를 나누려는 의욕을 꺾는다고 생각한다. 한 예로, 〈그날 이후(The Day After)〉라는 영화에는 수소폭탄이 곧 떨어진다는 것을 아는 한 여성이 주변을 정돈하러 황급히 달려가는 장면이 나온다. 오늘날 대학교에서 벌어지는 많은 일들도 마찬가지로 내게는 대혼란이 닥치기 전에 일종의 정리정돈을 하는 것처럼 보인다. 물론 대혼란은 이미 벌어졌으며, 더욱 큰 혼란이 오는 중이다. 20세기는 세계전쟁, 원자폭탄, 강제노동수용소, 전체주의, 암살 특공대, 인종 청소의 시대다. 그리고 우리는 피폐해진 생물상, 기후변화, 인구과잉 같은 위협을 내다본다. 그런 전망에 비추어볼 때, 많은 이들이 소매를 걷어붙이고 이 추세를 역전시키려 나서기보다는 주변을 정리하는 편이 더 쉽고 속 편하다고 생각하는 것도 이해가 간다.

넷째, 사랑은 그것이 우리의 가장 깊은 감정에 어떻게 배어들고 우리의 다양한 행동에서 어떻게 표출되는지를 우리가 잘 알지 못해서 이야기하기가 어렵다. 하지만 우리에게는 에드워드 윌슨이 '바이오필리아'라고 부른 것, 즉 '인간이 잠재의식적으로 추구하는 다른 생명체와의 연대성'이 타고난 것이라고 믿을 만한 충분한 근거가 있다(Wilson 1992, p. 350). 수백만 년에 걸친 진화가 그런 친밀감을 빚어내지 않았다면 그것이야말로 놀라운 일일 것이다. 설령 우리가 잠재의식적인 바이오필리아의 흔적을 전혀 찾을 수 없다고 할지라도, 우리는 생존에 대한 걱정 때문에 굴드가 위에서 말한 것과 똑같은 이유로 바이오필리아를 창안하게 될 것이다. 우리가 사랑하지 않는 것을 구하기 위해 싸울 것 같지는 않으니까. 이것은 바이오필리아가 과학을 어떻게 하고 모든 분야에서 사람들에게 생각하는 법을 어떻게 가르칠지를 비롯하여 우리가 하는 일과 생각하는 방식의 의식적인 일부가 되어야 한다는 의미다. 이 일이 교사와 학자에게는 어떤 의미가 있을까?

우선 그것은 의식적이고 잠재의식적으로 바이오필리아가 대화와 탐구의 정당한 주제가 되어야 마땅하다는 의미다(Kellert and Wilson 1993). 바이오필리아가 어떻게 나타나고, 어떻게 번성하고, 우리에게 무엇을 요구하는지를 더 제대로 이해하려면, 우리는 바이오필리아의 학생이 될 필요가 있다. 또 바이오필리아는 언어, 모형, 이론, 교과과정이 때때로 어떻게 연구 주제로부터 우리를 소외시킬 수 있는지를 더 깊이 의식할 것을 요구한다. 자연을 판재, 통, 지속 가능한 수확량, 자원이라는 추상적 개념으로 표현하는 단어들은 우리가 더 깊은 수준에서 지니는 그런 감정과 친밀감을 몰아낸다. 우리에게는 타고난 충정에 맞추어진 더 나은 도구, 모형, 이론이 필요하다. 우리가 생계를 위해 하는 일, 우리가 생각하는 방식, 우리가 수백만 년에 걸친 진화의 산물인 생물로서 느끼는 것 사이의 부조화를 더 줄이는 것들 말이다.

마지막으로, 가장 어려운 문제는 다른 영역들을 통해서 우리는 사랑이 우리가 하는 일과 그 일을 하는 방식에 한계를 설정한다는 것을 안다는 점이다. 에리히 프롬(Erich Fromm)이 썼듯이, 그것은 '훈련, 집중, 인내'를 요하는 기술이다(1956, p. 100). 사랑의 기술은 과학 분야와 어떤 관계에 있을까? 그 질문을 한편에서 볼 때, 사랑은 신중한 사유의 대체물이 아니다. 다른 한편에서 볼 때 유대 신학자이자 철학자 아브라함 헤셸(Abraham Heschel)의 말처럼, 정신이 '사랑하기 위해 벗하기보다는 약탈하기 위해 공격하도록 훈련된…… 권력을 얻으려는 우리 의지의 용병'(1951, p. 38)이 된다면, 그 논리적 결과는 파멸이다. 어느 쪽이든 간에 개인적 동기가 중요하며, 다양한 동기가 전혀 다른 종류의 지식과 전혀 다른 생태적 결과를 빚어낸다는 것은 명백하다.

최근에 보전생물학자들과 모임을 했는데, 그중 몇 명이 의아스럽다면서 목소리를 높였다. 생물 다양성 보전 노력에 동참하는 동료가 왜 그렇게 적으냐는 것이었다. 이렇다 할 답변은 나오지 않았다. 그러나 돌이켜보니 직업상의 과학을 우리의 생명 사랑과 아마도 맨 처음에 과학을 공부하게끔 대다수 생물학자들을 매료시켰고 지금도 우리 학생들을 유혹하는 것들과 결합시키는 일이 어렵다는 점이 이유라는 생각이 든다.

06_ 지능

상상할 수 있는 가장 무지한 시대가 바로 우리 시대다.
– 어윈 샤가프

내가 아는 한 현대 미국만큼 지능을 맹신하는 나라는 없다. 진실로 미국에는 영국 철학자 메리 미즐리(Mary Midgley)가 진정한 '지능 숭배'라고 부르는 것이 있다. 지능을 측정하고, 지능을 높이고, 지능에 관한 책을 쓰고, 지능이 없는 사람들을 불쾌하게 만드는 일을 하는 전문가 부족들이 그 일을 맡고 있다. 그런데 지능은 정확히 무엇을 가리킬까? 또 생물 다양성과 인간의 수명이라는 기준에 비추어 볼 때 지능이란 무엇일까? 그리고 그런 답은 보전교육이라는 과제를 어떻게 할지에 대해 무슨 말을 해줄 수 있을까?

나는 그런 질문을 제기할 자격조차 없다. 나는 미네소타 다면 인성검사(MMPI)와 미네소타의 다중 위상조차 구분하지 못한다. 그렇지만 나는 대체로 현재의 증거가 우리가 지능에 관해 그다지 잘 알지 못하며 지구라는 관점에서 보면 우리가 안다고 여기는 것 상당수가 틀렸을 수 있음을 시사하며, 그것은 지능이 충분치 못하다는 말이라고 믿는다. 또 나는 이 말에도 동의하고 싶다.

> 지적인 사람이라는 현대의 상투적 표현은 잘못일 성싶다. 현대 지능의 원형은 신동의 지능인 듯하다. 자질구레한 사실들의 차이를 거의 분간하지 못하는 인간형 말이다. (Berry 1983, p. 77)

우리가 지능이라고 부르는 것과 각급 학교와 대학에서 시험을 치르고 상을 주는 것은 영리함에 더 가까운 다른 무엇이다. 내가 이해하는 바로는 지능이란 장기적인 것과 관계가 있고 대체로 통합적인 반면, 영리함은 대체로 단기적인 것에 몰두하고 대상을 단편화하는 경향이 있다. 이 차이는 생물 다양성을 보전하려는 우리의 의지와 능력에 심각한 결과를 빚어낸다.

비록 지능에 대한 흡족할 만한 정의를 내놓는 게 가능하다고 보지는 않지만, 나는 지능의 몇몇 특징을 기술하는 일은 가능하다고 믿는다.

첫째, 지능을 갖춘 채 행동하거나 생각하는 사람들은 원인과 결과를 분리하는 데 뛰어나다. 한 예로 지리학자 이언 G. 시먼스(Ian G. Simmons)는 제정신인 사람과 제정신이 아닌 사람을 구분하는 오류 없는 방법을 개발한 18세기의 한 원형심리학자의 이야기를 들려준다. 그 원형심리학자는 진단할 사람들을 한쪽에 수도꼭지가 있고 반대편에 자루걸레와 양동이가 있는 방에 가두었다. 그런 다음 수도꼭지를 튼 뒤 지켜보았다. 그가 미쳤다고 여긴 사람들은 자루걸레와 양동이를 가지러 뛰어갔다. 제정신인 사람들은 천천히 걸어가서 수도꼭지를 잠갔다(Simmons 1989, p. 334). 나는 우스꽝스러운 것에서 불합리한 것을 거쳐 범죄라 할 것에 이르는 연구 내용을 담은, 이른바 자신들의 지능 때문에 많은 봉급을 받고 명성을 누린 사람들이 한 '자루걸레와 양동이' 연구서들을 모아두고 있다. 이런 연구들은 큰 원인과 큰 결과에 관련된 질문을 못 한다는 공통점이 있다.

지능의 두 번째 특징은 첫 번째와 관련이 있는데, '실용 지식(know how)'과 '원리 지식(know why)'을 구분하는 능력이다. 캐나다 생태학자 스탠 로는 최초의 원자폭탄 실험에 앞서 물리학자 엔리코 페르미(Enrico Fermi)가 어느 회의주의자에게 한 말을 인용한다. "당신의 양심의 가책이 어쩌고저쩌고 하면서 나를 귀찮게 하지 마. 어쨌건 간에 그건 최고의 물리학이니까!"(Rowe 1990, p. 129). 원자폭탄의 폭발로 행성 전체를 파괴할 연쇄반응이 일어날 수도 있다고 믿었던 사람들이 일부 있었는데, 나는 그들을 이해한다. 그럼에도 폭발은 일어났다. 그 물리학이 아무리 뛰어났다고 해도, 원자폭탄은 인간적 · 생태적으로 처참한 결과를 빚어냈으며 아직도 끝이 보이지 않는다. 이 원자폭탄은 내부나 외부의 제약이 없고, 이 경우에서는, 정부의 승인까지 받은 영리함을 먹이로 삼는 일종의 강박증을 보여주는 한 사례에 불과하다. 우리는 지능이 해줄 수 있는 것보다 훨씬 더 영리한 것들을 할 능력이 있다. 하지만 바람직한지 여부에 개의치 않고 가능한 것은 무엇이든 하려는 강박관념은 현대 대학교에서 더 이상 드물지 않다. 로의 말처럼, 오늘날의 대학교는 '원리 지식'이 아니라 '실용 지식'을 추구하는 기관이 되었다. 대학교의 장사 밑천은 '무지한 지식'이다. 로는 그 말을 '단편적인 앎, 방향성 없는 앎, 의무 없는 앎'이라는 의미로 썼다. 대학 졸업생들은 '수단 시험에서는 높은 점수를 받지만 목적 시험에서는 낮은 점수를 받는다.' 그리고 그 수단은 '삶을 부정하고, 건강 대신에 병을 키우는…… 지극히 잘못된' 패러다임에서 나온다. 지식인은 순서를 뒤집어서, 먼저 "왜?"와 "무슨 이유로?"라고 물을 것이다. 진정한 지능은 종종 느릿느릿 작용하며 우리가 지혜라고 부르는 것에 가깝거나, 더 나아가 동의어이기도 하다. 메리 미즐리는 지식인을 이렇게 정의한다.

> 어떤 다른 범위의 능력에서 빼어나다……. 그들은 강한 상상 감각을 지닌다. 세상에 아직 없는 가능한 물품을 상상하고 지금의 세상에서 무엇이 잘못되어 있는지를 알아차리는 능력 말이다. 그들은 우선순위를 따지고, 다양한 물품을 비교하고, 무엇이 가장 중요한지를 묻는 일을 잘한다. 균형 감각이 있고 올바른 방향을 잘 찾는다. (Midgley 1990, p. 41)

미즐리는 그런 능력을 지닌 사람들을 '영리하거나 명민하다기보다는 슬기롭거나 분별 있는' 인물들이라고 말한다. 그리고 그들은 적당히 그만해야 할 때를 안다.

작가이자 문명비평가인 웬들 베리(Wendell Berry)는 지능의 세 번째 특징을 제시한다. '자기 주변의 뛰어난 정돈 혹은 조화'라는 것이다. 이 기준에 따라, '추함이나 폭력의 통계적 정당화는 모두 어리석음의 폭로다(1983, p. 77).' 이 말은 누군가의 행동의 결과가 지능의 척도이며, 모른다는 변명이 결코 좋은 방어수단이 아니라는 의미다. 일부 결과는 예측할 수 없기에, 지능의 행사는 인내와 한계 감각을 요구한다. 다시 말해 그것은 결과를 한정 지을 수 있는 특정한 규모를 넘어서는 행동은 하지 않을 것이며, 예측할 수 없는 결과는 파국적이지 않을 것이다. 베리의 말에 따르면, 지식인(그리고 문명인)은 '우리가 먼저 악마들을 풀어놓은 뒤 어떻게든 그들을 통제할 수 있을 정도로 영리해질 수 있다'고 가정하지 않는다(1983, p. 65). 사회적 지능지수 같은 게 있다면, 우리가 '선진'사회라고 부르는 것은 베리의 기준으로는 뒤처진 사회로 판정될 것이다. 차서 넘치는 쓰레기 매립지, 더러워진 하늘, 침식된 토양, 오염된 강, 산성비, 방사성 폐기물은 학습 불능 종을 위한 어떤 은하계 간 학교에 입학 허가를 받는 데 충분하리라는 것을 시사한다.

지적 행동과 사유의 네 번째 특징은 도덕의 경계를 넘어서지 않는다는 것이다. 다시 말해 지능은 이른바 더 높은 선(善)의 이름으로 생명, 공동체, 예의를 침해할 것을 요구하지 않는다. 지적 행동은 중용, 충실, 정의, 연민, 정직과 조화를 이룬다. 영묘한 신학적 이유 때문이 아니라 그것들이 우리가 잘 살아가기 위한 근본적인 것이기 때문이다. 도덕은 우리의 한계, 오류 가능성, 무지를 인정하는 장기적인 현실 문제다. 반면에 악덕의 함양은, 경제학자이자 환경운동가이기도한 에른스트 F. 슈마허(Ernst F. Schumacher)가 예전에 썼듯이, '지능의 붕괴'로 이끈다. 악덕에 이끌리는 사람은 '실제로…… 온전하고 전체적인 모습으로 사물을 보는 힘을 잃는다'(1973, p. 29). 악덕에 이끌리는 지능은 지적 행동이나 사유를 빚어낼 수 없다. 달리 말하면, 진정한 지능은 정신적 힘에 의존하는 것 못지않게 인격에도 의존한다. 에머슨이 수필 〈자연(Nature)〉(1836)에 썼듯이, 인격의 타락은 '언어의 타락'으로 이어지며 '새 심상은 더는 형성되지 않고, 옛 단어들은 왜곡되어 존재하지 않는 것들을 나타낸다……. 때가 되면 그 기만은 명백히 드러나며, 단어들은 이해나 애정을 자극할 모든 힘을 잃는다.'

이런 특징들을 토대로 나는 사람이 그다지 지적이지 않으면서 영리해지는 것이, 혹은 소설가이자 철학자 워커 퍼시(Walker Percy)가 표현한 대로 '전부 A 학점을 받고 인생에서 실패하는' 것이 가능하다고 결론을 내린다. 게다가 문명 전체는 영리하면서도 동시에 어리석을 수 있다. 내 말은 놀라운 기술적 업적을 보이면서도 가장 기본이 되는 공공문제를 해결하지 못할 수도 있다는 의미다. 아마 둘은 함께할 것이다. 증거 A로서, 점증하는 우리의 엄청난 컴퓨터 능력을 붕괴하는 도심, 잔인한 폭력, 다양한 중독, 늘어나는 대중의 빚, 우리 주변의 자연 파괴와 나란히 놓고 생각해 보자. 우리가 실제로 더 영리해지면서 덜 지적으로 된다는 게 가능할 수 있을까? 그렇다면, 왜 그럴까?

나는 데카르트("나는 생각한다, 고로 나는 존재한다")부터 도구적 합리성, 인공지능, 고삐 풀린 호기심을 파는 모든 도붓장수에 이르기까지 그 악당 무리의 일반 회원들을 다 열거하고 싶은 유혹을 느낀다. 그들은 모두 비난을 받아 마땅한 유명 인사들이다. 그러나 그들은 지성의 기원 자체와 관련된 더 깊은 원인을 그저 일부 드러낼 뿐인 징후들이다.

자연의 '무결성, 안정성, 아름다움'이 인간 지성의 원천일 수 있지 않을까? 아무리 영리하다고 해도 자연정복은 사실상 정신의 근원에 맞서 벌이는 전쟁일 수 있지 않을까? 현대 기술과 경제학의 핵심인 자연의 체계적 균질화는 인간 지성을 훼손하는 짓일 수 있지 않을까? 그렇다면 생물 다양성은 놀라운 약물과 기적의 열매의 원천으로서만이 아니라, 우리 인간이라는 존재를 빚어내는 근원으로서도 중요하다. 우리는 인간 지성이 생물 다양성이 없는 황량한 달 경관 속에서 진화할 수 없었을 것이라고 믿을 만한 타당한 근거가 있다. 또 우리는 삼라만상을 향한 경외감이 언어의 기원과 처음에 원시 인류가 말하고 노래하고 시를 쓰고 싶어한 이유와 깊은 관계가 있다고 믿을 만한 타당한 근거가 있다. 흐르는 물, 바람, 나무, 구름, 비, 안개,

산, 풍경, 동물의 행동, 계절 변화, 밤하늘, 생로병사의 수수께끼 등 자연의 요소들은 생각과 언어를 빚어냈다. 지금도 여전히 그렇겠지만, 아마 예전보다는 활기가 덜할 것이다. 이 점 때문에 나는 인간의 지성을 훼손하지 않고서는 삼라만상을 규명하는 일이 가능하지 않다고 본다. 이 문제는 생물 다양성이 원천으로서 우리에게 무엇을 해줄 수 있느냐가 아니라, 근원과 단절된 인간 지성이 과연 살아남을 수 있느냐에 관한 것이다.

영리함은 어떤 희생과 대가를 치르고서라도 협소하게 정의된 단기적이고 병적인 이기심을 함양시킬 것이다. 하지만 영리함, 즉 순수한 지능은 지적이라고 할 수 없다. 그것의 최종 목적지는 광기다. 반면에 지성은 생물 다양성을 보호하는 쪽으로 우리를 이끌 것이다. 이기심의 이해타산을 초월한 이유들 때문이다. 지성의 성숙을 알려주는 가장 확실한 징후는 생명 중심적 지혜의 진화다. 그것은 생명을 부양하고 보호하는 능력을 뜻한다. 그것이야말로 스스로를 호모사피엔스, 즉 슬기로운 사람이라고 부르는 종에 걸맞은 기준이다.

교육자는 진정한 지성을 함양하기 위해 무엇을 할 수 있을까? 한 가지 견해는 우리가 시도조차 하지 말아야 한다고 본다. 학생들이 어리석게 되지 않게 돕는 것이 우리가 할 수 있는 최선의 일이라는 이유에서다(Postman 1988, p. 87). 나는 가능한 한 어리석음을 예방해야 한다고 보지만, 우리가 그 이상을 할 수 있다고도 믿는다.

첫째, 우리는 생태학 이전 시대 지성의 표준 모형에 이의를 제기하고, 학생들에게 스스로 집단 지성의 문제를 비롯한 그 문제를 생각하게끔 장려할 수 있다. 둘째, 우리는 굳이 영리함에 벌을 주지 않고서도 온갖 방식으로 지성에 보답을 할 수 있다. 셋째, 우리는 진정한 지성을 자라게 하는 자연에 관한 직접적 형태의 지식을 발전시킬 수 있다. 이 말은 시계, 종(bell), 규칙, 필수과목, 지루한 실내 교수법으로 이루어진 벽을 무너뜨리는 것을 뜻한다. 나는 연령을 가리지 않고 배우는 사람들을 실외로 더 자주 내보내는 탈옥을 제안한다. 넷째, 우리는 복원생태학, 농업, 임업, 생태공학, 경관 설계, 태양력 활용 기술 같은 분야들에서의 생태적 능력 함양도 포함하도록 교양교육을 해방시킬 수 있다. 다섯째, 우리는 박사학위가 지성의 증표라는 암묵적 믿음을 잠시 보류하고, 생태 지성, 용기, 창의력을 높은 수준으로 응용할 수 있음을 보여준 사람들(농부, 임학자, 자연학자, 목동, 복원생태학자, 도시생태학자, 경관 기획자, 시민활동가)을 정신적 스승이자 역할 모델로 삼아 교육으로 끌어들일 수 있다. 마지막으로, 우리는 지구가 우리를 가르친다고 할 때 상상할 수 있는 것들을 가르치려고 시도할 수 있다. 침묵, 겸손, 신성함, 연관성, 예의, 아름다움, 축하, 베풂, 복원, 책임, 야생성이 그렇다.

07_ 물과 석유

물은 우리가 큰 신세를 지고 있는 또 하나의 액체와 비교할 때 그 의미를 가장 제대로 파악할 수 있을 듯하다. 바로 석유 말이다.

물은 비, 얼음, 호수, 강, 바다가 되어 우리 경관을 형성해 왔다. 하지만 석유는 속도와 축재에 홀리고 중독된 현대의 정신 경관을 형성해 왔다. 현대 세계는 몇 가지 면에서 석유와 물의 대화라 할 수 있다. 물은 생명을 가능하게 하지만, 석유는 대다수 생물에게 유독하다. 순수한 상태의 물은 맑지만, 석유는 검다. 물은 녹이지만, 석유는 엉긴다. 물은 위대한 시와 문학작품에 영감을 불어넣었다. 언어에는 샘, 수심, 물의 흐름, 강, 바다, 비, 안개, 이슬, 눈을 암시하는 말들이 가득하다. 언어는 상당 부분 물 그리고 물과 사람의 관계에서 비롯했다. 우리는 시간이 강물처럼 흐른다고 생각한다. 통곡할 때면 눈물바다가 생긴다. 생각의 샘에서는 갖가지 생각이 솟아난다. 반면에, 석유는 우리 언어에 그런 영향을 전혀 끼치지 않았다. 내가 아는 한 석유는 어떠한 시도 찬가도 위대한 문학작품도 빚어내지 않았으며, 아마 축재에 대한 상상 말고는 그 어떠한 상상의 날개도 펼치지 못했을 것이다.

기본적으로 물과 우리의 관계는 신체적이다. 즉 몸으로 경험하는 것이다. 우리의 뇌는 말 그대로 물이라는 완충물 한가운데에 떠 있다. 몸은 주로 물로 이루어진다. 우리는 물에서 놀고, 물에서 낚시를 하고, 물에서 목욕을 하고, 물을 마신다. 일부는 물에서 세례를 받기도 한다. 우리는 바닷가에서 얼굴에 와 닿는 차가운 물안개의 느낌과, 뜨겁고 메마른 기나긴 여름을 끝내는 빗물의 냄새를 좋아한다. 산속에서 흐르는 물소리는 상처 입은 마음을 달래준다. 우리는 거의 물이나 다름없으며, 이루 말로 표현할 수 없을 만큼 물과 친밀하다.

석유와 물은 우리 정신에 상반된 영향을 미쳐왔다. 나는 물이 언어의 기원에 자리한다고 본다. 물이 언어의 아름다움 중 큰 부분을 차지하는 것은 분명하다. 또 물은 우리의 가장 아취 있는 기술 중 몇 가지도 낳았다. 물시계, 범선, 물레방아가 그렇다. 물의 슬기로운 이용은 인간 지성의 가장 진정한 지표일 수 있으며, 그 지표는 석유, 토양, 독성물질, 낡은 타이어를 비롯한 것들이 물로 들어오지 못하게 막는 일을 우리가 얼마나 잘하느냐로 측정할 수 있다. 우리가 석유를 갖고 할 수 있었을 가장 지적인 일은 석유를 그냥 땅속에 놔두거나 오랜 세기에 걸쳐 아주 조금씩 사용하는 것이었다. 석유는 서양문명에 남이야 죽든 말든 흥청망청 잔치를 벌이자는 큰 유혹으로 다가왔다. 우리의 저항력은 갈릴레이, 베이컨, 데카르트 같은 사람들이 퍼뜨린 지적 바이러스 때문에 이미 떨어진 상태였다. 우리는 속도, 이동성, 성적 모험, 개인 정체성을 약속하는 존 D. 록펠러(John D. Rockefeller), 헨리 포드(Henry Ford), 앨프리드 P. 슬론(Alfred P.

Sloan)이 내놓는 것들을 거부할 만한 상태가 아니었다. 석유는 적어도 여섯 가지 측면에서 인간 지성을 훼손해 왔다.

첫째, 석유는 공동체와 협력 가능성에 관해 지적으로 생각할 우리 능력을 훼손시켰다. 석유의 본질은 게임이론가들이 제로섬(zero-sum)이라고 부르는 데 있다. 내가 갖지 않으면 다른 누군가가 차지한다는 것이다. 내가 이용하지 않으면 다른 누군가가 써버릴 것이다. 석유는 그것을 소유한 사람과 소유하지 못한 사람을 편 갈랐다. 그리고 국가 대 국가, 종교 대 종교, 민족 대 민족, 한 세대의 이익 대 후손 세대들의 이익을 갈랐다. 값싼 석유와 자동차는 공동체 대 공동체, 교외 통근자 대 도시 거주자를 이간질했다. 석유와 석유 기반 기술에서 흘러나온 돈은 우리 정치를 부패시켰고, 그것에 점점 더 의존하게 되면서 우리의 균형과 비례 감각도 손상되었다. 중동 석유에 대한 접근권을 확실히 차지하기 위해 우리는 기꺼이 아마겟돈을 벌일 수 있음을 만천하에 고했다. 지금 우리는 이 맹세를 실현하려고 엄청난 돈을 퍼붓고 있다. 그 예산의 극히 일부만 있어도 석유를 수입할 필요성을 아예 없앨 수 있는데 말이다. 석유의 특징과 우리가 석유를 쓰는 방식, 그리고 점점 커져온 석유에 대한 지나친 의존성은 경쟁을 극복할 수 없는 마음 자세를 형성하는 데 한몫 거들었다.

둘째, 석유는 땅 위에서 이동하거나 땅 위를 나는 속도를 높임으로써 우리의 대지 지성(land intelligence)을 훼손해 왔다. 우리는 더는 경관을 극히 중요한 삶의 현실로서 경험하지 않는다. 오늘날 우리가 펜실베이니아에서 플로리다까지 고속도로로 여행하는 것과 18세기에 윌리엄 바트럼(William Bartram)이 했던 여행을 비교해 보라. 탐험가이자 식물학자였던 바트럼은 경이로운 것들을 보고, 유유자적하게 그것들을 꼼꼼히 관찰하고, 그것들이 이끄는 대로 나아갔다. 현대 여행자는 모든 것이 속도와 편리함이라는 요구에 맞게 재단되어 가공된 경관 사이로 이동하면서 계속 반복되는 균질화한 모습과 소리만 경험할 뿐이다. 그 결과, 땅과의 접촉은 경과 시간으로 측정되고 시차나 비좁은 공간에 오래 있으면서 생기는 나른한 피로감의 형태로 경험하는 점점 추상적인 게 된다.

셋째, 석유는 세계를 더 복합적이지만 덜 복잡하게 함으로써 우리를 더 어리석게 만들어왔다. 아이오와의 드넓은 옥수수 밭은 수입한 석유, 거대 유조선, 송유관, 상품시장, 은행, 수익률, 연방정부 기관, 미래 시장, 각종 기계, 예비 부품 공급체계, 종자와 비료와 제초제와 살충제를 파는 애그리비즈니스 회사에서 나온 복합적인 인간 고안물이다. 대조적으로 예전에 그곳에 있었던 숲이나 초원은 다양한 생물, 생태 관계, 에너지 흐름으로 이루어지는 복잡하고 고도로 탄력적인 체계였다. 복합성은 유전적, 문화적 정보를 파괴하는 고에너지의 산물이다. 복합성은 지식의 전문화 및 '전문가'와 함께 등장했다. 만물박사와 낭만적인 교양인은 떠나라. 그 결과, 사람의 이해 범위를 넘어서는 것은 아무도 이해하지 못하는 사회와 경제가 등장했다. 복합성은 끊임없이 새롭고 놀랍고 예측하지 못한 결과를 낳는다. 예측의 가능성이 쇠퇴함에 따라 책임이라는 개념도 따라서 쇠퇴한다. 사람들은 행동의 예측할 수 없는 결과에는 책임을 질 수 없다. 게다가 고에너지 사회는 우리의 의미 감각과 우리 자신의 삶이 의미를 지닐 수 있다는 믿음을 훼손한다. 고에너지 사회는 절망을 낳고 지성의 가능성 자체를 깔보게 한다.

넷째, 값싼 석유와 자동차는 대체로 추함과 무질서가 정상적이라거나 적어도 경제적으로 필요하다고 생각하게 만든 무분별한 도시 팽창을 초래했다. 화석에너지가 값싸고 풍부한 곳에서는 '생명 공동체의 무결성, 안정성, 아름다움'에 토대를 둔 대지윤리 개념이 결코 굳게 뿌리를 내리지 못했다. 이는 단지 윤리학의 문제가 아니다. 우리가 경제학에 관해 생각이 모자라다는 것과 관련한 더 심오한 문제다. 뻗어나가는 거대도시 권역은 심미적 모욕의 문제만이 아니다. 그것은 '자원'을 얻기 위해 멀리 떨어진 곳을 파괴하고 또 다른 곳은 쓰레기를 버리기 위해 황폐화시키는 부재 기업들이 지배하는 지속 불가능한 경제의 확실한 표지다. 생태적, 심미적, 사회적 무질서를 정상이라고 생각하게끔 조건 지워진 정신, 즉 조화와 아름다움이라는 범주가 위축된 정신은 그만큼 빈약해진다. 색깔 스펙트럼의 절반만 볼 수 있는 것과 다소 비슷하다. 한편으로 나는 정신이 질서, 조화, 아름다움, 안정성, 영속성을 빚어낼 가능성에 이끌릴수록 지성도 자라난다고 생각한다.

다섯째, 석유는 수작업과 장인의 솜씨를 평가절하 함으로써 지성을 훼손해 왔다. 대체로 고에너지 문명의 역사는 노동력과 에너지의 비율 변화로 묘사할 수 있다. 경제발전은 노동력을 에너지로 대체하고, 사람들을 농장에서 도시로 이주시키고, 손재주를 요하는 직업에서 공장으로 그리고 궁극적으로는 '서비스 부문'으로 보내는 과정이다. 이것은 일부에서 주장하는 것처럼 단순히 경제적 효율의 문제가 아니다. 바로, 인간 지성의 문제다. 생각하고 행동하고 만나는 것은 복잡한 공생 관계 속에서 존재한다. 서비스 경제의 편리함과 풍요를 위해 우리가 치르는 대가는 지성이라는 화폐로 지급된다고 해도 무방하다. 고에너지 문명의 추세는 빈틈없는 정신이 일을 잘해 내자는 목표를 갖고 실제 재료를 붙들고 씨름하며 빚어내는 마찰에서 나오는 생각에 점점 덜 따르게끔 세계를 변모시킨다. 비용과 편익, 전문성, 효율성, 미리 계획된 용도 폐기 시점, 손재주를 대체할 기술의 찬미에 사로잡힌 현대 정신에 모든 대안은 어쩔 도리가 없을 만큼 어리석게 들린다. 그러나 우리는 더 큰 효율성과 더 고차원적인 합리성, 즉 우리가 사실은 생각과 만들기의 긴밀한 상호작용을 통해 정의되는 정체성을 지닌 '도구인(호모파베르, Homo faber)'이라는 현실을 근거로 재고할 이유를 찾을 수 있을지도 모른다.

마지막으로, 석유는 우리의 지적 능력으로는 만들 수는 있지만 안전하게 사용할 수는 없는 기술을 필요로 해서 지성을 훼손해 왔다. 이는 무언가를 어떻게 하는지를 아는 것과 무엇을 해야 하는지를 아는 것 사이의 간격이다. 값싼 석유는 우리의 능력을 의무감, 배려, 장기적 책임의식과 분리시켜 왔다. 매일 수억 리터씩 소비되는 석유는 책임감 있게 사용할 수 없다. 프린스윌리엄사운드 해협에서 엑손발데스호의 석유 누출 사고와 비슷한 여러 대형 원유 누출 사고는 우연한 사건이 아니라 대재앙을 빚어낼 수밖에 없는 규모에서 작동하는 체계의 필연적 결과다. 대재앙이 오로지 석유 누출로 일어난다는 믿음은 우리의 잘못을 더 심화시킨다. 엑손발데스호가 안전하게 항구로 들어오고 배에 실린 원유가 자동차엔진에서 연소되어 대기로 뿜어지고 대기에서 그 내용물이 공기 오염과 지구온난화에 원인이 되었다면, 더 확산된 형태로서, 마찬가지의 재앙이 빚어졌을 것이다. 석유는 경제의 현실적 명령이라고 받아들이는 것과 윤리적 책무의 명령이라고 보는 것 사이에서 우리를 분열시킴으로써 인간 지성을 약화시켜 왔다. 그 결과 우리는 윤리적으로 생각하고 행동하는 데 덜 익숙해지고, 합리화하고 부정하는 일에 더 익숙해졌다.

석유가 우리를 더 어리석게 한다면, 물은 더 장기적으로 더 많은 것들에서 우리를 더 영리하게 할 수도 있지 않을까? 나는 그렇다고 생각한다. 이를 위해 나는 현재의 교과과정을 살펴서 값싼 에너지가 영구적이며 축복이라는 가정을 토대로 한 분야들을 파악하는 일부터 시작하여 몇 가지를 제안한다. 이 가정을 제거한다면, 버텨낼 교과과정이 얼마나 될까? 교육은 대체로 고에너지 세계에 살아가도록 젊은이들을 준비시켜 왔다. 우리는 멈춰 서서 그 타당성이나 더 큰 효과를 질문함이 없이 그런 가정을 중심으로 전체 분야를 구축해 왔다. 고에너지 문명의 영속성과 지복에 대한 믿음은 할인 행위, 발달이론, 마케팅, 사업, 정치학, 사회학을 포함하여 현대 경제학 대다수 분야의 핵심을 이루고 있다. 자연과학은 대체로 자연계의 조작에 초점이 맞추어져 왔으며, 그런 일을 하는 데서 비롯하는 충격이나 자연계와 협력하는 대안 지식을 연구하는 데는 그에 상응하는 노력을 기울이지 않았다. 이런 태도 중 상당수는 우리가 별 탈 없이 자연을 교묘히 잘 피해갈 수 있다는 믿음을 배경으로 한다.

둘째, 물은 모든 학교 교과과정의 일부가 되어야 한다. 예를 들면 나는 카를 비트포겔(Karl Wittfogel 1956)의 물 관리와 전제 정부의 관계 연구, 도널드 워스터(Donald Worster 1985)의 미국 서부의 물의 정치학 연구, 찰스 보던(Charles Bowden 1985)의 물과 애리조나 파파고족(Papago)의 관계 연구를 교과과정에 포함할 것이다. 우리 신화, 역사, 정치, 문화, 사회의 일부로서 물은 유치원부터 박사과정에 이르기까지 교과과정 전체에 흘러야 한다.

셋째, 물은 생태 설계(ecological design)라는 새로운 과학의 주춧돌이 되어야 한다. 생물학자 존 토드(John Todd)의 《살아 있는 기계(Living Machines)》는 생태 설계의 실용 사례다. 생태 설계에서 교육은 폭넓게 다양한 분야와 복원성, 유연성, 적절한 규모, 내구성 같은 설계 원리의 통합을 목표로 한 범학문적인 것이 되어야 한다. 토드의 연구는 사례로서 유용하다. 어느 정도는 그가 뛰어난 공학을 생태학 및 미래상과 결합했기 때문이다.

넷째, 물과 수질 정화는 교육기관의 건축 구조와 경관에 속속들이 배어들어야 한다. 젊은이를 책임감 있는 성인으로 키운다는 목표를 지닌 바로 그 기관들은 종종 자연 파괴자처럼 행동한다. 그럴 필요가 없다. 교육기관에서 내보내는 하수는 응용적(이론적인 것과 반대되는) 책임의식을 가르치는 좋은 출발점이 된다. 태양력을 이용하는 하수처리 시설과 비슷한 접근 방식을 활용한 시설들은 하수 정화, 생물학, 폐회로 설계 같은 기술을 가르치는 방법을 제공한다. 자원과 폐기물 흐름을 그저 불쾌한 것이 아니라 교과과정의 유용한 일부로 여길 이유는 많다.

마지막으로, 나는 복원을 교육목표에 포함시키자고 제의한다. 공립 초중고, 대학, 대학교는 복원이 필요한 개울, 강, 호수와 멀지 않은 곳에 자리한다. 복원 활동은 교육을 교실과 실험실에서 실외로, 이론에서 응용으로, 무관심에서 치유 과정으로 옮기는 기회가 된다. 내 제안은 교육기관이 하천이나 유역 전체를 택해서 그것의 완전한 회복을, 이를테면 행정부서가 들어갈 새 건물이나 체육시설을 지을 모금운동 못지않게 중요한 교육목표로 삼자는 것이다.

물은 어떤 의미가 있을까? 이렇게 질문할 수도 있다. "물은 인간에게 어떤 의미가 있을까?" 답은 물, 즉 생명의 모체와 우리의 관계 속에서 찾을 수 있을지도 모른다. 물이 다시 맑게 흐르고 그곳에 생명이 다시 돌아온다면, 우리는 그 물에 비친 자신의 온전한 모습을 다시 볼 수 있을지도 모른다.

08_ 덕

최근에 미국 수도 워싱턴 D.C에서 환경학자 모임이 있었는데, 도덕 논리로는 대중을 지속 가능한 미래로 나아가게끔 할 수 없으며 오직 단기적인 경제적 이기심에 호소하는 논리만이 그렇게 할 수 있다는 의견이 주류였다. 이 견해는 널리 받아들여져 있으며, 자연 보전을 역설하는 교육자들에게 심각한 의문을 하나 제기한다. 보전은 부수적으로 도덕적 의미를 함축한 주로 기술에 관한 과제—환경에 미치는 충격을 최소화하면서 우리의 이기심을 충족시키는 방법에 관한—일까, 아니면 자질구레한 기술적인 사항들을 부수적으로 갖춘 근본적으로 도덕에 관한 것—우리는 무엇을 원해야 하는가—일까? 전자라고 하면, 우리 학생들에게 적절한 과학 분야들, 효율적인 자원 이용의 기술적 토대, 약간의 경제학을 철저히 이해시키는 일로 우리는 교육자로서 그 의무를 충실히 이행했다고 할 수 있을 것이다. 후자라고 하면, 우리는 위에 말한 것들 외에도 학생들이 예전에 아무런 죄책감 없이 '덕'이라고 했던 것을 명확하게 의식하고 그에 따라 살아갈 수 있게 해야 한다. 둘의 차이는 어느 정도는 개혁과 '페레스트로이카(perestroika)'의 차이라 할 수 있다. 그것은 적절한 기술을 갖추고 대가를 치르면 지속 가능성의 상태로 매끄럽게 옮겨가리라고 생각하느냐, 아니면 성서에서 말하는 역병, 전쟁, 기근, 죽음이 횡행하는 가운데 가까스로 옮겨가리라고 생각하느냐의 차이다. 신중함과 손에 넣을 수 있는 증거자료들을 토대로 나는 후자가 옳으며, 따라서 지속 가능성과 덕이라는 단어에 함축된 인간 품성의 관계를 진지하게 고찰할 필요가 있다고 생각하게 되었다.

그런데 덕이란 대체 무엇일까? 철학자 앨러스데어 매킨타이어(Alasdair MacIntyre)는 현대 세계가 도덕적 기억상실증에 걸려 있다고 믿는다. 가물가물하여 이제는 딱히 뭐라고 설명할 수 없는 덕이라는 것이 우리에게 있었으나 이제는 없어졌음을 모호하게 의식하고 있다는 뜻이다. 그는 덕을 이해하려면 그 말의 옛 어원으로 돌아가야 한다고 주장한다. 왜냐하면 '덕의 전통은 현대 경제 질서의 핵심 특징, 특히 개인주의, 탐욕, 시장의 가치들을 사회의 중추로 삼는 태도와 모순되기' 때문이다(MacIntyre 1981, p. 237). 고대 세계는 덕이 공동체의 토대를 이룬다고 보았다. 개인의 덕은 공동체에서의 삶과 분리할 수 없는 것이었다. 매킨타이어는 이 관점에서 보면, '이기주의자는…… 자신의 선이 어디에 놓여 있는지 근본적으로 착각하는 사람이다'라고 말한다(p. 213). 역사학자 로버트 프록터(Robert Proctor)도 《교육의 대단한 기억상실증(Education's Great Amnesia)》이라는 걸작에서 같은 점을 지적했다. "고대인들은…… 자신의 인간성이 만물의 질서와 별개가 아니라 그 일부라는 개념을 갖고 있었고 그렇게 느꼈다"(1988, p. 166). 첫째로 덕은 더 큰 우주적 질서에 속한 한 사회에서 구성원들이 자신의 의무를 떠맡고 다하는 행위로 여겨졌다. 마이클 그랜트(Michael Grant)가 번역한 키케로의 말에 따르면, 고대의 덕의 둘째 측면은 '열정을 억제하고 욕망을 이성에 순종하게끔 하는 능력'이다(1987, p. 128). 아리스토텔레스가 정의한 바에 따르면(번역본, Oswald 1962), 중용은 실천적 지혜를 지닌 사람이 정의할 수 있는 지나침과 부족의 양극단 사이의 중간을 뜻했다. 아리스토텔레스는, 덕이란 이성의 행사를 통해 선택되는 것이라고 보았다. "엄밀한 의미에서 실천적 지혜 없이는 선해질 수가 없으며, 도덕 없이는 실제로 현명해질 수도 없다"(p. 172). 다시 말해, 덕은 지적으로 양극단을 선택한 결과다.

셋째, 고대 그리스인과 로마인에게 덕은 정치와 공동체 시민생활 참여와 결코 분리된 게 아니었다. 아리스토텔레스에게 덕의 함양은 정치의 목표— '시민들에게서 어떤 품성을 형성하고 시민들을 선량하게 만들고 그들이 고상한 행동을 하게끔 성향을 부여하는 것'(Oswald 1962, p. 23)—이자 시민 질서의 선결 조건이었다. 덕이 없는 사람들은 선한 공동체를 결코 건설할 수 없기 때문이다. 현대 정치는 덕에 토대를 둔 권위를 과학적 관리와 선전 활동으로 대체함으로써 이 전통을 거부해 왔다.

또 고대 세계에서 덕은 용기, 지조, 정직, 절제, 박애, 정절, 가족애, 청렴, 성실, 존중 같은 품성의 함양을 의미했다. 이런 품성이 현실에서 얼마나 불완전하게 실현되든 간에, 그 품성은 사람들이 스스로를 판단하는 기준을 제공했다. 이 목록이 현대인의 귀에 케케묵은 것처럼 들린다는 사실은 우리가 정반대 방향으로 아주 멀리까지 왔음을 시사한다. 현대사회는 점점 더 경제라고 하는 하위체계에 의해 그리고 그것을 위해 운영된다. 문명비평가이자 철학자 루이스 멈퍼드

(Lewis Mumford)가 간파했듯이, 자만, 질투, 분노, 나태, 탐욕, 탐식, 색욕이라는 일곱 가지 치명적인 죄악을 어찌어찌하여 미덕으로 바꾸어놓고, 믿음, 박애, 소망, 신중함, 종교, 지조, 절제라는 일곱 가지 미덕은 국민총생산에 반하는 죄악으로 취급하는 바로 그 경제 말이다. 경제의 죄악 의존성이라는 현상은 경제학자들이 거의 손대지 않는 주제다. 말썽 많은 주제인 죄악은 모든 것은 상대적이므로 누군가의 견해나 행동은 다른 누군가의 견해나 행동에 못지않게 양호하거나 적어도 그리 나쁘지 않다는 더 사회적으로 동의할 만한 교리로 대체되어 왔다. 하지만 덕의 품성들이 없는 상태에서, 과연 우리가 지구라는 테두리에서 살아가는 데 필요할 다른 일들을 할 수 있을까?

나는 그렇지 않다고 본다. 첫째, 덕의 실천을 뒷받침할 공동체 의식이 없는 사람들은 자신의 행동이 더 큰 세계에 어떤 영향을 미치는지 가장 피상적인 방식으로밖에는 배려할 것 같지가 않기 때문이다. 자신의 자식이나 손자의 장래 이익을 할인하여 미리 당겨쓰는 합리적인 사리사욕 최대화론자가 자신이 벌레와 생물상과 친척이라는 말에 꿈쩍이나 할까? 그럴 것 같지 않다. 아리스토텔레스와 키케로가 말한 덕은 일종의 도덕생태학(비록 많은 이들을 배제한 것이긴 하지만), 상호 의존성의 인식에 토대를 둔 것이었다. 이 인식이 결핍된 사람들은 궁극적으로 다르게 생각하고, 다르게 살아가고, 다르게 투표해야 하는, 변화를 지지하는 유권자 대열에 그다지 참여할 성싶지 않다. 협소하게 자신의 복지만 생각하는 사람들은 대규모 사회변화에 어떻게든 비용 부담이 따를 때면 그것을 지지할 것 같지 않다. 따라서 생명의 보호와 증대를 깊이 걱정하는 덕망 있는 대중이 없다면, 장래를 내다보면서 어려운 선택을 하고 지속 가능성에 필요한 정책 변화를 지지할 유권자도 없을 것이다.

둘째, 지속 가능성은 부유한 사회의 소비 감소와 내구성 있고, 재생 가능하고, 유용하며, 효율적이고, 흡족한 생산물 쪽으로 소비재의 변화를 요구할 것이다. 그런 변화는 충분히 많은 사람들이 덜 소비하는 쪽을 택하거나 경제학자 로버트 하일브로너(Robert Heilbroner)가 예측한 대로 생활 형편이나 정부의 명령으로 내핍이 강요될 때 일어날 것이다. 한 예로 그것은, 생분해성 플라스틱을 만드는 식으로, 마지막일 수도 있는 상처에 붕대를 감는 식으로는 이루어지지 않을 것이다. 우리가 지구를 유독한 쓰레기장으로 만들지 않으려면, 또는 애당초 하지 말았어야 할 일을 한 결과를 비싼 비용을 들여 되돌리다가 파산하는 꼴이 되지 않으려면, 궁극적으로 중용이 방종을 대체해야 한다. 키케로가 말했듯이, 욕망은 '이성에 순종하게끔' 만들어야 하며, 우리에게 그것은 욕망을 광고와 텔레비전에 덜 순종하게 한다는 의미다.

셋째, 협소한 경제적 합리성을 더 나은 기술을 통한 효율적 자원 이용과 결부시키는 최소비용 최종이용 분석의 가능성을 놓고 많은 논의가 있어왔다. 그것은 좋다. 하지만 그 경제적 합리성을 토대로 소비자가 최소비용이 총비용이 아니라는 것을 간파할 때 문제가 발생한다. 한 예로, 최소비용 추론으로 무장하고 완벽한 정보를 갖춘 소비자는 백열전구보다 수명비용이 더 적게 드는 소형 형광등을 구입할 게 확실하다. 하지만 똑같은 협소한 경제적 합리성을 토대로 소비자는 전기를 훨씬 더 효율적으로 생산하는 데 쓰인 원자로를 폐쇄하고 원자력 폐기물을 처리하는 데 드는 더 많은 시설비를 거부할 것이다. 이 시점에서 경제적 합리성은 활동을 멈추고 덕이 활동하기 시작한다. 최소비용 추론은 지금 부담해야 하는 비용에 적용된다. 총비용은 타인이나 우리 후손에게 떠넘길 수 있는 비용에 적용된다. 자신의 의무를 진지하게 받아들이는 사람들, 즉 덕이 있는 사람들만이 자기 행동의 총비용을 기꺼이 부담하거나 더 나아가 그렇게 하자고 요구할 것이다.

넷째, 6장에서 말했듯이 우리가 자만, 탐식, 색욕, 탐욕, 나태, 질투, 분노를 체계적으로 키우면서 지적 상태를 유지한다는 것은 불가능하다. 7대 죄악은 대체로 그것이 지성인을 잠식하기 때문에 죄악인 것이다. 덕은 충동, 변덕, 공상의 산물이 아니라 이성의 산물이다. 이성적인 선택 능력을 파괴하는 것은 모두 죄악과 더 많은 국민총생산을 부추긴다. 하지만 더 큰 규모에서 보면, 의도적인 죄악 배양은 더 어리석은 사회를 만드는 게 아닐까? 아리스토텔레스는 그렇게 생각했을 것이다. 그리고 우리가 더 어리석고 수동적이 되고 도덕에 무심해질수록, 공무원의 불법행위, 거만, 어리석음, 복지부동에 더 관대해지지 않을까(그것을 알아차리거나 그것에 분개하는 능력이 떨어짐으로써)? 공직사회가 더 부패하고 무능하고 근시안적이 될수록, 환경관리 능력은 더 나아질 수 있을까? 그럴 리 없다.

09_ 숲과 나무

1941년 알도 레오폴드는 이렇게 말했다. "나는 미국인 대다수는 나무랄 데 없는(decent) 숲이 어떤 것인지 감조차 잡지 못한다고 확신한다. 그저 직접 보여주는 수밖에 도리가 없다"(Leopold 1991, p. 294). 하지만 그들에게 산성비에 잠긴, 생물학적으로 피폐해진 숲 자투리나 또는 나무들이 옥수수처럼 쭉 뻗기만 한 산업용 비축림밖에 보여줄 게 없다면 어떨지 상상해 보라. 이것이 예전에는 가상의 악몽처럼 보였을지 몰라도 이제 더는 그렇지 않다. 지나친 벌목, 기업 주도 단일작물 재배, 농경, 도시화, 도로 건설, 관광 개발, 공기 오염으로 전 세계에서 숲이 줄어들고 있으며, 남아 있는 숲도 빠르게 온전한 본모습을 잃어가고 있다. 아마존 삼림은 연간 약 1만 5,000제곱킬로미터의 비율로 사라지고 있다(Skole and Tucker 1993). 현재의 벌목 속도라면 남아시아와 아프리카의 열대림은 수십 년 내에 사라질 것이다. 러시아의 드넓은 아한대림을 벌목하려는 계획도 진행 중이다. 지금 미국에서는 북서부의 고대 숲 중 마지막 남은 5~8%를 구해야 할지, 아니면 남은 10년 정도 더 벌목 직종을 존속시켜야 할지를 놓고 열띤 논쟁이 벌어지고 있다. 미국 삼림국은 알래스카의 통가스 국유림(Tongass National Forest)에서 가장 수려한 10만 에이커 중 9만 1,000에이커를 벌목한다는 계획이다. 산성비는 지금도 계속 애팔래치아산맥의 숲과 중유럽의 숲에 피해를 주고 있다. 게다가 지구온난화와 늘어나는 자외선 양도 머지않아 우리가 알지 못하는 영향을 미칠 것이다. 세계 전체로 보면, 해마다 숲 3,700만 에이커가 사라지고 있다(Perlin 1989, p. 15). '문명 앞에는 숲이 있고, 문명 뒤에는 사막이 남는다'라는 19세기 프랑스 작가 프랑수아 르네드 샤토브리앙(François Renéde Chateaubriand)의 탄식은 이제 지구의 현실이 되었다.

그러나 숲의 소멸은 단지 경제 자원 소멸의 문제가 아니다. 한때 장엄했던 숲들 가운데 애처롭게 남아 있는 것들만 갖고서 어떻게 젊은이들에게 '나무랄 데 없는' 숲이라는 개념을 심어줄 수 있을까? 텔레비전, 닌텐도, MTV, 쇼핑몰, 넓은 고속도로, 교외라고 부르는 감각 차단실에 점점 더 정신이 팔려가는 젊은이들에게 말이다.

우리는 한 세대도 안 되는 짧은 기간에 야생성과 무아지경, 신비로움과 새로 태어나는 기분뿐 아니라, 인간의 생존에 중요한 지식의 장소로서 숲이라는 개념을 잃어가고 있다. 지금 우리는 거의 전 세계에서 원시림을 아무도 기억하지 못하는 날이 멀지 않았다고 내다볼 수 있다. 그러나 나무랄 데 없는 숲이라는 개념을 뒤에서 떠받치는 힘은 책을 통한 간접적인 추상적 경험이 아니라 나무랄 데 없는 숲을 직접 경험하는 데서 나온다.

교사와 교육기관은 전 세계적인 숲의 쇠퇴에 어떻게 대응해야 할까? 고등교육을 받은 상류계층에서 아직 이 질문이 제기된 적이 없다고 믿을 만한 타당한 이유가 있다. 한 예로, 미국 샌타크루즈 캘리포니아대학교의 관리자들은 최근에 440에이커의 숲을 팔겠다는 계획을 발표했다. 거기에는 아주 오래된 미국삼나무 숲 50에이커가 포함되어 있었고, 수령이 700년이 넘는 나무들도 있었다(San Francisco Chronicle, April 24, 1993). 그 땅은 1942년 어느 은퇴한 교수 부부가 캘리포니아대학교에 기증한 것이었다. 신문기사에 기증자가 땅을 어떤 용도로 쓰기를 바랐다거나 매각을 제한하는 조건을 달았다거나 하는 내용은 없다. 이 땅의 현재 시가는 100만 달러로 추정된다. 놀라운 일도 아니지만, 숲 매각 결정은 캘리포니아 주 정부가 샌타크루즈 대학 당국에 1,100만 달러가 넘는 예산을 감축하라는 데서 비롯했다. 대학교는 땅을 팔면 연간 관리비를 2만 5,000달러 절약하고, 땅에 따라붙을 잠재적인 부담을 없애고, 예산 부족액의 9%에 해당하는 목돈을 한꺼번에 얻을 수 있다.

기사는 "학장들이…… '숲 매각 제안을 검토했는데 그 재산을 보유하는 데서 얻을 학문적 이익이 전혀 없다고 판단'했다"는 말로 끝을 맺는다. 한 대학 관리자는 이렇게 말했다. "대학교는 교육기관이지 생물 다양성 기구가 아니다." 삼나무숲구하기연맹(Save-the-Redwoods League)의 사무국장 존 디위트(John Dewitt)는 '대학교는 학생과 교수진이 연구와 휴양 목적으로 이용하고 혜택을 볼 수 있게끔 그 땅을 보유해야 한다'면서 숲 매각에 반대했는데, 이는 연구, 휴양, 기관의 목적에 관한 명백히 시대에 뒤떨어진 관점이다.

나는 문제가 되는 그 땅을 전혀 알지 못하며, 신문기사에 실린 것 외에 대학의 재정 상황이 구체적으로 어떠한지도 전혀 모른다. 하지만 나는 그 이야기가 점점 더 친숙하게 다가온다는 것은 안다. 점점 더 많은 대학과 대학교가 소유한 자연 지역을 자진해서 팔려고 하며, 관리자들이 생각하는 더 현실적인 목적을 위해 그 수익금을 활용한다. 소유 부지의 대규모 상업적 개발에 참여한 대학교도 몇 군데 있다. 그런 행동은 수많은 번지르르한 출판물이나 해박한 연설보다도 기관이 실제로 우선하는 것이 명백히 나무, 숲, 생물 다양성과 별 관계가 없음을 더 잘 말해준다. 숲이 우거진 땅을 비롯한 토지의 소유권은 주로 생물 다양성을 보전하거나 젊은이에게 숲에 관해 가르치는 가치가 아니라 현금 가치로 평가된다.

의도적이든 아니든 간에, 교육기관이 자연 지역을 매각하겠다는 결정은 정확히 교육적이라고 말할 수 있는 결과를 하나 낳는다. 대학과 대학교는 말로만이 아니라 행동을 통해서도 교육을 한다. 학생들은 그 일이 제대로 진행되지 않을 때면 자신의 지적 스승과 역할 모델이 자연 지역과 그 안의 생물 다양성을 소모품으로 간주함을 확연히 목격할 것이다. 학생들은 이른바 자신을 가르친다는 사람들이 대학 도서관을 서너 배 더 채우고도 남을 유전 정보를 지닌 야생 지역이나 심지어 원시림에서 거의 아무런 교육적 가치도 보지 못한다는 것을 눈치 챌 것이다. 격분하든 냉담하든 간에, 학생들은 고위 관리자, 여러 학장, 축구 코치에게 고액의 봉급을 지급하는 대학교가 점점 희귀해지는 자연 지역을 관리하는 데 필요한 상대적으로 얼마 안 되는 돈은 거의 마련하지 못한다는 점을 간파할 것이다. 학생들은 이를테면 대학 당국이 교내 주차시설을 늘릴 돈을 모으는 일에는 엄청난 노력을 하는 데 반해 자연 지역 관리에 필요한 돈을 모으는 데는 쥐꼬리만 한 노력을 한다는 사실에도 주목할지 모른다. 학생들의 경계심은 교육기관의 이러한 결정을 자기 삶의 전망의 확연한 쇠퇴와 연관지을지도 모른다. 이 모든 것은 교육기관이 어떻게 일하며 때로 학생들이 물려받을 세계의 이익을 위한 일은 어떻게 방치하는지에 관한 교양교육이 된다.

하지만, 기관이 자진해서 자연 지역을 보존하는가 여부는 더 큰 문제의 일부다. 땅을 상품으로 보는 문화에서는 숲과 자연 지역을 단지 더 중요한 것을 뒷받침하기 위해 소비할 수 있는 자원으로 생각하기가 쉽다. 이 태도는 문명 자체만큼 오래된 인류와 숲의 깊은 갈등을 반영한다. 《길가메시 서사시(The Epic of Gilgamesh)》(기원전 4700년경)에서 주인공은 '산의 덮개를 벗겨낼' 수 있도록 숲의 수호자를 살해한다. 그는 삼나무 숲을 베어버림으로써 '불후의 명성을 남기고자' 한다. 예상대로 분노한 신들은 생태적 저주 형태로 앙갚음을 한다. 로버트 해리슨(Robert Harrison)의 말마따나, '인간이 길가메시의 행위를 재연하는 짓을 결코 멈추지 않았다는 것은 서글픈 역사적 사실이다'(1992, p. 18). 그 서사시와 후대에 걸쳐 계속된 그 역사적 재연은 폭력과 광기의 이야기다.

우리 시대의 숲 파괴에도 같은 말을 할 수 있다. 숲은 인간이 보고자 원한 것이 무엇이든지 간에 비추어주는 거울이 되어왔다. 존 뮤어(John Muir)*의 정신처럼 신비함에 빠지기 쉬운 정신은 숲을 신성한 장소로 보아왔다. 철저히 실용적인 정신은 목재 치수든 방문자의 날이든 간에 거의 팔 것만 생각한다. 현금 확보 압박을 심하게 받는 대학교 관리자들은 목돈을 본다. 하지만 우리가 어떻게 합리화를 하고 실제 물질적으로 필요한 게 무엇이든 간에, 해리슨의 말에 따르

* 스코틀랜드 출신의 미국 자연주의, 환경보호운동의 선구자. 미국의 삼림보호를 처음으로 주장했고, 요세미티, 세쿼이아, 그랜드캐니언 국립공원을 지정하는 데 크게 기여해 '미국 국립공원의 아버지'라 불린다.

면, '자연과 그 종을 공격할 때 계획적인 분노와 복수가 작용할 때가 너무나 많다'(Harrison 1992, p. 18).

다음 세기에 인류는 생존이라는 현실적인 이유를 위해 그리고 제정신을 유지한다는 지극히 현실적인 이유를 위해 전보다 더 건강한 숲이 필요할 것이다. 고대의 풍습과 적개심을 재고하는 노력은 숲이 일반 교과과정의 중요한 부분이 되는 다른 종류의 교육에서부터 시작해야 한다. 그러기 위해서는 숲과 그것의 인류 발전과의 관계에 관한 교과과정에 깊이 배어 있는 역설을 직시해야 한다.

인도의 생태학자 마드하브 가드길(Madhav Gadgil)과 역사학자 라마찬드라 구하(Ramachandra Guha)는 그런 역설을 두 가지 말한다. 첫째는 다음과 관련이 있다.

> 수렵채집인은 숲에 살고, 농민은 숲 바깥이지만 숲과 놀라울 정도로 가까운 곳에 살고, 도시-산업인은 숲과 떨어져 살아간다. 역설적으로 숲과 공간적으로 떨어져 있을수록 행위자는 숲의 생태에 더 큰 충격을 가하고, 자신은 이 충격의 결과에서 더 동떨어져 있다! (Gadgil and Guha 1992, p. 52)

다시 말해, 숲은 눈에서 멀어지면 마음에서도 멀어진다. 문명은 말 그대로 그리고 상징적으로도 벌목지에 이식되었다. 문명이 성장함에 따라 숲은 밀려나서 우리의 상상과 현실 감각에서 더욱 주변부에 속한 것으로 전락했다. 그에 따라 우리는 우리 자신의 장기적 미래를 훼손하는 대규모 비인간적인 힘에 이끌리면서 점점 더 무심하게 숲을 이용하게 되었다.

두 번째 역설은 기존의 학문하는 방식에 더욱 위협이 된다.

다양한 숲의 조성과 기능에 관한 우리의 형식을 갖춘 과학 지식의 발달 속도가 빨라질수록, 숲 파괴 속도 또한 빨라진다……. 그럼에도 과학이 오류 없는 지침을 제공한다는 믿음은 자연 생태계에 과학이 큰 폭으로 개입하게끔 부추겼고, 그 일은 예기치 않은 그리고 대개 불행한 결과를 빚어냈다. 수산업과 삼림 관리의 역사는 생태적 붕괴를 예방하는 수량 유지 방법들의 실패 사례로 가득하다……. **아마도 자원 이용 이데올로기로서의 종교와 관습이 이른바 '과학적' 자원 관리보다 불완전한 지식이라는 상황을 다루는 데는 더 알맞을 것이다**[강조 부분은 필자]. (Gadgil and Guha 1992, p. 52)

다시 말해, 우리가 상대적으로 거의 알지 못하는 복잡한 계를 다룰 때에는 오류 범위를 넓게 잡는 겸손한 태도가 장기적으로 더 현명하다. 환경 저술가 리처드 매닝(Richard Manning)은 '숲은 우리의 이해력을 넘어서는 경이로움'이라고 말한다(1992, p. 171). 과학을 동원한다고 해도 숲은 여전히 우리의 이해 범위를 벗어난 것들을 많이 간직하고 있을 것이다. 따라서 우리에게는 자신이 지닌 지식에 한계가 있으며 그 지식이라는 것을 일관성 있게 활용할 수 없다는 점을 솔직히 인정하는, 숲에 관한 다른 사고방식이 필요할 것이다.

가드길과 구하가 간파한 두 가지 역설은 교육에 중요한 의미를 지닌다. 첫 번째 역설을 해결하려면 나무를 우리 의식의 전면에 배치할 필요가 있다. 먼저 대학 교정의 나무를 그저 장식용으로 여기는 경관 관리 철학을 바꾸는 일부터 시작할 수 있다. 대다수 대학과 대학교는 교정을 컨트리클럽처럼 꾸미려 한다. 화학물질을 마구 뿌려댐으로써 유지되는 잡초 하나 없는 생물학적 불모지로 말이다. 교정 경관은 생물 다양성과 생태 복원력을 증진시키고 교내 공동체의 집단 생태 IQ를 높이는 쪽으로 더 창의적으로 설계되어야 한다. 교정은 생물 다양성을 지닌 자연 지역으로서 유지되어야 한다. 학교의 행사 일정에는 식목일과 육림일 행사도 포함되어야 할 것이다. 학교 관리자조차도 일이 안 풀려서 심란할 때 숲을 산책하고 싶은 마음이 들지 누가 알랴!

가드길과 구하의 두 번째 역설을 해결하려면 모든 학생이 자신의 미래가 숲의 미래와 얽혀 있음을 명명백백하게 알게끔 교과과정 전체에 숲을 통합할 필요가 있다. 이전의 그 어떤 세대보다도 숲의 생태 서비스가 더 필요해질 세대는 숲이 어떤 일을 하는지를 더 깊이 이해할 필요가 있을 것이다(Maser 1989). 그들에게는 현재 지구 규모의 공동 비극(tragedy of the commons)에 취약한 숲을 보호할 더 나은 정치적, 사회적 메커니즘이 필요할 것이다. 그들에게는 숲의 모든 가치를 고려하는 정직한 경제학이 필요할 것이다(O'Toole 1988; Panayotou and Ashton 1992; Repetto and Gillis 1988). 숲과 자신의 역사 사이의 역사적 관계도 알 필요가 있을 것이다(Williams 1989). 활동하는 경관에서 나무들의 실제 쓰임새에 관해 많은 것을 알 필요가 있을 것이다(Smith 1988). 숲과 인류 정신 진화의 관계를 알 필요가 있을 것이다(Harrison 1992). 산업적 세계관의 테두리를 벗어나서 숲과 야생에 대해 더 폭넓은 개념을 가질 필요가 있을 것이다(Oelschlaeger 1991). 숲의 경험에 목적과 의미를 부여하는 이야기와 신화가 필요할 것이다(Giono 1985). 또 모든 나무, 작은 숲, 그나마 남은 자그마한 야생 지역, 나무랄 데 없는 숲을 위해 기꺼이 싸울, 본받을 정신적 스승도 필요할 것이다.

10_ 정치

올바로 말하자면, '생물 다양성 위기'나 더 나아가 '생태 위기' 같은 것은 없다. 하지만, 생태적인 것을 비롯하여 여러 결과를 빚어내는 점점 커지는 대규모 정치 위기는 있다. 생명 피폐의 주원인은 무지도 연구비 부족도 아니다. 반대로 그것은 언제나 그렇듯이 정치적인 것으로서, '누가 무엇을 언제 어떻게 얻느냐'와 관련이 있다. 생물 다양성을 보존하는 데 필요한 결정도 마찬가지로 정치적일 것이다. 지금의 집단적 · 개인적 판단력 상실과 지도력, 공공 목적, 선견지명의 위축을 생태 위기라고 말한다는 것은 생태에 관한 지식 부족이 문제이고, 따라서 더 많은 연구, 더 많은 연구비, 더 많은 논문, 더 많은 학회 등등이 해결책이라는 의미가 된다. 연구가 중요하기는 하지만, 연구 부족이 생물 다양성 보전을 제한하는 요인은 아니다. 제대로 알지 못하긴 해도, 우리는 빠르게 생태계를 해체하고 생태계의 안정을 해치는 게 결코 좋은 결과를 빚어낼 리가 없음을 명백히 안다. 그리고 그것은 우리가 훨씬 더 신중하게 행동하고, 보전하고, 우리가 경솔하게 파괴해 왔고 또 파괴하고 있는 것을 복원해야 한다는 것을 안다는 말과 같다. 그렇다면 그렇게 명백하고 필요한 것을 실천하기가 왜 그렇게 어렵단 말인가?

나는 네 가지 답을 제시한다.

첫째, 우리는 그 문제를 정치적인 게 아니라 과학적인 것으로 잘못 정의해 왔다. 그에 따라 우리는 생명 피폐의 원인이 아니라 증상에 초점을 맞추어 왔다. 증상은 지구의 생명 징후와 관련이 있다. 원인은 부의 분포, 토지 소유권, 탐욕, 권력 구조, 공익사업의 운영과 관련이 있다. 이런 것들은 크고 복잡하며 일부에게는 불쾌한 주제이며, 생물 다양성을 훼손하는 바로 그 힘들에 관한 진지한 논의를 가로막는 무언의 금기가 있다. 경제성장, 부의 분포, 자본 이동, 인구 증가, 기술의 규모와 목적에 의문을 제기하지 못하는 무능력 말이다. 이런 주제들은 아직 공론화하지 않았다. 사람들이 피부에 와 닿는 문제로 보지 않기 때문이다. 그러나 공론화가 이루어질 때까지는 우리가 많은 것을 보전할 성싶지가 않다.

둘째, 생물 다양성 보전은 어렵다. 세계 곳곳에서 전반적으로 빈혈증에 걸린 민주주의는 무언가를 보전하는 일을 그리 좋아하지 않기 때문이다. 고조되는 위기 앞에서 정치 언어는 혼란에 빠지고 오락가락하며 지리멸렬해졌으며, 혼란 상태에 빠져 있음을 알려주는 좋은 지표가 되어왔다. 증거로서 고위 공무원들이 미국이 쿠웨이트를 둘러싼 전쟁에 뛰어든 게 우리가 값싼 석유에 크게 의존하고 에너지 효율을 높이는 국가정책이 결핍되어 있다는 점과 관련 있음을 말하지 못한다는 점을 생각해 보라. 미국인들은 값싼 석유를 안정적으로 확보하는 일에는 기꺼이 젊은이—미국과 이라크 양국의—의 목숨을 위험에 내맡겼으면서도 석유 의존도를 최소화하는 쪽으로 미국인의 창의력을 활용하는 일은 거부했다. 예전이나 지금이나 양호한 경제, 신중한 생태, 진정한 국가안보와 관련된 이유로 에너지 효율을 국가 목표로 삼지 못하는 무능력은 커다란 정치적 · 도덕적 실패다. 마찬가지로 나는 영구적인 예산 위기가 된 것, 즉 기관들이 예금과 대출을 통해 수천억 달러를 횡령하는 것을 제대로 직시하지 못하는 무능력도 인용해 왔다.

셋째, 미국에는 그리고 아마 서유럽에도 우리가 냉전에서 이겼다는 독특한 믿음이 있다. 공산주의가 실패했다는 것은 분명하지만, 그것이 우리가 '이겼다'는 의미는 아니다. 우리는 현대 세계의 핵심 가치와 가정 중 많은 것들과 관련된 더 깊은 위기에 빠져 있다. 바츨라프 하벨은 이를 '힘의 익명화 및 탈인격화와, 그것을 단순한 통제와 조작의 기술로 환원하는 과정'이라고 했다(Havel 1990, p. 143). 하벨은 '반정치적 정치(anti-political politics)'가 해답이라고 보았다.

> 즉 인간의 인공두뇌학적인 통제, 통치와 조작의 기술로서 혹은 유용성의 기술로서의 정치가 아니라, 의미 있는 삶을 추구하고 성취하고, 그러한 삶을 지키고 그러한 삶에 이바지하는 방식으로서의 정치를 말한다. (Havel 1990, p. 155)

하벨은 도구적 합리성의 승리는 예전 철의 장막 뒤에 있던 국가들에 못지않게 서구 국가들의 특징이라고 주장했다. 우리 정치는 지도력과 민주적 참여 대신에 매끄러운 말 포장, 홍보 담당자, 30초 텔레비전 광고의 산물이다. 우리는 생물권에 공통으로 의존하는 것을 비롯하여 공통으로 지닌 것을 논의하는 능력을 잃어가고 있다. 하벨이 제시한 답은 자연 세계를 '진정한 정치 지형으로 재편성하자'는 것이다.

> 우리는 조롱에 개의치 말고 자연 세계에서 기준을 이끌어내고, 거부된 자연의 정당성을 재확인해야 한다. 우리는 현자의 겸손함으로 자연 세계의 범위와 존재의 질서에 우리의 모든 능력을 명백히 초월하는 무언가가 있음을 인정함으로써 자연의 범위 너머에 있는 신비를 존중해야 한다. (Havel 1990, p. 149)

마지막으로, 환경을 보호하자는 국민의 강력한 의사와 유력한 국가 정치적 현안으로서의 환경 사이에 놓인 큰 간격은 내가 보기에 과학자들이 사회와 충분히 의사소통을 하지 못하고 있다는 것으로 어느 정도 설명이 된다. 과학이 정치 세력으로서 하는 역할은 과학철학자이자 역사학자인 토머스 쿤(Thomas Kuhn)이 '정상과학(normal science)'의 패러다임이라고 부른 것에 의해 아직 제한되어 있다. 과학자들은 주로 다른 과학자들과 이야기를 하며, 대중이나 대중이 뽑은 지도자와는 그다지 충분히 이야기를 나누지 않는 경향이 있다. 일부에서는 일반 언어로 대중과 소통하는 과학자들을 멀리하는 직업적 편향이 있다고 주장한다. 정상과학의 활동 양상과 동료들의 압력은 심지어 과학자가 '합리적이고 객관적인' 양 보이고자 할 때 소심하고 신중하게 행동하라고 부추기는 경향까지 있다. 생태학자 조지 우드웰(George Woodwell)에 따르면, 그 결과 '과잉 객관성(hyper-objectivity)'이 나타난다. 과잉 객관성은 '불합리함의 극치이며, 그 실천은 탐욕과 오염을 뒷받침할 뿐 아니라 단순한 상식의 원천으로서의 과학과 과학자의 신뢰성을 무너뜨린다'(1989, p. 15). 이제 과학자가 나서서 더 큰 위험을 더 명쾌하고 용감하게 말할 때다. 조지 우드웰, 레이철 카슨, 폴 에얼릭(Paul Ehrlich)*, 제임스 핸슨(James Hansen)**, 톰 러브조이(Tom Lovejoy)***가 그래 왔듯이.

이것이 교육과 무슨 관련이 있을까? 짧게 답하면 '뭐든지 다'이다. 생태교육은 단지 생물학에 관한 것만이 아니다. 생태교육은 생명 피폐의 더 깊은 원인에 관한 것이기도 하며, 그 원인들은 이런저런 식으로 정치적 행동, 기관, 철학과 관련이 있다. 보전생물학은 과학과 정치적 행동 사이의 대화다. 생물권의 운명은 우리가 다음과 같은 질문에 어떻게 답하느냐에 달렸다.

– 국제기관의 가능성
– 정부의 역할과 기능
– 적당한 수준의 중앙집권화
– 기술의 규모
– 자본에 대한 제약
– 땅과 부의 분배
– 민주적 참여의 미래

* 미국의 진화생물학자 · 환경학자 · 인구학자. '인류가 지구를, 제한된 자원을 가진 우주선 또는 무거운 짐을 진 생명유지체계로 보아야 한다'고 주장했다. 《인구폭발(The Population Bomb)》(1968)로 유명하다.

** 미국의 기후학자, 미국항공우주국 고다드우주연구소 소장. 1970년대부터 온실기체의 기후효과를 연구했으며, 1988년 6월 기록적인 고온이 자연적 변화가 아니라며 지구온난화 현상임을 처음으로 미국 상원위원회에서 경고했다.

*** 미국의 생물학자, 기후변화와 생물다양성 연구자. 아마존 등 열대우림 파괴 문제를 부각시켰을 뿐만 아니라, 선진국의 비정부기구나 국제 환경보호단체 등이 개도국의 대외채무 일부를 인수하고 개도국으로 하여금 그 채무액만큼 자국의 환경보호에 투자하게 하는 '환경스와프(Debt-for-Nature Swap)' 정책을 입안했다.

이런 질문의 답은 앞으로 수십 년에 걸쳐 더욱 다양해질 것이며, 본질적으로 정치 관련 문제들에 대한 단기적인 기술적 해결책을 찾으라거나 아예 문제가 있음을 계속 부정하라는 압력이 커질 것이다. 게다가 우리는 과학자들이 연구비를 잃거나 종신 재직권이나 승진이 거부되지 않으면서 나서서 말을 하고 대중 계몽의 한 축이 되는 일을 더 수월하게 만들어줄 필요가 있다. 우리는 기꺼이 하겠다는 사람들이 위험을 감수할 수 있게끔 여지를 열어주고 그들을 존중할 필요가 있다. 마지막으로, 생태적 소양(ecological literacy)을 국가 목표로 삼고 공립학교와 대학 교과과정의 필수항목으로 포함할 때가 되었다. 생태적 소양이란 보전의 생물학과 사회 보전의 정치적 토대를 둘 다 이해하는 것을 말한다.

11_ 경제

747기 조종실에서 두 조종사가 비행기에 재앙이 임박했는지를 놓고 견해차를 보인다고 상상하자. 온건하고 양식 있는 승객과 승무원조차도 어느 조종사가 옳은지를 판단하는 일이 최우선 과제라고 생각할 것이다. 그 논쟁은 그들에게 단순한 학문적 관심을 넘어서는 것일 가능성이 가장 크다. 두 조종사가 서로 다른 계기판을 올바로 읽었을 수도 있다. 이를테면 한 조종사는 고도계, 레이더, 보조날개의 위치를 보고, 다른 조종사는 연료계, 비행 속도계, 기내 압력계를 읽었을 수도 있다.

세계도 다소 비슷한 상황에 처해 있다. 보전 문제로 고심하는 생물학자들이 지켜보는 세계의 현 상태를 기록하는 숫자판과 계기판은 종 상실 속도가 재앙 수준이 될 수 있으며, 산호초, 습지, 우림 같은 주요 생물군계가 급격히 줄어들고, 앞으로 점점 더 많은 스트레스를 주는 쪽으로 인구과잉이 심화되며, 토양 상실률 및 토지 남용률이 높고, 아마도 지구온난화가 본격적으로 영향을 미칠 것이라고 가리키고 있다. 현재 인류는 육상 순일차생산성(net primary productivity)의 40%를 이용 또는 전용하고 있으며, 많은 뛰어난 생물학자들은 인구 증가 및 경제성장과 지구의 환경용량(carrying capacity) 사이에 충돌이 일어날 것이라고 내다본다.

대조적으로 경제학자들이 읽는 숫자판과 계기판은 그들에게 낙관론의 근거를 제공한다. 세계총생산(Gross World Product)은 20세기에 약 1,300% 증가했고, 지금도 계속 증가하고 있다. 선진국의 1인당 재화도 계속 늘어나고 있다. 가장 중요한 점은 에너지와 자원의 효율성을 높이는 기술혁신이 계속 이루어지고 있다는 것이다. 더 나아가 일부에서는 기술과 높은 가격이 결합해 희소 자원의 대체물 개발을 촉진할 것이라고 믿는다(Dasgupta 1991, pp. 107~126). 이 관점에서 보면, 핵심 문제는 상품의 가격이 정해지고 시장과 기술이 나머지 일을 하게끔 맡기는 것이다.

다시 말해, 생물학자들은 생명의 경제라는 더 규모가 큰 것에 초점을 맞춘다. 한편, 경제학자들은 인간이 자연을 착취하여 구축한 하위 경제를 주시한다. 둘 다 중요하지만, 똑같이 중요하지는 않다. 후자가 팽창을 계속하는 동안 더 큰 경제는 세계 거의 모든 곳에서 스트레스와 붕괴 조짐을 보이고 있다. 문제는 어느 지표가 더 정확한가가 아니라 어느 쪽이 더 근본적이고 얼마나 오랜 기간 걸쳐 있느냐 하는 점이다. 이는 기술이 어느 정도까지 인류 경제를 건강한 토양, 미생물, 식물, 동물, 숲, 생태계, 안정한 기후에 독립적으로 만들 수 있느냐를 놓고 거는 일종의 내기다. 생물학자는 벌레와 생물상(生物相) 쪽에 걸고, 경제학자는 가격과 기술 쪽에 건다. 그 밑으로는 기술이 어느 정도까지 인류를 감정적이고 정신적이고 지적으로 자연과 분리시킬 수 있는지, 이 이른바 멋진 신세계의 인류가 어떤 끔찍한 인류 이하의 존재로 전락할지를 놓고 또 다른 내기가 벌어지고 있다.

그런 내기에서 이긴다는 것은 불가능하며 이겨서도 안 된다고 믿는 사람들은 주류 신고전주의 경제학에 맞서 두 가지 기본 논리를 편다. 첫째는 경제학자가 복지와 소득을 계산할 때 자연 서비스의 가격을 포함하지 않는다는 것과 관련이 있다. 하버드대학교 생물학자 에드워드 윌슨의 말을 들어보자.

> 신고전주의 경제학은 파산했다. 신고전주의 경제학의 정량적인 최적화 및 균형 모형은 환경의 가치를 제대로 평가할 현실적 수단을 전혀 갖고 있지 않다. 경제학자는 기회비용, 즉 서식자가 파괴되고 종이 사라질 때 일어나는 손실을 계량화할 수 없다. 협소하게 정의된 시장경제의 바깥에 놓인 다양한 가치를 다룰 수 없다. (Wilson 1989, p. 7)

다시 말해서 숲, 토양, 야생생물 같은 생물원료가 파괴될 때, 기업의 손익보고서에서 자본 감가상각을 빼는 것과 마찬가지로, 국민총생산 같은 지표에서 생물원료 손실도 빼야 한다. 그러면 자연자본(natural capital)의 상실에 따른 미래 생산성의 손실을 나타내는 수치가 나올 것이다. 이는 지극히 사리에 맞으며, 또한 생명 피폐를 포함하는 온전하고 정직한 회계에 매진한다는 것 외에 다른 어떤 주요한 항목 이동을 요구하지 않는다. 하지만 그런 계산을 하려면, 먼저 자연의 다양한 부분들이 직간접적으로 제공하는 서비스에 관해 꽤 많이 알아야 한다.

그러나 신중한 생태학자 중에 현재 우리가 이 방대한 지식을 지니거나 곧 지니게 될 것이라고 주장할 사람은 없을 것이다. 게다가 쓸모없다고 간주했던 자연의 그 부분들이 제멋대로인 데다가 변덕스러운 대중이 '기꺼이 부담하겠다'는 것 이상의 가치는 전혀 없다는 단순한 가정을 해야 한다. 존경 받는 철학자 중에 먼저 경고하는 책을 몇 권 쓰지 않은 채 그렇게 대담한 주장을 펼 사람은 아마 없을 것이다.

둘째는 세계은행(World Bank)의 경제학자 허먼 데일리(Herman Daly)가 한 비판으로서 더 급진적이다. 데일리는 주류 경제학자가 경제를 환경과 물질이나 에너지 교환이 전혀 없는 고립된 닫힌계로 간주한다고 말한다. 그 결과, 이 기본 틀 내에서 일하는 경제학자는 전체 경제의 최적 규모를 추론할 수가 없다. 데일리는 다음과 같은 거시경제 모형을 대안으로 제시했다.

> 저엔트로피 물질−에너지의 입력원이자 고엔트로피 물질−에너지의 출력원 역할을 하는 생태계에 의존하는 그것의 열린 하위계. (Daley 1991, p. 256)

다시 말해, 물리학과 생태학은 경제 이론보다 더 근본적이다. 물리학이나 생태학의 관점에서 보면, 고정된 크기의 생물권 내에서 한없이 팽창하는 경제라는 개념은 물리학자 루이스 토머스(Lewis Thomas)의 말마따나, '가장 원대한 규모의 어리석음'이다. 그러나 어리석은 사람들의 비율로 따지자면, 한없이 팽창하는 경제에 철저히 푹 빠져 있는 경제학자들이나 미국이나 영국의 의회의원들이나 별다를 바 없을 게 분명하다. 종교 신앙의 힘이 기술적 낙관주의로 위장했다는 주장은 논외로 치고, 명백히 영민한 사람들이 물리적으로 불가능한 것을 진실이라고 믿는 이 역설은 도대체 어떻게 설명해야 할까? 경제학자가 연구에 동원하는 가정에서 어느 정도 해답을 찾을 수 있다. 그 가정들은 생물학에서 늘 다루는 자연체계의 한계를 경제학자들이 보지 못하게 한다. 그러나 그런 해답 너머에서 우리는 이런 식으로 진행되는 논리와 마주친다. (a)누구나 우리 즉 부자가 지닌 것, 즉 부라고 하는 것을 원한다. (b)우리가 부를 가져서는 안 된다고 누가 말하겠는가? (c)따라서 우리는 '진보'와 인간의 물질 수준 향상 욕구를 부정할 수 없다. 세계적으로 해마다 원하는 것을 제조한다는 광고에 약 4,500억 달러가 들어간다는 말은 거의 하지 않는다. 하지만 이런 말 재롱은 제쳐두고, 거기에 담긴 암묵적인 가정은 우리가 부의 더 평등한 분배를 이룰 시민적 · 도덕적 지혜도 동원할 수 없고, 덜 물질 지향적이고 생태적으로 덜 파괴적인 방식으로 복지를 재정의할 지혜도 동원할 수 없다는 것이다.

그런 논리는 이를 고수하는 사람에게 건전하고 신중한 사람이 우리에게 피하라고 말하는 재앙을 빚어낼 수 있는 위험을 감수하게끔 하는 함정을 판다. 이를테면 원자력, 유전공학, 나노기술에 내재한 위험은 '필연적인' 양 보인다. 그 이유는 오로지 우리가 스스로를 또 다른 환경용량 위기에 빠지게 했기 때문이다. 그리고 각 단계마다 부담하는 위험은 점점 커져간다.

경제학자의 '경제적 인간' 모형이 실상은 그렇지 않음에도 인간 행동을 충분히 묘사하는 것이자 합리적인 존재가 어떻게 행동해야 하는지, 다시 말해 어떻게 이기적으로 행동할지를 알려주는 처방 역할을 할 정도로 신고전주의 경제학의 여러 가정들이 널리 그리고 종종 무비판적으로 신념이자 교리로 받아들여지게 되었다는 사실이 없었다면, 경제학자와 생물학자의 이런 차이를 그냥 별것 아니라고 치부할 수 있을지도 모른다. 게다가 자본주의와 그 경제학자는 의기양양하게 행군 중이다. 공산주의 몰락 이후 경제학자와 경영학 교수로 이루어진 군대는 예전 공산주의자들이 몰락한 경제를 어떤 식으로 운영했는지를 보여주려고 동쪽으로 진군했다. 그 결과, 우리 경제 이론들의 생태적 결함들은 지구의 더 넓은 지역에 걸쳐 더 많은 사람들의 삶에서도 중요한 역할을 맡게 되었다.

그토록 설득력 있게 설명되고 수출된 바로 그 이론들은 생물 다양성 위기의 주원인이다. 종, 생태계, 기후 안정, 미래 세대의 복지에 돈으로 환산하는 단기적 가치만 부여하기 때문이다. 더 큰 맥락에서 볼 때 문제는 (a) 돈으로 환산할 수도 없고 환산해서도 안 되는, 따라서 단지 자원으로만 간주할 수 없는 가치를 지닌 생명체, 경관, 생태과정, (b) 가치를 알지 못하고 아마 알 수도 없을 것들, (c) 지금은 제대로 평가 받지 못하지만 언젠가는 진가를 인정받을 것들에 가치를 부여해야 한다는 것이다. 생물학자와 철학자는 (a) 범주에 맞는 자연계의 부분들과 자연 지역을 식별하는 데 도움을 줄 수 있다. 또 그들은 자신의 무지와 과학의 한계를 단순히 인정하는 것으로도 (b) 범주와 관련하여 경고를 발할 수 있다. 그러나 세 번째 범주는 더 까다롭다. 생물학과 경제학을 초월하기 때문이다. 이 범주는 우리가 종으로서 얼마나 성숙한가와 관련이 있다. 우리 자신을 생명 공동체와 동일시하고 생명을 보호하는 능력을 말한다. 그러나 우리는 현재 경제학자의 가장 얼토당토않은 꿈을 초월하여 언젠가는 자연의 가치를 알게 될지도 모른다. 적어도 그 가능성을 간직해야 한다. 그것이 우리를 조금은 더 성숙하게끔 도울 수 있을지도 모르니까.

12_ 파스칼의 내기와 더 뜨거운 시대의 경제학

신이 존재하느냐는 문제로 고심하던 17세기 철학자이자 수학자인 블레즈 파스칼(Blaise Pascal)은 아마도 다른 더 세속적인 질문들에 유용할 방식으로 논의를 진행했다. 그는 '여기에서는 이성이 판단할 수 없다'라고 선언했다. 그렇지만 '당신은 내기를 해야 한다. 그것은 어쩔 수 없는 일이다.' 파스칼은 당신이 잃을 것이 두 가지 있다고 보았다. 그 두 가지는

> 진리와 선이다. 그리고 내기에 걸 것은 두 가지다. 당신의 이성과 의지, 당신의 지식과 행복이다. 그리고 당신의 본성이 피해야 할 것이 두 가지 있다. 오류와 고통이다. (Pascal 1941)

신이 존재한다고 믿고 그에 따라 살아간다면, 당신이 잃는 것은?

파스칼의 답은 '당신이 이긴다면 모든 것을 얻는다. 진다면 아무것도 잃을 것이 없다'였다. 그렇게 함으로써 당신은 '신실하고 정직하고 겸손하고 고마워하고 관대하고 믿음직하며 진실한 친구'가 될 것이다. 신이 존재하지 않는다고 보고 '유해한 쾌락, 영화, 사치'를 추구하는 삶을 살기로 결정한다면, 단기적으로 어떤 이득이 있든 간에 고통스러운 삶이 될 것이다. 다시 말해 당신이 신을 믿지 않는 쪽을 택했는데 신이 있는 것으로 드러난다면, 당신은 크게 후회할 것이다. 반면에 신이 존재하지 않는데 당신이 신앙인으로 살았다면, 당신은 몇 가지 덧없는 쾌락을 단념한 대신 훨씬 더 많은 것을 얻었을 것이다. 따라서 파스칼의 신앙 논증은 위험을 최소화하려는 세심한 이기심이라는 굳건한 토대 위에 놓여 있었다.

현재 세계는 다소 비슷한 선택 상황에 직면해 있다. 한쪽에는 지구가 급속히 더워지고 있다고 믿는 수많은 과학자들이 있다. 그들은 우리가 이산화탄소, 메탄, 염화플루오린화탄소(CFCs), 질소산화물 같은 열을 가두는 기체들을 계속 뿜어낸다면, 한 세기 안에 지구는 견딜 수 없을 정도로 뜨거워질 것이라고 말한다. 우리가 소홀히 하고 미적거리면 살인적인 열파, 가뭄, 해수면 상승, 초대형 폭풍, 숲과 생물상의 대규모 변화, 상당한 경제 혼란, 질병 발생률 증가를 비롯한 결과가 나타날 수 있다. 지옥이나 다름없는 일이 말이다. 하지만 파스칼의 내기처럼, 우리가 어떤 선택을 하든 그 결과가 우리에게 닥치기 전까지는 어떤 일이 일어날 것이라고 아무도 절대적으로 확신 있게 말할 수 없다. 그래도 '우리는 내기를 해야 한다. 그것은 어쩔 수 없는 일이다.'

그러나 그 가장자리에서 들여다보면 어쨌든 지옥이 그렇게 나쁘지 않을 수도 있다거나 적어도 그 문제를 더 깊이 연구해야 한다고 주장하는 사람들도 있다. 예일대학교 경제학자 윌리엄 노드하우스(William Nordhaus)는 더 뜨거운 지구가 주로 '농업, 임업, 해안 활동 같은 관리되지 않은 생태계와 상호작용하는 경제 부문'에 영향을 미칠 것이라고 믿는다(1990b). 쇼핑몰 등 노드하우스가 '세심하게 통제되는 환경'(1990b)이라고 말하는 것 안에서 이루어지는 행위와 아마도 경제학자들의 활동을 포함하는 경제의 나머지 부분은, 세상이 상당히 뜨거워진다는 것을 거의 눈치 채지 못할 것이다. 노드하우스는 '인정할 주된 요인은 기후가 선진 산업사회에 경제적 영향을 거의 끼치지 않는다는 것이다'라고 주장했다(1990a, p. 193).

노드하우스는 '미국 국가생산량(national output)의 약 3%는 기후에 민감한 부문에서 나오며, 10%는 기후변화에 좀 덜 민감한 부문에서 나온다'고 했다. 더 나아가 그는 지구온난화에는 유익한 부수 효과도 있을 수 있다고 했다. "숲 생산물 산업은 이산화탄소 비료(시비) 효과로 혜택을 얻을 수도 있다." (나는 그가 '숲'이 아니라 '숲 생산물 산업'이라고 말한 것이 결코 실수가 아니라고 본다.) 노드하우스는 '수상스키에 대한 투자'가 그렇듯이 건설이 '바람직한 영향을 미칠 것'이라고 본다. 요컨대, 노드하우스의 '최상의 추측'은 이산화탄소 농도가 두 배로 증가했을 때 받을 충격이 '국민소득(national income)의 약 0.25%일 가능성이 크다'는 것이며, 그는 이 추정값의 '오차 범위가 넓다'고 시인했다(p. 195).

그러나 노드하우스는 자신이 기후변화를 옹호한다고 여겨지지 않기를 원한다. 오히려 노드하우스가 주장하고자 한 요지는, '생산적인 경제활동이 없는 사막 지구라는 황량한 그림을 그리는 사람들은 기후변화의 피해를 과장하고 그 혜택을 경시하는 것일 수 있다'라는 것이다(1990b, p. 196). 그러나 더 뜨겁지만 '생산적인 경제활동이 없는' 것은 아닌 지구는 시, 웃음, 길가의 카페, 숲, 더 나아가 노드하우스가 말하지 않은 경제학자들까지 없을지도 모른다. 하지만 노드하우스는 '입자상 물질[경제학 책들?]을 성층권으로 쏘아서 지구를 식히거나 경작 패턴을 바꾸는 기후공학'을 비롯하여 우리의 곤경을 해결할 수많은 기술적 대책들이 있다고 말했다. 노드하우스는 경제학자임에도 이런 '대안들'의 비용, 편익, 심지어 실현 가능성에 관한 추정치는 전혀 내놓지 않았다. 하지만 그는 이산화탄소 배출량을 50% 줄이는 비용이 연간 1,800억 달러라고 추정했다. 그는 그런 비용에 '사회가 적응하는 쪽을 택할 수도 있다'는 견해를 피력했다. 그 말은 '인구 이주, 자본 재배치, 간척, 기술 변화'를 의미하며(1990b, p. 201), 그가 이번에도 아무런 비용 추정치를 제시하지 않은 채 내놓은 해결책이다. 적응하거나 이주하거나 값비싼 구제책을 구입하거나 자본을 재배치할 수 없는 사람들은 어떻게 할까? 노드하우스는 아무 말도 하지 않는다. 그가 별로 깊이 생각하지 않았기 때문에 말을 안 하지 않을까 하는 의구심이 든다.

노드하우스가 주목한 복잡한 사항들은 '미래비용을 할인하는 법과 불확실성을 허용하는 법'과 관련이 있다(1990b). 이를테면 8%나 그 이상의 할인율은 수십 년 동안 온난화에 관해서는 아무 일도 하지 않으면서 문제만 서서히 혹은 아마도 급속히 악화시킬 것이다. 할인율이 4% 이하라면 '현재가 21세기 말의 기후변화에 상당한 영향을 미칠' 것이다. 노드하우스의 해결책은? 그는 '현재 고수익 자본에 집중하여 투자하고 그 투자의 결실을 이용하여 미래의 기후변화를 늦추는 것이 효율적인 정책'이라고 주장했다(p. 205). 그는 이것을 자신이 주장하는 '경제성장을 위해 필요한 것'과 '환경보호를 위한 욕구' 사이의, 즉 더 흥청망청하는 것과 미덕 사이의 '현명한 타협'이라고 말했다.

그래도 훌륭하게도 노드하우스는 '대다수 기후학자들이 기후변화의 규모와 속도가 증가함에 따라 불쾌하게 경악할 일이 많아진다고 생각한다'고 인정한다(1990b, p. 206). 또 그는 오존 구멍의 발견이 앞으로 더 놀랄 일이 벌어질 가능성을 시사하는 '진정으로 경악할 일'로서 다가왔다고 말했다. 그러나 결국 그는 '나중에 후회할지 모를 성급하고 엉성한 행동을 피할 적절한 단계들'이라고 부른 것을 선호하는 쪽으로 입장을 굳게 정리했다. 노드하우스는 그것들이 어떤 행동인지를 구체적으로 언급하지 않았기에, 그것들이 사실상 성급하거나 엉성하거나 유감스러운 것인지를 알기는 불가능하다. 노드하우스는 '기후변화의 위험을 줄이는 것이 가치 있는 목표다'라는 신념을 드러내기는 했지만, 그에게 그것은 '공장과 설비, 훈련과 교육, 건강과 병원, 교통과 통신, 연구와 개발, 주택 공급과 환경보호'(1990b, p. 209) 같은 것 중 하나일 뿐이다. 그는 한쪽에 놓인 열, 가뭄, 기후 불안과 다른 한쪽에 놓인 경제, 공중 보건, 스트레스하의 인간 행동, 더 나아가 자신이 '환경보호'라고 한 것 사이에 긴밀한 관계가 있음을 보지 못하는 듯하다.

노드하우스의 분석이 세계 곳곳의 정부와 기업의 고위층에서 마치 경각심을 불러일으키는 것인 양 뻔뻔스럽게 위장하고 있지 않다면, 그리고 그가 지금처럼 고위층에 영향력을 행사하는 인물이 아니라면, 그의 견해는 그저 엉뚱한 것으로 치부할 수 있을지도 모른다. 지구온난화에 관한 노드하우스의 견해는 그가 속한 분야에서는 유별난 것도 아니며, 불길한 선택이 이루어질 때 아무런 결과를 빚어내지 않는 것도 아니다.

한 예로, 지구온난화에 관한 노드하우스의 견해는 1991년 미국

국립과학아카데미(National Academy of Sciences) 적응위원회가 내놓은 보고서에 깊이 의존했다. 노드하우스도 속해 있던 이 적응위원회는 지구온난화를 적절한 할인율을 요하는 투자 문제로 파악했다. 그러나 극빈자와 미래 세대처럼 이익을 할인당한 사람들에게 그 문제는 다른 식으로 비친다. 권력과 세대 간 책임의 문제로 말이다. 더구나 이 위원회는 극한 조건일 수도 있는 상황에서 복잡한 대규모 기술사회의 적응 가능성에 관해 꽤 많은 것을 가정했다. 한 예로 그들은 '농민의 확증된 적응 가능성'을 인용하는데, 그것은 지난 50년 동안 몰락한 400만 농가를 말하는 것일까? 혹은 현재 한계에 다다랐거나 거기에 근접한 150만 농가를 가리킬까? 아니면 현재 지구를 덥히고 있는 바로 그 화석에너지원을 토대로 한 농업과 식량 분배체계에 전적으로 의존하는 사람들을 가리키는 것일까? 그것도 아니면 현재의 농사 방식 때문에 일어나는 현재의 토양 상실과 지하수 고갈 속도를 말하는 것일까? 온난화가 갑작스럽게 일어난다면 농민은 적응할 수 있을까? 위원회는 '리야드(사우디아라비아의 수도)와 배로(알래스카 북쪽 끝) 양쪽에' 사람이 살고 있으므로, 인류가 거의 무한한 적응력을 지닌다고 암묵적으로 받아들이면서도 일부 도시는 버려질 것이고 더 가난한 나라의 사람들은 상당한 피해를 당할 수 있다고 인정했다. 위원회는 온난화가 갑작스럽게 일어나고 재앙이 될 수 있음을 인정하고 나서 그 가능성을 서둘러 내침으로써 현명하게도 오류 위험을 분산시켰다. 위원회는 50년이라는 설정 기간이 지나면 어떤 일이 벌어질 수 있을지, 다리나 쇼핑몰을 짓고자 할 때 투자 결정을 내리는 식으로 그런 불길한 결정을 내릴 때 미국사회에 어떤 영향이 미칠지는 질문하지 않았다.

따라서 그런 분석은 기후변화에 따른 위험이나 선견지명이 있는 에너지정책의 혜택을 무시함으로써 이득 볼 것이 너무나 많은 사람들에게 든든한 지원과 위안을 주는 중요한 문제다. 그러니 우리는 그런 생각이 어떻게 받아들여지고 그런 생각이 누구의 목적에 봉사하며, 어떤 결과를 무릅쓰는지를 이해하려고 시도해야 한다.

대조적으로 대기물리학자, 기후 전문가, 생물학자는 거의 예외없이 지구온난화 이론이 논란의 여지가 없이 옳다고 믿는다는 점을 언급해 두자(Intergovernmental Panel on Climate Change 1991). 대기의 열을 가두는 기체들이 정말로 열을 가둔다는 데는 의견 일치가 널리 이루어져 있다. 그런 기체들을 대기로 충분히 많이 쏟아내면, 꽤 많은 열이 갇힐 것이다. 또 온난화가 급속히 일어난다는 사실이 밝혀진다면, 설령 절대적인 확신을 갖고 예측할 수는 없을지라도 아마도 널리 재앙이 될 결과가 빚어지리라는 데도 합의가 이루어져 있다. 의견 차이는 주로 온난화의 속도, 한계를 넘어 재앙을 일으킬 수준(문턱), 온난화 속도를 촉진하거나 늦출지 모를 되먹임의 효과와 관련된 문제들에 집중된다. 어떻게 결정을 하든지 간에, 열을 가두는 기체들이 지난 16만 년 동안 가장 높은 수준으로, 그것도 과거의 기후변동보다 훨씬 더 빠른 속도로 증가한다는 데는 의심의 여지가 없다. 우리는 지구와 그 생물상을 대상으로 전례 없는 실험을 하고 있다. 이 실험은 할 필요가 없고, 해서도 안 된다. 파스칼의 내기에서 처럼, 확실한 결과는 판돈을 다 건 뒤에야만 나올 것이다.

내기에 걸린 것을 생각할 때, 노드하우스와 적응위원회가 저지른 사실 오류와 논리 오류는 상세히 검토할 필요가 있다. 예를 들어, 농업과 임업의 쇠퇴가 미국 경제의 3%에 불과해서 별 영향이 없을 것이라는 믿음은 심장이 체중에서 차지하는 비중이 1~2%에 불과하니까 심장을 떼어내거나 심장이 손상을 입어도 건강에 아무런 지장이 없을 것이라고 믿는 것과 같다. 노드하우스와 적응위원회는 경제를 낙타의 등을 부러뜨리는 지푸라기*와 경악할 일, 재앙의 문턱이 없는 것으로, 더 나아가 천사들이 두려워하면서 가지 않으려 하는 곳이 없이 선형이며 부가적인 것으로 간주한다. 연구의 토대가 되는 생물학적 사실들도 미심쩍다. 노드하우스와 적응위원회가 믿는 것처럼 '이산화탄소비료(carbon dioxide fertilizer)'**가 농장과 숲의 생산성을 높이지 않는다고 믿을 만한 이유도 많다. 강수량, 기온, 생물학적 조건의 변화는 생장을 위축시킬 가능성이 더 높다(Houghton and Woodwell 1989). 온도가 높아진다는 것은 호흡률***이 높아지고, 그에 따라 더 많은 탄소와 메탄이 배출된다는 것을 의미한다. 기후변화의 속도는 동식물이 적응할 수 있는 속도보다 수십 배 더 빠를지도 모른다. 이는 어느 시점에 이르면 숲이 죽으면서 산불과 급속한 부패로 더욱 많은 탄소가 방출된다는 의미가 될 것이다. 또 생물 다양성의 급속한 감소를 의미하기도 할 것이다.

노드하우스와 적응위원회가 채택한 경제 추정치들도 의심스럽다. 둘 다 지구온난화를 최소화하는 데 필요한 행동들이 경제, 인간의 건강, 땅에 좋을 것이라는 점점 늘어나는 많은 증거를 무시한다. 미국 환경청, 전력연구소, 독자적인 연구자들이 내놓은 연구 결과는 모두 똑같은 결론을 내린다. 이산화탄소 배출량을 줄이는 에너지 효율은 저렴할 뿐 아니라, 사실 경제 활력의 선결 조건이라고 말이다.

* '지푸라기처럼 가벼운 짐이라도 한도를 넘으면 낙타 등을 부러뜨린다'는 의미.

** 광합성 촉진을 위해 인위적으로 이산화탄소를 공급해 생육을 돕는다는 의미에서 비료로 지칭.

*** 생물이 일정한 시간에 흡수한 산소의 부피로 같은 시간에 배출한 이산화탄소의 부피를 나눈 값.

미국 경제는 에너지 효율 측면에서 일본 경제의 절반 수준이다. 달리 말하면, 유사한 미국 상품과 용역에 들어가는 비용이 5% 더 많다는 뜻이다(Lovins 1990). 로키마운틴연구소의 에너지 분야 전문가인 에이머리 로빈스(Amory Lovins)는 연간 비용이 1,800억 달러라고 추정하지만, 더 신뢰할 수 있는 연구들은 에너지 효율 향상으로 약 2,000억 달러의 순 절감 효과가 나타난다고 말한다. 로빈스는 이것이 공짜 점심이 아니라 우리가 값을 치르고 먹는 점심이라고 말한다. 그러나 노드하우스나 미국국립과학아카데미 위원회의 추정치에는 수백만 명을 이주시키는 비용, 그렇게 하지 못하면서 드는 비용, 해안 방파제를 쌓는 데 드는 비용, 물을 둘러싼 국가 간 갈등 비용, 평원 지역이 메말라갈 때 식량을 수입하는 데 드는 비용, 기후변화에 따른 질병 발생 양상 변화에 따른 비용이 포함되어 있지 않다. 게다가 노드하우스도 미국국립과학아카데미 위원회도 지구온난화가 급속하고 더욱 열악한 경악할 일들을 무더기로 빚어낸다는 것이 드러난다면 비용이 어떻게 될지 아무 말도 하지 않는다.

미래를 할인하는 행위는 정량화할 수 없지만 산정할 수는 있는 다른 비용들을 빚어낸다. 방정식에 이를테면 지금부터 3대째 후손이 선호할 것들을 포함한다면, 그들의 결론은 상당히 달라질 것이다. 하지만 노드하우스와 미국국립과학아카데미 위원회는 처음에 그 문제를 낳은 것과 똑같은 종류의 활동을 더 늘리는 투자가 '가치 있는 목표'라고 가정함으로써 그렇게 하지 않는 쪽을 택했다. 자세히 살펴본다면, 그 활동들은 대부분 열을 가두는 기체 배출량을 경제적으로 건전한 방식으로 줄일 에너지 효율과 재생 가능 자원에 투자할 기회를 무시하면서 우리를 더 깊은 함정에 빠뜨리고 지구온난화 문제를 심화시킨다는 것이 드러날 것이다.

노드하우스와 미국국립과학아카데미 위원회의 경제 추정치들은 믿을 수 없다. 그들의 경제는 이를테면 중력 법칙이 흥미롭지만 검증 안 된 이론일 뿐이라고 간주하는 항공기 조종사처럼 생물물리학적 현실과 동떨어진 추상적인 것이기 때문이다. 그들의 경제학은 믿을 수 없다. 그들은 지구 규모의 계들의 방대하고 불가해한 복잡성을 인정하지 않기 때문이다. 지구 규모의 계들은 어떤 기술로든 간에 다른 위험을 초래하지 않고서는 '고칠' 수가 없다. 그들의 경제학은 믿을 수 없다. 그리 좋은 경제학이 아니기 때문이다. 그들은 경제 번영과 에너지 효율의 관계뿐 아니라, 에너지 효율과 온실기체 배출량의 관계도 무시한다. 그들의 경제학은 믿을 수 없다. 지구온난화 문제가 경제학의 가장 중요한 문제가 아니라 판단, 지혜, 자연 사랑의 문제라고 보기 때문이다. 그들의 경제학은 신뢰할 수 없다. 급속히 변화하는 기후 조건에서는 냉난방이 잘되는 방에서 고안한 추상적인 모형들에 상정된 합리성에 따른 행동을 하지 않을 피와 살로 된 사람들을 고려하지 않기 때문이다. 진짜 사람들은 열, 가뭄, 경기 쇠퇴에 스트레스를 받으며, 아마 악화될수록 욕설을 더 자주 퍼붓고 살인을 더 자주 저지르고 칭찬과 사랑은 덜 할 것이다. 그리고 그들은 친숙하고 기운을 회복시켜 주고 위안을 주었던 장소가 열, 가뭄, 죽음으로 파탄 나서 사라지는 광경을 보며 한탄할 것이다.

마지막으로, 노드하우스와 미국국립과학아카데미 적응위원회의 경제학은 다시 10~20년 동안 평소처럼 함으로써 이것뿐 아니라 더 위험한 도박에 우리를 빠뜨릴 것이기 때문에 믿을 수 없다. 지금 우리가 알다시피 그 도박은 지속 가능한 번영이나 근본적인 공정성을 의미하지 않는다. 파스칼이 잘 설명한 이유들이 말해주듯, 그것은 어리석은 도박이다. 지구온난화가 심각하다는 것이 드러나고 우리가 에너지 효율을 더 높이고 재생에너지 쪽으로 성공적으로 옮겨감으로써 지구온난화에 미리 대처한다면, 우리는 재앙을 피할 것이다. 하지만 아직 알려지지 않은 요인들이 지구온난화의 심각성과 영향을 최소화하는 것으로 드러나는 반면에 우리가 그러지 않을 것이라는 믿음하에 에너지 효율을 더 높인다면, 우리는 지구를 구한 것은 아니겠지만, 산성비를 줄이고, 대기질을 개선하고, 석유 누출 사고를 줄이고, 노천 광산을 줄이고, 석유 수입 의존도를 줄이고, 또한 그럼으로써 예산 지출의 균형을 바로잡고, 기술적으로 더 숙달하고, 경제 경쟁력도 향상시키게 될 것이다. 어느 쪽이든 간에 우리는 후손들과 지구의 미래를 위해 교훈적이고 선견지명을 보여준 선례를 남기게 될 것이다. 이긴다면 우리는 전부를 얻을 것이다. '진다'고 해도 꽤 많은 것을 얻을 것이다. 반면에 노드하우스와 적응위원회 위원들이 부추기는 대로 우리가 행동하고, 온난화가 급속히 이루어진다는 것이 드러난다면, 우리는 크게 후회할 것이다.

3부

교육을 다시 생각하다

지구에 대한 장기 전망과 관련지어서, 초중고등학교와 대학교를 평가할 구체적 기준이 뭐가 있을까? 그런 장소에서 우리가 하려는 것이 학생에게 생명 공동체의 시민이 될 자질을 갖추어주는 것이라면, 학생들이 알아야 할 것은 무엇이며 또 학생들이 그것을 배우게 하려면 어떻게 해야 할까?

3부의 글들은 교육의 질에 대한 표준 척도가 교육기관과 그 졸업생이 생명 세계에 어떤 영향을 미치는가를 설명하는 쪽으로 바뀌어야 할 것이라는 믿음을 갖고 썼다. 따라서 각 장은 교육기관의 표준, 학습, 교과과정, 학교 건축의 짜임새 문제를 다룬다.

13_ 대학 순위 매기기

대상에 순위를 매기는 성향은 미국인들의 가장 일관성 있는 특징 중 하나다. 대체로 그 일은 많은 이들의 실내 생활에 기쁨을 주는, 그리고 다양한 순위를 정하고 유지하는 일을 도와달라는 요청을 받은 사람들에게 높은 지위를 부여하는 무해한 심심풀이 활동이다. 또 순위 매기기는 이런저런 출판물의 판매 부수를 올린다고 알려져 있으며, 《스포츠 일러스트레이티드》 수영복 특집호처럼 한 해 중 지루한 시기에 유쾌한 기분 전환거리나 도덕적 분노의 원천을 제공한다. 하지만, 그런 목록과 현실 사이에 큰 관계가 있다고 가정해서는 안 된다. 굳이 그렇게 할 필요도 없다. 오히려 그런 것들은 의견 차이를 흡족하게 하거나 즐기거나 활용하거나 알리거나 부추기고, 그럼으로써 후속 목록과 순위 매기기를 부추기는 기능을 한다.

최근까지 대학과 대학교는 대개 자체적으로 순위를 매겼다. 적절히 헤아려본 뒤 대다수는 스스로 '우수'하다고 엄숙히 선언했다.

하지만 원래 드물어야 할 속성을 지녔다고 주장하는 기관들이 수천 곳까지는 아니라 해도 수백 곳이 된다는 점을 생각하면, 정의상 그런 속성을 순위 매기기의 토대로 삼을 근거는 빈약해진다. 그 뒤로 유쾌한 논쟁 같은 것은 상당히 사라진 상태다. 우리는 《뉴욕 타임스》, 《유에스 뉴스 앤드 월드리포트》가 제시한 것들을 포함하여 다양한 지침을 통해 대학들을 이런 궁지에서 구조해 왔다. 그 지침들과 유사한 다른 지침들은 동료들의 평판, 신입생의 SAT 점수, 기부금 규모, 도서관 장서 수, 교수진 중 박사학위자의 비율, 교수진의 출판물 수, 학생들의 수업료, 교수 대 학생 비율 등을 통해 대학들의 순위를 매긴다. 이 지침들은 이런저런 식으로 교육기관의 교육 능력을 나타낸다고 주장된다.

그러나 교육기관은 미식축구팀 같은 것이 아니므로, 삶과 정신의 더 높은 자질을 함양하는 대학의 능력을 평가하는 일은 60분 동안 11명이 혼전을 펼치는 능력을 평가하는 것보다 상당히 더 미묘하고 복잡하다. 사실 좋은 교육은 현재 교육기관의 순위를 매기는 데 쓰이는 많은 특성들에 반비례할지도 모른다. 동료들의 평판은 그저 속물근성과 거만함의 지표일 수 있다. 교수진의 출판물은 학생의 불만과 숲의 쇠퇴를 나타내는 지표일지 모른다. 많은 기부금은 기관의 무기력을 나타내는 데 적절한 지표일 수 있다. 연구비는 때로 학교 이사회가 감추려고 하는 기업 및 미국 국방부 활동과의 긴밀한 관계를 반영한다.

순위 매기기는 대상이 단순하고 쉽게 계수화할 수 있을 때 가장 잘된다. 하지만 좋은 교육기관은 복잡하고 창의적이며, 그래서 숫자로 나타내기가 어렵다. 그것이 바로 내가 《유에스 뉴스 앤드 월드리포트》의 대학판 편집자들이 플라톤의 아카데미를 '지방' 교육기관 평가 목록의 한참 아래쪽에 놓으리라고 생각하는 이유다. 그곳의 도서관은 누가 뭐래도 작았고, 실험실 같은 것도 없었고, 학생은 주로 지방 출신이었고, 창설자인 전공 교수는 전해지는 바에 따르면 평생 민중을 선동하고 도시 젊은이들을 방탕하게 만들었다는 이유로 연구 업적이 심하게 불신을 받았다고 한다.

순위 매기기에는 두 번째 문제도 있다. 대다수 순위 평가 체계는 거꾸로 가고 있다. 더는 지금의 현실이나 그 현실과 관련한 기관의 역할을 제대로 나타내지 못하는 척도들을 이용한다. 한 예로 어떤 교육목표를 내세우든 간에, 대학과 대학교는 결국 자연 지배가 좋은 일이라는 믿음하에 세계를 산업화하는 데 주된 역할을 맡아왔다. 그러나 현실은 변해왔다. 뒤죽박죽이 된 것을 정리하려면, 앞으로 몇 세기는 열심히 일해야 할 것이다. 독성 및 방사성 폐기물을 격리 봉인하고, 고갈되고 채굴된 땅을 복원하고, 호수와 바다와 강을 정화하고, 기후를 안정시키고, 나무를 심어 숲을 되살리고, 생물 다양성 보호를 위해 무슨 일이든 하고, 쇠퇴한 도시 지역을 재건하고, 지구의 다른 모든 생명 징후를 건강하게 되돌리는 데 말이다.

따라서 나는 교육기관과 졸업생이 세계를 더 지속 가능한 방향으로 움직이느냐 여부를 토대로 한 대체 순위 평가체계를 제안한다. 어느 교육기관에서의 4년이 자연 세계에 대한 지식, 사랑, 능력을 함양할까 아니면 무심함이나 무지를 빚어낼까? 이 대학이나 저 대학의 졸업생은 생물권을 지닌 행성에서 책임 있는 삶을 살아가는 데 적합할까? 이것은 분명 어렵긴 하지만 불가능한 과제는 아니다. 나는 다섯 가지 기준을 토대로 대학과 대학교의 순위를 매기자고 제안한다.

첫째는 교육기관이 학생 1인당 얼마나 많은 것을 소비하거나 버리느냐다. 교육기관이 지구의 지속 가능성에 미치는 영향을 가장 잘 나타내는 지표는 연간 학생 1인당 발전(electrical generation), 난방, 혹은 연료 구매량 장부에서 이산화탄소 배출량이 얼마나 되는지 계산한 수치일 것이다. 학생 1인당 종이, 물, 물품, 전기 소비량도 중요한 수치일 것이다. 이런 수치는 대학 구내로 무엇이 얼마나 들어가고 나오는지를 꼼꼼히 감사하기만 하면 알 수 있다(Smith 1991). 그 수치를 토대로 대학은 학생 1인당 자원 이용량을 줄이는 쪽으로 효율성을 점점 더 높이는 경쟁에 나설지도 모른다.

순위 매기기의 둘째 토대는 교육기관의 물품, 폐기물, 재순환, 구매, 조경, 에너지 이용, 건축 관리 행정과 관련이 있다. 기관은 재활용 물질 활용을 얼마나 우선하나? 물질 흐름 중 몇 퍼센트가 재순환되나? 땅과 건물에 유독 화학물질의 이용을 제한하나? 건물을 수리하거나 새로 지을 때 에너지 효율과 태양에너지 이용에 중점을 두는가? 무독성 물질을 사용하나?

셋째, 교과과정은 생태적 소양에 필요한 핵심 도구를 제공하는가? 졸업생 가운데 생태학의 기본 원리를 아는 사람이 몇 퍼센트일까? 그들은 파괴된 자연계 위에서는 좋은 경제를 구축할 수 없다는 것을 이해하나? 그들은 야외수업을 받은 적이 있나? 그들에게 인근의 강, 초원, 묵정밭, 노천 폐광을 복원할 기회와 자극이 주어졌나? 그들은 환경윤리의 기초적 내용을 이해하나? 최적과 최대, 스톡(stocks: 저량)과 플로(flows: 유량), 설계와 기획, 재생 가능과 재생 불가능, 주거와 거소, 충족과 효율, 가능과 당위, 건강과 질병, 개발과 성장, 지성과 영리함의 차이를 이해하나? 물론 이러한 사항들은 교수진 자체가 생태적 소양이 있고 환경문제를 교육 자료와 연관 짓는 것을 전제로 한다.

내 넷째 기준은 교육기관의 재정과 관련 있다. 교육기관은 구매력을 이용하여 지속 가능한 지역경제를 구축하는 데 도움을 주나? 지역 농민에게 구매하는 식품은 몇 퍼센트인가? 한 예로 헨드릭스대학, 오벌린대학, 세인트올래프대학, 칼턴대학의 식품 구매 자료를 조사한 학생들은 그 방식이 식품의 질을 높이고, 비용을 줄이고, 지역경제를 돕는 데 크게 이바지한다는 것을 알았다. 그 방식은 지역의 전문 기술자, 상인, 제조업자에게 우선권을 주는 식으로 교육기관의 모든 구매 항목에 적용될 수 있다. 교육기관의 구매력을 이용하여 지역 및 지방 경제를 재건하는 일을 돕는 것은 공급 중단, 미래의 품귀, 나중에 온실기체 배출량을 줄이기 위해 부과될 탄소세에 따른 에너지 비용 증가와 관련된 앞으로의 가격 급등에 대비하여 위험을 분산시키는 일이기도 하다.

대학과 대학교도 투자 여력이 있다. 그들은 어느 정도까지 자금을 세계를 지속 가능한 쪽으로 나아가게 하는 일에 투자하는가? 모든 교육기관은 기업과 투자 기회를 찾고, 세계를 지속 가능한 방향으로 움직이는 데 필요한 일을 함으로써 투자와 지속 가능성이라는 목표를 조화시키는 장기 목표를 설정해야 한다.

다섯째, 교육기관은 졸업생이 세상에서 하는 일을 토대로 순위가 매겨질 수도 있다. 평균적으로 특정 교육기관의 졸업생이 현재 살아가는 방식 때문에 미래 세대는 어떤 대가를 치를까? 졸업생들은 평생에 걸쳐 얼마나 많이 소비할까? 대기에 얼마나 많은 이산화탄소를 배출할까? 나무는 얼마나 많이 심을까? 생활비는 어떻게 벌까? 사업, 법, 사회사업, 교육, 농업, 통신, 연구 등의 분야에서 지속 가능한 사회의 토대를 만들기 위해 얼마나 많은 일을 할까? 그들은 모든 지속 가능한 사회의 토대로서 나타나야 할 더 큰 생태적 계몽의 일부일까, 아니면 무지한 파괴 경제의 후방 경비대의 일부일까? 대다수 대학은 졸업생 중 누가 부자가 되었는지를 알아내는 데 갖은 노력을 한다. 내가 아는 한, 누적되는 환경 영향을 알아보려고 졸업생을 조사한 대학은 없다.

이런 것들을 생각하다 보니, 마침내 한 가지 관찰과 한 가지 온건한 제안을 떠올리게 된다. 모든 교육기관은 대개 부, 권력, 명성, 아직 받지 않은 기부금에 정비례하여 명예학위를 수여하는 등 다양한 방식으로 졸업생을 예우한다. 내가 아는 한, 무엇이든 간에 어떤 이유로 학위를 취소한 대학은 없다. 아마 취소해야 할 것이다. 예를 들어, 어떤 졸업생이 글을 읽지 못한다는 것이 발견된다면, 교육기관은 크게 당혹스러울 것이고 기관의 평판은 당연히 크게 훼손될 것이다. 하지만 그런 수치심은 생태적 문맹에다가 지구가 어떻게 활동하는지 모르는 졸업생에게는 아직 적용되지 않는다. 나는 합당한 조치는 오직 하나, 즉 제조자의 비용으로 결함 있는 자동차를 회수하는 행위를 선례로 삼는 것이라고 본다. 다시 말해, 졸업생들의 결함 있는 정신은 '회수되어' 기관의 보호하에 교정교육을 받을 기회가 주어져야 한다. 아니면, 학위를 수여한 교육기관은 수업료에다가 사과의 뜻으로 이자까지 붙여서 졸업생들에게 환불하는 방식을 선호할 수도 있다. 물론 그래도 학위 소유자에게 생태적으로 결함 있는 교육을 한 결과 지구에 끼친 피해에 대한 책임은 남아 있다. 어느 쪽이든 간에 국가, 교육기관, 그 범법자는 잘 대우를 받을 것이며, 모두 크게 교화될 것이다.

14_ 학문 분야의 문제와 문제의 학문 분야

우리는 자연을 대개 시각, 청각, 후각, 촉각, 미각으로, 즉 복잡하게 연주되는 감각들의 접속곡으로 경험한다. 그러나 우리는 자신이 세계를 느끼는 방식에 맞추어 교육을 편성하지는 않는다. 만일 그렇게 한다면, 하늘과(科), 경관과, 물과, 바람과, 소리과, 시간과, 해변과, 습지과, 강과, 흙과, 나무과, 동물과도 있고, 아마 무아지경에 관한 과도 하나 있을 것이다. 우리는 그 대신에 격자 모양으로 칸칸이 늘어선 우편함처럼 교육을 편성해 왔다. 지적 편의를 위해 짜인 추상적인 학문 분야들로 말이다. 십중팔구 왜 언제 그렇게 짠 것인지 말할 수 있는 학자는 거의 없지만, 대다수는 그것이 아주 필요하며 바꿀 수 없는 것이라고 아주 확신에 차서 말할 것이다. 이른바 '정보폭발'은 지식을 점점 더 작은 분야로 나누는 경향에 힘을 보태왔으며, 그 끝이 어디인지는 알 수 없다.

그 와중에도 학문의 세분화, 지적 협소함, 한 분야의 테두리를 벗어나지 못하는 사고방식에 불만을 토로하는 목소리는 꽤 많이 들린다. 그러나 '학제 간 교육과정'이나 '범학문적 학습' 논의가 수십 년 동안 이루어져 왔음에도, 그런 논의가 그저 말뿐이라는 믿음이 아주 강하다. 냉정하다고, 아니 적어도 진중하다고 여겨지는 사람들은 대체로 진정한 학문이란 전적으로 학문 분야와 하위 분야로 편제된 지식의 발전에 발을 맞춘다는 의미라고 가정한다. 어떤 지식은 지성 전체에 기여하지 않을 수도 있고, 어떤 지식은 지극히 사소하며, 서로 모순되는 것도 있고, 중요하면서 삶의 질을 높이는 지식이 빠져 있을 수도 있다는 것은 중요하지 않은 듯하다.

이런 일이 모두 우리가 지식을 편성하는 방식의 결과라고 한다면, 그것은 그냥 유감스러운 차원이 아니라, 더 깊은 의미에서 볼 때 비극적인 결과라고 할 수 있다. 우리 시대의 중대한 생태적 현안들은 어떤 식으로든 우리가 만물의 전체 모습을 보지 못한다는 점과 관련이 있다. 전체를 보지 못하는 정신은 우편함 상자 속에서만 생각하게끔 배우고, 상자를 넘어서거나 그것이 다른 상자와 어떻게 들어맞는지를 크게 문제 삼는 법을 배우지 않을 때에 나타난다. 우리는 전기가 흐르는 철조망 속에서 키우는 개와 다소 비슷하게 각 전문 영역 내에서 일을 하는 수많은 상자 속 사상가들을 양성한다. 그리고 상자들로 편성된 지식, 상자 속에 머물러 있는 정신, 생태 붕괴와 지구적 불균형은 서로 연관이 있다. 많은 사람들이 이 모든 것이 어디로 향하는지 의구심이 있으면서도 자신에게는 그 흐름을 바꿀 힘이 없다고 믿는다는 점에서, 이 상황은 비극적이다.

우리의 상황은 또 다른 방식에서도 비극적이다. 사람들은 종종 우리의 곤경을 머리로는 이해하나 마음으로는 느끼지 못한다. 그래서 굳이 상황을 개선할 노력을 하지 않는다. 우리가 자연계에 의지하고 있다는 것을 머리로 깨닫지 못하기 때문이 아니다. 머리로 이해하기는 아주 쉽다. 그보다는 더 깊은 차원에서 교육과정을 통해 지성을 특정 장소의 생태에 대한 애정 및 충직함과 결합시키지 못하기 때문이다. 다시 말해, 마음과 자연을 하나로 묶지 못한다. 이 결속이 우리가 바라는 것보다 훨씬 드물게 일어난다는 것은 결코 우연이 아니다. 전문화하고 세분화한 지식은 어느 장소나 땅에, 심지어 우리 감각에 충직한 것이 아니라, 오히려 학문 분야의 추상적 개념들에 충직하다. 세계를 산업화하여 우리에게 부와 권력을 주기 위해 고안된, 더 큰 규모의 지식 '산업'에도 같은 말을 할 수 있다. 우리가 자신의 곤경을 점점 더 정교하게 분석해 가면서도 그 곤경의 근원을 밝힐 의지와 상상력은 마비되어 있는 이유를 이것이 설명해 줄지도 모른다.

그래서 우리는 그때그때 어설프게 땜질을 한다. 우리는 이쪽에 강좌를 하나 추가하고 저쪽에 필수과목을 하나 덧붙이고 좀 색다른 장소에서 학술 토론회를 연다. 우리는 교과과정이라는 이 산만한 바벨의 탑에 창고를 하나 더 덧붙인 뒤 '환경학'이라고 이름 붙일 만큼 대담한 사람들이다. 하지만 내가 믿듯이 우리가 처한 위기가 무엇보다도 마음과 인식의 위기라고 한다면, 이디스 코브(Edith Cobb)가 '자연 세계에 대한 예민한 감각 반응'(1977, p. 30)이라고 한 것을 어떻게 함양할지 근본적으로 재고할 때가 되었다. 나는 두 가지 개념을 제안한다.

첫째, 유치원에서 박사과정에 이르기까지 학습의 모든 단계에서 우리가 경험하는 것과 얼마간 같은 방식으로 자연계를 공부하는 내용이 교과과정에 포함되어야 한다고 제안한다. 이 개념은 결코 새로운 것이 아니다. 이 개념은 여러 방식으로 미국 국립야외휴양지도자

학교(National Outdoor Leadership School), 아웃워드바운드(Outward Bound)가 제공하는 야외 교육과정의 토대를 이루며, 애리조나의 프레스콧대학(Prescott College) 같은 몇몇 혁신적 교육기관의 강좌나 비영리기관이 제공하는 교육과정에서도 찾아볼 수 있다. 또 적어도 그것은 자연이 우리에게 가르칠 무언가를 지니고 있다는 믿음만큼 오래된 것이기도 하다. 그것은 교육의 모든 단계에서 우리의 감각을 진지하게 고려하고 그렇게 하기 위해서는 학생에게 학과 지식이라는 더 발전한 단계의 것을 소개하기에 '앞서' 자연 세계의 특정한 구성 요소, 즉 강, 산, 농장, 습지, 숲, 특정한 동물, 호수, 섬에 깊이 빠지게 할 필요가 있다는 단순한 개념이다.

예를 들어, 근처 강에서 이루어지는 수업에서는 학생에게 한동안 강에서 지내라고 요구할 수 있다. 강물에서 헤엄치고, 나룻배를 타고, 계절마다 달라지는 강 모습을 지켜보고, 야생생물과 수생동물을 조사하고, 강의 소리에 귀를 기울이고, 강과 함께 살아가는 사람들과 이야기를 나누고 하면서 말이다. 생물학자 칼 맥다니엘(Carl McDaniel 1993)의 말처럼, 강은 '세계의 축소판'이자 더 폭넓은 지식으로 나아가는 문이 된다. 학생마다 강의 어느 한 측면을 조사하게 할 수도 있다. 강의 설화, 사회사, 진화, 미술, 화학, 생태, 문학, 혹은 강의 이용을 통제하는 정치와 법 등. 그렇게 모인 자료들에서 나타나기 시작할 강의 전체 모습은 개별 연구 과제의 총합보다 클 것이다. 내가 제안하는 것은 고작 일주일의 현장 답사가 아니라 심오한 존중 같은 무언가가 뿌리를 내리기 시작할 때까지 지각이 시각, 청각, 미각, 후각, 촉각의 경험에 푹 잠길 수 있는 더 긴 기간이다.

그런 경험은 어떤 일을 할까? 첫째, 지식을 타락시키는 추상성과 간접 학습을 근원적으로 없앨 것이다. 자연물은 교과서와 강의라는 추상적인 것에는 담기지 않고 담을 수도 없는 구체적 현실을 지닌다. 둘째, 강이나 숲이나 농장에서 이루어지는 수업은 쇼핑몰, 비디오게임, 텔레비전에 지나치게 노출된 도시와 교외의 젊은이에게 흔히 부족하게 마련인 경험을 보충하는 데 도움을 줄 것이다. 셋째, 더 깊이 있는 앎이 이루어질 수 있게끔 학습 속도를 늦춤으로써 사려 깊은 마음을 학생에게 함양할 것이다. 넷째, 다양한 학문 분야의 지식을 요구하는 것들을 배우고 싶은 더 강한 동기를 학생에게 부여할 것이다. 다섯째, 세심한 야외 관찰과 장소 연구 기법을 학생에게 가르칠 것이다. 여섯째, 학생에게 숲이나 산이나 강에 알 수도 없고 말로 표현할 수도 없는 무언가가 있음을 가르칠 것이다. 너무 미묘하거나 너무 강력하여 과학, 언어, 지성의 그물로는 잡을 수 없는 것들 말이다. 그것은 학생에게 특정 학문 분야의 아직 밝혀지지 않은 것들보다 먼저 신비하고 불가해한 것들이 있음을 알려줄 것이다.

나는 더 폭넓게 마음과 자연 사이의 구혼이나 아마도 깨달음과 다소 비슷한 것을 제안하려 한다. 나는 학생에게 추상적 지식에 담긴 힘에 접근할 권한을 주기에 앞서 특정한 장소가 지닌 신비함을 접하게 해야 한다고 믿는다. 나는 학생에게 세계를 바꿀 능력을 갖추어주기 전에 특정한 장소의 가치와 충직함을 먼저 갖추어주는 일을 목표로 삼자고 제안한다. 나는 학생이 지식을 더 올바로 이용할 수 있게끔 하는 동시에 학생에게 알고 싶어할 더 강한 동기를 부여하자고 제안한다. 그들에게 창조의 열쇠를 쥐여주기 전에 작은 것들에 대한 책임의식을 먼저 심어주자고 제안한다.

내가 제안하는 경험의 선례로는 헨리 데이비드 소로(Henry David Thoreau)의 《월든(Walden)》(1854), 알도 레오폴드의 자연사, 애니 딜러드(Annie Dillard)의 팅커 계곡(Tinker Creek) 체류(1974),

존 핸슨 미첼(John Hanson Mitchell)의 매사추세츠 지역 2.58제곱킬로미터의 1만 5,000년에 걸친 역사 연구(1984), 윌리엄 리스트 히트문(William Least Heat-Moon)이 '심층 지도'(Moon)라고 한 캔자스주 체이스카운티 연구(1991)가 있다. 그리고 우리가 기꺼이 인정하려고 든다면, 토착 문화에서 얻는 경험도 있다. 많은 토착 문화들은 마음과 자연을 하나로 묶는 데 아주 뛰어났다.

학문기관의 특징일 때가 너무나 많은 학문 분야의 협소함과 무관심을 극복하기 위해 위와 관련 있는 두 번째 제안을 하련다. 예일의대의 앨런 머만(Alan Mermann)은 그 문제를 이렇게 표현했다.

> 꼼꼼한 연구와 정확한 보고가 이루어진다. 유명 학술지에 논문이 실린다. 하지만 현장에서 문제와 씨름하는 노력은 안타깝게도 부족하다……. 우리는 헌신과 희생을 요구하는 싫은 일은 회피하는 오랜 역사를 갖고 있다……. 우리는 지적 문제를 해결하는 일에 마음과 자원을 쏟는 것이 더 편하다. 그러면 인간으로서 상호 의존성과 신세 짐을 생각해야 하는 부담에서 벗어나기 때문이다. (Mermann 1992)

나는 대체로 이 말이 맞다고 본다. 교육기관과 전문직 학자는 싫고 보상이 덜한 자기 주변의 도전 과제로부터 자신을 격리시키는 경향이 있다. 그리고 그런 도전 과제를 맡을 때는 현실 문제를 해결하려는 진지한 노력으로서가 아니라, '연구'로서 한다.

반대로, 나는 젊은이와 교수진이 함께 현실 문제를 해결하려는 노력에 뛰어들 것을 제안한다. '봉사' 계획으로서만이 아니라 배움과 봉사를 통합하는 방식으로 제안하는 것이다. 기회는 우리 주위에 널려 있다. 거의 모든 초중고와 고등교육 기관은 생물 다양성과 적절한 생계수단이 사라지는 지역, 시골이든 도시든 할 것 없이 오염되고 남용되고 점점 버려지는 지역에 자리한다. 그런 장소를 복원하려면 무엇을 알아야 할까? 현실 문제를 해결하려는 노력을 어떻게 하면 기존 교과과정에 포함할 수 있을까? 문제 해결 분야가 어떻게 교육 편제를 바꿀 수 있을까?

문제 해결에는 우리가 자신의 선거구로 간주하는 지역을 교육기관이 자리한 공동체가 포함되도록 넓히는 것이 필요하다. 문제 해결에는 제도의 유연성과 창의성이 필요하며, 이 두 가지는 지식을 지역 공동체와 주민의 장기적인 건강에 가치가 있도록 만드는 일에 헌신할 것을 전제로 한다. 또 학습이 오로지 교실, 실험실, 도서관에서만 이루어진다는 낡은 개념을 극복할 필요가 있다. 게다가 학습이 때로 서로 다른 종류의 지식을 지닌 다양한 사람들이 이루어야 할 필요가 있는 것을 달성하기 위해 자신이 아는 것을 한곳에 모아서 함께 노력할 때 가장 철저하고 생생하게 이루어질 수 있다는 것도 인정해야 한다.

그렇게 할 때, 그들은 학문 분야 교육만으로는 도출할 수 없는 소통의 방식을 발견한다. 그들은 중요한 것과 그렇지 않은 것을 구분하는 법을 금방 터득한다. 그리고 학생과 교수진 모두 바꿀 수 없는 듯 보인 것을 바꿀 능력을 자신들이 지니고 있음을 알아차린다.

하지만 우리가 조만간 학문 분야 지식 없이 지낼 수 있을 것 같지는 않으며, 내가 그렇다고 주장하는 것 또한 아니다. 내가 주장하는 것은 학문 분야 지식을 우리 시대의 난국과 더 관련을 맺도록 하면서도 자연 세계에 대한 더 깊은 경험 속에 위치시키는 방법을 찾자는 것이다.

15_ 전문직주의와 인간의 전망

마음은 사소한 것들에 치중하는 습관에 영구히 오염될 수 있으며,
그러면 우리의 모든 생각은 사소함으로 물들 것이다.
– 헨리 데이비드 소로

나는 직업 과학자가 되지 않으려 늘 애썼다.
– 어윈 샤가프

종신 재직권 제도는 원래 보복을 받을까 하는 두려움 없이 자유롭게 말할 교수의 권리를 보호하고자 만든 것이다. 그러니 종신 재직권을 확보한 교수에게서 위대하고 급진적인 것이 나올까 기대할지도 모르겠다. 하지만 몇 가지 주목할 만한 예외가 있을 뿐, 그런 일은 자주 일어나지 않는다. 하버드대학교 총장을 지낸 데릭 복은 그 점을 애석히 여긴다.

> 종신 재직권과 세상을 꼼꼼히 연구할 시간을 갖춘 교수는 임박한 문제를 경고하는 사회의 정찰병으로서 행동할 독특한 기회를 지닌 듯할 것이다……. 하지만 학계 일원 중에 출현하는 현안을 발견하고 그것을 생생하게 대중의 눈앞으로 가져오는 사람은 거의 없다. (Bok 1990, p. 105)

마찬가지로, 종신 재직권을 지닌 교수 중에 생물 다양성과 생명체 거주가 가능한 지구를 보존하려는 노력에 동참하는 사람은 왜 그렇게 적은가? 눈앞에 어른거리는 인간의 생존이라는 크고 불길한 현안에 맞서려는 사람은 왜 그렇게 적은가?

나는 교수진 자체가 전문 직업화한 게 이유라고 믿으며, 전문 직업화는 가장 악명 높은 대학 관리자조차 하려고 생각도 못한 일을 해왔다. 실수를 하거나 엄밀함이 부족하다고 여겨질 것이라는 직업상의 두려움은 교수진의 상당수를 이빨 빠진 호랑이자, 지극히 사소한 것을 놓고 궤변이나 일삼는 존재로 만들었다. 젊은 교수가 동료들에게서 종신 재직권을 거부당할 위험을 자초하는 한 가지 확실한 방법은 철학자 메리 미즐리가 '논란을 일으키는 용기라는 미덕'(Midgley 1989, p. 69)이라고 부른 것, 즉 종신 재직권이 생긴 바로 그 이유를 실천하는 것이다. 종신 재직권까지 딴 직업 학자의 경험 법칙은 확실하고 빠른 직업상의 보상이 없으면 그 일을 하지 말라는 것이다. 예를 들어, 오늘날의 찰스 다윈은 많은 연구비를 받아 갈라파고스제도로 날아갔다가 돌아와서 학술지 10여 곳에 논문 10여 편을 순식간에 써내고, 광고 대리인을 고용하여 텔레비전과 〈사이언스 타임스〉에 출연할 것이다. 모두 다른 곳에서 더 나은 직장을 구하려는 의도다. 진짜 다윈은 20년 동안 장고를 거듭하면서 《종의 기원(On the Origin of Species by Means of Natural Selection)》(1859) 출간을 미루었는데도 말이다. 요컨대, 고백할 것을 지닌 사람들이 팔 것을 지닌 전문가로 대체되고 있다.

직업 학자는 자신을 더 나은 질서의 창조자라고 보기는커녕 기존 질서의 비판자로도 아니고, 그 질서의 일부로 생각하는 경향이 있다. 지식은 점점 이른바 중립 기술에 정통하게 되었다. 그러나 그 과정에서 중립성은 객관성과 혼동이 되어갔다. 역사학자 로버트 프록터는 말한다. "중립성은 과학이 어느 한 입장을 취하는지 여부를 가리키며, 객관성은 과학이 특정한 주장에 신뢰성을 부여하는지 여부를 말하는 것이다"(Proctor 1991, p. 10). 폭넓게 아는 르네상스 정신이라는 이상은 전문가라는 훨씬 더 작은 개념에 자리를 뺏겨왔다. 인류의 곤경과 잠재력에 관한 위험한 생각을 여전히 할 것이라고 예상되는 인문학에서조차도 그 대신에 어리석음, 과장, 모호함을 종종 찾아볼 수 있다.

게다가 전문 직업화는 나름의 전문 학회, 전용 학술지, 전문용어를 갖춘 서로 적대시하는 영지별로 지적 경관을 분열시킨다. 어느 한 공국에 충성을 맹세하기에, '전문가' 가운데 기존 체제에 위험할 정도로 전체 지역을 제대로 아는 사람은 극히 적다. 협소함, '방법지상주의(methodolatry)', 경력주의는 많은 이를 크고 예리한 질문을 하지 못하게 그리고 할 의지를 품지 못하게 해왔다. 예전에 지식인들은 대중 앞에서 강연을 했지만, 지금은 더 넓은 사회에 거의 또는 아무런 영향을 끼치지 않는 문제들을 놓고 주로 서로 이야기를 나눈다. 마찬가지로, 모호하고 전문용어로 가득하고 사소하고 전문 직업화한 지식은 괘씸하거나 범죄적이거나 단순히 당혹스러운 행동으로부터 관심을 딴 데로 돌리게 함으로써 현실 안주자에게 큰 횡재로 다가온다. 《미국 정치학 리뷰》가 의회의 현실 안주자를 쿡쿡 찔러댄 것이 언제였던가? 《미국 경제 리뷰》가 월가의 귀족들을 벌벌 떨게 한 것이 언제였던가? 애그리비즈니스가 미국 농업경제학자협회의 위협을 마지막으로 느꼈던 것이 언제였던가? 소외된 자들이 《미국 사회학 리뷰》가 자신의 편이라고 느꼈던 적이 언제였던가? 지금 영리를 위해 지구의 생명체계를 재편할 계획을 지닌 사람들이 학계 전문 인사가 그 계획에 위협이 된다고 느낀 적이 언제였던가? 그리고 철학이 "'지혜에 대한 사랑'이기를 멈추고 과학이 되기를 열망하기" 시작한 것이 언제였던가(Solomon 1992, p. 19)?

즉 학계는 직업적인 현실 안주자, 냉정한 자, 출세주의자에게 마땅히 그래야 하는 것보다 훨씬 더 안전한 안식처다. 그 안식처는 열정이 넘치는 사려 깊은 비판자에게는 마땅히 그래야 하는 것보다 훨씬 덜 안전한 곳이 될 때가 많다. 전문 직업화는 지식을 권력에 위험을 끼치지 않는 것으로, 그럼으로써 지식을 더 큰 인간의 전망에 어느 때보다 더 위험한 것으로 만들어왔다. 이 위험은 어떤 것들일까?

첫째, 전문가가 학생을 생명체 거주가 가능한 지구를 보존하기 위한 앞으로의 크나큰 투쟁에 기꺼이 소매를 걷어붙이고 동참할 폭넓은 사고와 개방적 교육을 받은 사람이 아니라 지식 기술자로 만듦으로써, 자기 복제를 할 위험이 있다. 둘째, 꽤 많은 중요한 '비전문적' 지식이 버려지거나 아예 무시될 위험이 있다. 이 비전문적 지식이란 사람들이 한 장소에서 잘 살아가고, 오래 유지되는 공동체를 꾸리고, 스스로를 이해하고, 이웃에게 봉사하고, 생명의 신비 속에서 의미를 찾는 데 늘 필요했던 일종의 향토지식을 말한다. 셋째, 최근에 다문화주의에 관한 논의가 활발하게 이루어지고 있긴 해도, 학계가 지구적인 균질화의 대리인이 되어왔다는 것은 명백한 사실이다. 인간존재의 크나큰 문제들은 협소한 전문 직업화한 학문에 맞추어 축소되고 있다. 여기서 위험은 세계 시장경제의 논리에 이끌리고 전문적인 논의의 언어에 갇힌 지구적인 단작(單作, monoculture)이 다양한 생물상을 오래 보존하지 않을 것이고, 내가 보기에는 그럴 수도 없다는 것이다. 넷째 위험은, 고등교육이 대체로 21세기의 크나큰 생태적 현안을 그냥 빼버리리라는 것이다. 그렇게 하지 않을 충분한 전망과 용기를 불러낼 수 없기 때문이다.

무엇을 할 수 있을까? 종신 재직권 제도는 변덕스러운 대학 관리자에 맞서는 방어수단을 계속 제공한다. 하지만 거기에 학문 분야의 경계를 수호하는 역할을 맡은 학계 관리들의 더 미묘하고 강력한 검열에 맞서 자신을 보호한다는 의도는 전혀 담겨 있지 않았다.

그래서 나는 이 문제를 해결하기 위해 전문직주의를 마구 난도질할 두 가지 개념을 제안한다. 첫째는 종신 재직권 후보자는 모두 교육기관 전체의 토론회에 나와서 다음과 같은 질문에 대답할 것을 주장한다.

- 당신의 지식 분야는 더 큰 학습 경관의 어디에 끼워지는가?
- 당신의 전공은 왜 중요한가? 어디에 그리고 누구에게 중요한가?
- 당신 전공의 더 폭넓은 생태적 의미는 무엇이며, 그 의미는 장기적인 인간 전망에 어떤 영향을 미치나?
- 당신 학문의 윤리적, 사회적, 정치적 의미를 설명하라.

그런 포럼의 혜택은 명확하다. 그것은 후보자에게 자신의 특정 분야라는 한계를 넘어서 생각하게끔 큰 동기를 부여할 것이다. 또 일반적으로 이해되는 언어로 평이하게 의사소통을 할 동기도 상당히 부여할 것이다. 그것은 새로운 무언가일 것이다. 그것은 당대의 더 큰 현안을 인식한 사람과 협소한 전문 분야에 만족한 사람 사이에 균형을 이루는 데 도움을 줄 것이다. 그것은 윤리적 무기력이나 자신의 학문과 생태적 현실 사이의 관계에 대한 총체적 무지 같은 특정 형태의 지적 결함을 몰아낼 것이다. 또한 종신 재직권 공개 토론회는 더 나아가 질의자에게도 지식의 더 큰 구조와 목적을 깊이 생각하게 하여 적절히 유익한 영향을 미칠지 모른다.

두 번째 제안도 마찬가지로 학문 분야의 경계 넘기를 합리화하고 부추김으로써, 협소한 전문직주의의 위세를 약화시키는 데 목적이 있다. 교육자들은 잘나가는 많은 기업 조직들이 경직된 계급 구조에서는 가능하지 않을 결과를 이루기 위해 조직이 맡은 업무를 정기적으로 재편함으로써 유연한 단위 조직을 개발해 온 방식에서 무언가를 배울지도 모른다. 대학과 대학교도 마찬가지로 현재의 문제들을 공략하기 위해 새롭고도 대담한 방식으로 지식을 재편하는 선구자가 될 수도 있다. 학문 분야와 학과라는 무거운 짐이 없다면 말이다. 나는 모든 교육기관이 교육 참가자에게 특정 학문 분야의 전문가로서 지위를 유예시킬 기회를 주는 정기적 공개 토론회, 프로그램, 강의, 연구과제를 계획하고 충분한 자금을 지원할 것을 주장한다. 한 예로 로스앤젤레스 캘리포니아대학교의 사회학자 제프리 알렉산더(Jeffrey Alexander)와 동료 10명은 '변화하는 L.A.'라는 강좌를 연다(Alexander 1993, p. B3). 이 강좌는 '로스앤젤레스를 현재의 인종, 윤리, 경제 문제를 더 폭넓게 연구하는 데 쓰일 기니피그(시험대)로 만드는' 것을 목표로 한다. 그런 자리에서 학자들은 공통의 대화에 참여하거나 어떤 문제를 풀거나 협력하여 새로운 것을 창안하기 위해 자기 학문 분야 바깥으로 걸어 나가야 할 것이다. 대다수 대학과 대학교에는 그런 노력에 필요한 무대를 제공하는 학제 간 프로그램이 있지만, 거기에 참여하는 사람이 진정한 보상이나 인정이나 연구비 지원을 받는 사례는 거의 없다. 그리고 그런 프로그램은 대개 예산을 줄이고자 할 때 맨 먼저 폐지된다. 해법은 명백하다. 교육기관이 대담성, 웅대함, 학문 분야 경계 넘기를 명시적으로 장려하고 지원하는 것이다.

기꺼이 그 일을 할 사람들은 폭넓은 맥락의 지식을 습득하는 한편으로 특정 분야를 깊이 통달해야 하며, 따라서 시간과 인내와 지적 능력과 큰 헌신이 필요하다. 이 일에는 큰 현안에 주의를 기울이고 전문직보다 더 큰 것에 충실한 학자들이 필요하다. 그들은 변덕스러운 대학 관리자뿐 아니라 페이지 스미스가 '학계 근본주의자'(Smith 1990, p. 5)라고 칭한 사람들로부터도 마땅히 보호를 받아야 한다. 세상은 언제나 위험한 교수진이 필요했으며, 지금은 그 어느 때보다도 그런 사람이 필요하다. 탐욕, 근시안, 방종, 착취, 방관, 첨단을 앞세운 탁상공론, 협소함에 위험이 되는 개념을 지닌 교수진이.

16_ 마음 설계

호모사피엔스가 어떤 은하 간 설계 경연대회에 나간다면, 산업문명은 예선에서 걸러질 것이다. 호모사피엔스의 산업문명은 적합하지 않다. 그것은 오래가지 않을 것이다. 그것은 규모가 잘못되어 있다. 그것의 변증자조차도 그것이 그다지 멋지지 않다고 인정한다. 산업과 기술로 추진되는 사회의 설계 실패는 온갖 다양성 상실, 지구 생물지화학적 순환의 불안정화, 오염, 토양침식, 추함, 가난, 부정행위, 사회 붕괴, 경제 불안에서 명백히 드러난다.

물론 산업문명은 설계된 게 아니다. 그저 우연히 나타났을 뿐이다. 산업문명이 나타나도록 한 사람들은 '생태 설계 기술'이라고 부를 수 있는 것에 무지한 대체로 외골수 남녀였다. 생태 설계 기술이란 지각 및 분석 능력, 생태적 지혜, 사물을 나무와 미생물과 강과 동물과 벌레와 어린아이의 세계에 '알맞게' 만드는 데 핵심이 되는 현실적 수단의 집합을 말한다. 다시 말해, 생태 설계는 자연 세계의 더 큰 패턴 및 흐름을 인간의 의도에 맞게끔 세심하게 엮고 인간의 의도에 소용이 되게끔 그 패턴과 흐름을 연구하는 것이다.

생태 설계 능력은 자원과 에너지 효율을 최대화하고, 자연의 무료 서비스를 이용하고, 폐기물을 재순환시키고, 생태적으로 더 뛰어난 것을 만들고, 생태적으로 더 현명한 사람을 육성하는 것을 뜻한다. 생태 설계 능력은 자연이 작용하는 방식, 환경과학자 데이비드 웬(David Wann 1990)이 '생명논리(biologic)'라고 부른 것에 관한 지성을 우리가 생각하고 설계하고 짓고 살아가는 방식과 통합하는 것을 의미한다. 설계는 직접적으로나 간접적으로 에너지와 물질을 요구하거나 혹은 농장, 집, 공동체, 이웃, 도시, 교통체계, 기술, 경제, 에너지 정책 등 그 용도를 통제하는 거의 모든 것을 만드는 데 적용된다.

인공물과 인간의 체제가 잘 설계될 때, 그것들은 자신들이 속한 더 큰 패턴과 조화를 이룬다. 엉성하게 설계될 때, 그것들은 그럴싸하고 단기적인 경제성이라는 미명하에 더 큰 패턴을 손상시키고, 오염을 일으키고, 비용을 증가시키고, 사회적 스트레스를 준다. 나쁜 설계는 단순히 공학적 문제가 아니다. 비록 더 나은 공학이 종종 도움을 주기도 하지만 말이다. 나쁜 설계의 근원은 더 깊다.

웬들 베리의 말에 따르면, 좋은 설계는 이런 물음에서 시작한다. "여기에 무엇이 있을까? 자연은 여기에서 우리에게 무엇을 허락할까? 자연은 우리가 여기서 무엇을 하도록 도울까?"(Berry 1987, p. 146). 어디에서든 좋은 설계는 다음과 같은 공통의 특징을 지닌다.

– 알맞은 규모
– 단순성

– 자원의 효율적 이용

– 수단과 목적의 일치

– 내구성

– 여분

– 복원력

또 좋은 설계는 한 번에 한 가지 이상의 문제를 해결한다. 그런 문제들은 종종 장소 특이성, 즉 존 토드의 말을 빌리면 '장소의 독특함에 입각한 우아한 해결책'이다. 좋은 설계는 촉진한다.

– 중독과 의존 대신에 인간의 능력을

– 효율적이고 절약하는 자원 이용을

– 건강한 지역경제를

– 사회적 복원력을

좋은 설계가 모든 수준에서 사회 조직의 일부가 된 곳에서는 뜻밖의 긍정적인 부수 효과(상승 작용)가 나타난다. 꼼꼼하게 애정을 갖고 유능하게 설계를 하지 못할 때에는 원하지 않은 부작용과 재앙이 나타난다.

우리 주변의 온갖 오염, 폭력, 사회 붕괴, 폐기물이라는 증거로 알 수 있듯이, 우리는 만사를 나쁘게 설계해 왔다. 왜 그럴까? 나는 세 가지 주된 이유가 있다고 본다.

첫째는 에너지와 땅이 값싸고 세계가 비교적 '비어' 있던 시기에 우리는 좋은 설계라는 분야에 굳이 통달할 필요가 없었다는 것이다. 우리는 집약 경제보다는 대규모 경제를 발전시켰다. 그에 따라 도시는 뻗어나갔고, 폐기물은 강이나 매립지에 버려졌고, 농민들은 한 농장의 지력이 쇠하면 다른 곳으로 옮겨갔고, 집과 차는 더 커지고 덜 효율적이 되어갔고, 숲 전체는 대량 광고물과 휴지가 되었다. 그러는 동안 절약하고 잘 설계되고 집약적인 경제에 필요한 실용 지식은 쇠퇴했고 현실주의나 편의 같은 말은 낭비 습관과 동의어가 되었다.

둘째, 설계 지성은 탐욕, 협소한 이기심, 개인주의가 판칠 때면 활동하지 않는다. 좋은 설계는 자신들을 하나로 모으고 묶어놓는 긍정적인 것들을 알고 소중히 하는 사람들이 필요한 공동체 과정이다. 한 예로 옛 전통을 지키는 암만파(아미시) 농부들은 콤바인을 사지 않겠다고 한다. 콤바인이 농사를 더 쉽게 하거나 수익을 더 올리게 하지 않아서가 아니라, 이웃을 도울 기회를 앗아가서 공동체를 훼손할 것이기 때문이다. 이는 지적 설계가 취해야 하는 '대탐소실'의 방법이다. 대조적으로, 빈부의 양극화가 극심한 미국 도시들은 자신이 남들과 공통성이 거의 없다고 믿는 사람들의 산물이다. 의심, 탐욕, 두려움은 좋은 공동체와 좋은 설계를 똑같이 훼손한다.

셋째, 나쁜 설계는 소양을 제대로 못 갖춘 정신에서 비롯한다. 좋은 설계는 조화, 패턴, 전체 체계를 이해하는 사람들을 통해서만 이루어질 수 있다. 좋은 설계는 인공물과 인간의 의도가 직접 접하는 동네와 지역 안에 얼마나 '적합한지'를 사람들이 묻게끔 하는 폭넓은 관점을 요구한다. 그러나 산업적인 영리함은 총체성이나 전체 조화가 아니라 사소한 것들에서 가장 뚜렷이 드러난다. 게다가 좋은 설계는 자연을 기준으로 삼기에 생태 지성을 요구한다. 이는 자연이 어떻게 작용하는지 넓고 깊게 정통해 있다는 의미다. 최근에 환경과 생태에 많은 관심이 쏟아지고 있음에도, 동네 경험과 견고한 문화의 산물인 이런 지식은 빠르게 사라지고 있다.

이런 지식의 한 예로서, 영국에서 마지막 남은 수레장이 가운데 한 사람인 조지 스터트(George Sturt)는 《수레장이의 가게(The Wheelwright's Shop)》에서 '자신을 영국에 점점 딱 맞게 맞추려는 영국인의 유구한 세월에 걸친 노력'(1984, p. 66)이라고 한 것을 설명했다. 스터트는 구매자의 습관, 용도, 지형에 맞게 짐마차를 만들었다. 그러기 위해 그는 고객이 짐마차를 어떻게 쓰는지, 빨리 모는지 천천히 모는지, 그 지역이 돌이 많은지 축축한지, 고객이 짐마차에 무엇을 싣는지를 많이 알아야 했다. 결과는 이러했다.

> 우리는 이웃의 독특한 요구사항을 묘할 정도로 깊이 알게 되었다. 농장의 짐마차나 분뇨 수레나 보리밀대(barley-roller), 쟁기, 물통, 기타 등등에서 우리가 택한 크기, 우리가 따른 곡선은 이 농장 저 농장의 토양 특성, 이 언덕 저 언덕의 기울기, 이 고객 저 고객의 기질이나 아마도 말을 고르는 방식에 따라 우리에게 부과된 것이었다. (Sturt 1984, p. 18)

게다가 수레장이는 강도나 유연성이나 무게가 더 필요한 부품에 어떤 나무를 써야 할지, 그런 나무가 어디에서 자라며, 나무를 베기 알맞은 때가 언제인지를 알아야 했다. 마지막으로, 그는 민속 지식으로서 전해져 온 자기 분야 특유의 전통과 솜씨를 알아야 했다.

> 우리가 해야 했던 일은 동네 지혜에 맞추어 살아가는 것이었다. 풍습을 따르고, 치수에 맞추어 일하고 말이다. 그 치수는 나라 전체의 모든 동네 가게에서 우리 시대보다 훨씬 전에 검사되고 수정되어 왔다. (Sturt 1984, p. 19)

좋은 짐마차를 설계하고 만들 수 있는 유형의 정신은 세월의 시험을 거친 지식과 장소를 속속들이 아는 일에 꽤 많이 의존했다. 그 결과가 특정한 사람과 특정한 경관에 알맞은 짐마차였다.

존 토드의 '살아 있는 기계(living machines)'는 생태 설계의 현대적 사례라 할 수 있다. '살아 있는 기계'는 식물, 수생동물, 기술, 태양력, 오수를 정화하는 첨단 물질을 절묘하게 조화시킨 것이다. 하지만 기존 하수 처리법과 달리 비용, 에너지 이용, 화학물질의 위험은 없다. 토드의 설명을 들어보자.

> 기계적으로 작동하는 부품, 내연기관의 소음과 배출 기체나 조용하고 산뜻한 전자 장비에 익숙한 사람은 살아 있는 기계를 상상하는 데 어려움을 느끼곤 한다. 빛이 들어오는 기이한 구조물 안에 든 복잡한 생명체들은 친숙한 동시에 기묘하다. 그 생명체들은 정원이자 기계다. 그것들은 살아 있지만 틀에 짜여서 새로운 물질로 된 용기에 들어 있다……. 살아 있는 기계는 근본적으로 급진적이고 변화시키는 방식으로 사람과 자연을 하나로 만든다. (Todd 1991, pp. 335~343)

토드는 살아 있는 기계의 작동하는 사례를 몇 가지 만들었으며, 각각은 색다른 식물과 수생동물이 가득한 온실과 비슷하다. 오수는 한쪽 끝에서 들어가고 반대쪽에서 정화된 물이 나온다. 그동안 식물 조직이 중금속을 걸러내고, 독성물질을 해독하고, 햇빛을 원동력으로 한 생물학적 체계를 통해 영양염류 제거가 이루어진다. 그는 10년 전에 마찬가지로 수생체계를 이용하여 폐기물을 처리하고, 식량을 생산하고, 열을 저장하는 구조물을 설계하여 만들었다. 살아 있는 기계와 생명논리는 우리가 오수를 처리하고, 식량을 생산하고, 집을 짓는 방식의 변화와, 이런 기능들을 자연 과정을 본뜬 체계에 통합하여 산업 기술이 오직 비용이 많이 들고 파괴적으로만 할 수 있는 일을 대신하도록 하는 것을 의미한다.

또 생태 설계는 정부와 공공정책의 설계에도 적용된다. 정부의 기획과 규제는 규모가 크고 종종 비효율적이고 역효과를 낳는 관료제가 필요하다. 생태 설계는 정반대다. 생태 설계는

> 원한 결과가 더 이상 사람이 개입함이 없이 다소 자동적으로 나타나도록 과정의 운영을 통제하는 기준을 설정해 결과를 도출하려 시도하는 것을 의미한다. (Ophuls 1977, pp. 228~229)

다시 말해, 잘 설계된 정책과 법은 사람과 제도의 반응 양상에 관한 미시 수준의 자유를 높게 유지하면서 가격, 조세, 유인책 같은 거시적인 것을 잘 다룬다. 생태 설계는 계수가 아니라 문제의 구조에 초점을 맞춘다. 예를 들어 1970년의 청정공기법은 자동차 제조사에 대기오염 물질을 줄이는 촉매변환기 장착을 의무화했다. 22년 뒤 자동차 한 대당 대기오염 물질 배출량은 상당히 줄었지만, 도로에 차가 더 많아지는 바람에 대기 질은 크게 달라지지 않았다. 교통에 대한 생태 설계 접근법은 주거, 학교, 직장, 휴양지 사이에 많은 사람과 물자가 장거리를 이동할 필요성을 없애는 접근 통로를 만드는 쪽으로 더 생각하게끔 유도할 것이다. 생태 설계 접근법은 더 나은 대중교통 체계를 구축하고, 철도를 복원하고, 자전거도로와 산책길을 만들어서 자동차 의존도를 줄이는 쪽으로 우리를 유도할 것이다. 또 생태 설계 접근법은 도시의 토지 이용을 재고하고 농경과 야생을 도시 지

역에 재통합하는 쪽으로 유도할 것이다.

교양과목과 생태 설계 과목

생태 설계는 연결 패턴을 이해하는 능력을 요구한다. 학문 분야라고 하는 상자를 벗어나서 대상을 생태적 맥락에서 보는 능력이다. 다시 말해 생태 설계는 교양교육을 요구하지만, 거의 어디에서든 교양과목은 점점 더 전문화하고 협소해지는 경향을 보여왔다. 생태 설계 능력은 직접경험과 실천력을 이론 지식과 통합할 것을 요구하지만, 교양과목은 삶의 현실과 동떨어진 더 추상적이고 단편적인 것이 되어왔다. 생태 설계 능력은 우리에게 자연 세계의 학생이 되라고 요구하지만, 자연 연구는 경제를 자연에 맞추는 쪽이 아니라 정반대로 자연을 경제에 맞게 가공하는 행위로 대체되고 있다. 마지막으로, 생태 설계 능력은 일의 목적과 결과를 깊이 따져서 할 가치가 있는 것이 무엇이며 하지 말아야 할 것은 무엇인지를 아는 능력을 요구한다. 그러나 교육의 윤리적 토대는 가치가 상대적이라는 믿음 때문에 희석되어 왔다. 이 모든 것은 생태 관점에서 보면 '교양과목(liberal arts)'이 충분히 자유롭지(liberal) 않아왔다고 말한다. 나는 네 가지 측면에서 이 점이 명백하다고 생각한다.

첫째, 교양과목은 지구 거주 가능성의 급격한 쇠퇴에 대한 대응 측면에서 충분히 자유롭지 않았다. 지구적, 국가적 정책 변화는 필요하지만 지구 생명 징후의 약화 추세를 되돌리기에는 모자라다. 또 변화를 지지하고 (1) 이산화탄소를 비롯한 온실기체를 배출하지 않고, (2) 생물 다양성을 줄이지 않으며, (3) 에너지, 물질, 물을 아주 효율적으로 쓰고, (4) 폐기물을 재활용하는 쪽으로 주택, 농장, 기관, 제도, 공동체, 기업, 경제를 개축하는 지역 사업을 할 능력을 갖춘 선거구민을 배출하는 것도 대단히 중요하다. 즉 생명을 지탱하는 지구의 잠재력을 더는 줄이지 않으면서 유지할 수 있는 경제를 구축할 능력이 있는 유권자 말이다. 그러려면 최소한 우리가 지구를 산업화하는 방법을 배우는 데 썼던 기술, 태도, 능력, 교과과정을 수정할 필요가 있다.

둘째, 교양과목은 대체로 실천력과 결별한 교육을 의미하는 쪽으로 변해왔다. 교양과목에 생태 설계 과목을 포함한다는 것은 실천 경험을 세심하게 계획한 방식으로 교과과정에 다시 끼워 넣는 것을 뜻한다. 화이트헤드는 그 이유가 명백하다고 한다. "직접체험 지식은 지적인 삶의 궁극적인 토대이며…… 학계가 평범하기 그지없는 이유는 바로 간접지식에 치중하기 때문이다"(Whitehead 1967, p. 51). 존 헨리 뉴먼의 바람직한 지식과 유용한 지식이라는 구분(Newman, 1982, pp. 84~88)과 정반대로, 화이트헤드는 훌륭한 생각에 본질적인 '뇌 활동과 물질 창조 활동 사이의 상호 영향'이 있다고 주장했다. 다시 말해, 훌륭한 생각과 실천 경험은 서로 필요하다. 그래서 그는 '손재주를 쓰지 않은 것이 귀족의 두뇌력 저하의 한 원인'이라고 생각했다. 글렌 그레이도 교양과목에서 수공예 기술을 배제한 것이 '우선 지성과 감성이 융합되는 수준에서 우리의 성향으로부터 우리 자신을 갈라놓기 때문에' 위험하다고 비슷한 주장을 했다. 전적으로 분석적이고 추상적인 사고는 '우리를 자신의 자연적, 인간적 환경으로부터 떼어놓는다'(Gray 1984, p. 85). 반대로, 진정한 교양교육은 지성뿐 아니라 손재주와 감정을 포함하는 전인격을 함양한다.

셋째, 교양과목은 지역 공동체와 가장 밀접한 관계에 있는 것들을 제외한 여러 분야, 하위 분야, 현안, 문제를 포함하는 쪽으로 변해 왔다. 생태 설계 과목 포함은 학습과 지역성 사이의 공생 관계를 시사한다. 이것은 존 듀이에게로 거슬러 올라가는 더 오랜 전통의 일부이기도 하다. 1899년 존 듀이는 '학교가 일상적인 삶의 조건 및 동기와 너무나 동떨어져서, 너무나 분리되어서' 아이가 '모든 학문 분야의 모태를 경험할' 수 없다고 썼다(Dewey 1990, p. 17). 그의 해법은 학생이 '만들고, 일하고, 창조하고, 생산할' 기회를 통합하고 이론과 현실의 분리를 끝낼 것을 요구한다. 듀이는 식량, 보금자리, 자연을 공부하는 것을 비롯하여 학교 바로 근처에 있는 것에 교육의 초점을 맞추자고 제안했다. 이런 것들을 공부하면서 학생은 '아름다움과 자율, 진짜 성취의 존중'을 배울 것이다. 글렌 그레이도 교양교육이 '정규교육에 최소로 의존'한다고 주장했다. "교양교육은 부엌에서, 일터에서, 목장이나 농장에서도 이루어질 수 있다"(Gray 1984, p. 81). 또 교정의 에너지, 물질, 식량, 폐기물 흐름을 연구함으로써 이루어질 수도 있다.

기존 교과과정에서 생태 설계 기술 능력을 어떻게 가르칠 수 있을까? 최소한 두 가지 폭넓은 가능성이 있다. 최상의, 하지만 가장 어려운 접근법은 교육기관의 운영과 자원 흐름(식량, 에너지, 물, 물질, 폐기물, 투자금)이 생태 설계 연구를 위한 실험실이 되게끔 기관 전체를 변화시키는 것이다. 교수법적인 이유뿐 아니라 경제적인 이유로 이것을 한 인상적인 사례가 하나 있다(Orr 1990). 두 번째 가능성은 대학과 대학교에 생태 설계 지성을 함양하는 별도의 센터나 연구소를 설립하자는 허먼 데일리와 존 코브의 제안을 따르는 것이다(Daly and Cobb 1989, pp. 357~360). 생태 설계 기술 센터는 학생, 교수, 교직원이 참여하는 일련의 생태 설계 계획을 개발하고, 기관의 자원 흐름을 연구하고, 교과과정을 개발하고, 지역 전체의 환경 추세를 연구하는 것을 목표로 삼을 것이다. 예를 들어, 생태 설계 계획은 이런 것을 포함할 수 있다.

– 지방에서 입수할 수 있는 환경 친화형 재료를 이용하여 점유자가 배출하는 모든 폐기물을 재순환시켜서 외부 에너지원이 전혀 필요 없는 건물 설계
– 건축 재료의 생물권역 목록 개발
– 교정(校庭, campus) 자원 흐름 일람표
– 교정 안팎의 쇠퇴한 생태계 복원
– 투입량이 적은 지속 가능한 농장체계 설계
– 지방 경제에서 자원과 자금 흐름의 경제성 조사
– 교정 방출수(水)의 태양력 수생 하수 처리체계 설계

목록은 쉽게 더 늘릴 수 있지만, 요점은 명확하다. 생태 설계 연구소의 기능은 젊은이에게 계의 기본적 이해력을 갖추어주고 인간과 자연계를 '연결하는 패턴'을 찾는 정신 습관을 계발해 주며, 젊은이에게 인과관계를 정확히 생각하는 데 필요한 분석 기술을 가르치고, 학생에게 지역 문제를 해결하는 데 필요한 실천력을 주고, 젊은이에게 소매를 걷어붙이고 일하러 나서도록 가르치는 것이다.

17_ 교육학으로서 건축

지성의 전당인 대학과 대학교의 건물에 생각, 상상력, 장소감, 생태적 인식, 어떤 더 큰 교육목적과의 관계가 쥐꼬리만큼도 반영되어 있지 않다는 것은 역설적이다. 전형적인 학교 건물은 쇼핑몰, 모텔, 자동차로 드나들 수 있는 장례식장에서 흔히 보는 건축미와 업무처리 기준을 충족시키는 듯하다. '업무 처리 효율'이 설계자가 가장 우선하는 고려사항이라고 추측할 법한 장소들 말이다. 어떻게 된 일일까? 일부에서는 그것이 자신의 이름을 딴 건물을 지어 자기가 죽은 뒤에도 잊히지 않기를 바라는 부유한 기부자, 일을 잘한다는 평판을 드높이고 싶은 대학 학장, 실용성은 좀 떨어지지만 번드르르한 건물을 설계해 전문가로서 명성을 얻으려는 건축가, 회계 건전성이라는 미명 아래 아름다움과 인간다움과 상식적인 것에 들어갈 비용을 절약하는 일에 열심인 회계 담당자 사이에 일종의 공모가 이루어진 결과라고 믿는다. 개인적으로 나는 학교 건물 설계가 공모의 산물이라고는 절대 믿지 않는다. 대다수의 학교 관리자와 이사는 공개적으로도 그런 일을 할 수 있는 능력이 있다. 그들은 음모를 꾸미지 않았다. 그럴 필요가 없었으니까. 교수와 학생은 건물 설계 과정에서 사실상 배제되었으며, 그럼으로써 아둔함으로 단련되고 실용성으로 왜곡된 야심이 건축 형태로 나타난 것이다.

문제는 많은 학교 건물이 그저 꼴사납다거나, 제 기능을 잘 못한다거나, 장소나 지역에 맞지 않는다는 차원이 아니다. 더 심각한 문제는 학교 건물이 학습과정에 중립적이고 무해한 요인이 아니라는 데 있다. 우리는 학습이 건물 안에서 이루어지지만, 건물을 누가 어떻게 설계하며, 건물이 어떤 식으로 어떤 재료로 지어지고, 그 장소에 얼마나 적합한지, 어떻게—그리고 얼마나 잘—운영되는지와 학습은 무관하다고 가정한다. 내가 보기에는 틀린 생각이다. 내 요지는 학교 건축은 교육을 구체화한 결정(結晶) 같은 것이며, 학교 건물은 그 안에서 이루어지는 그 어떤 강의 못지않게 나름의 숨겨진 교과과정을 지닌다는 것이다. 우리는 학교 건물을 설계하고 짓고 운영함으로써 어떤 교훈을 가르치는 것일까?

첫째, 학교 건축은 가르치거나 배우는 자의 특권이 아니라 권력자의 특권이라는 것이다. 이 견해에는 학교 건축이 생각의 흐름, 학습의 질, 학습에 스며 있는 인간관계에 영향을 미치지 않는다는 가정이 담겨 있다. 따라서 건물을 지을지 말지, 어디에 어떤 건물을 지을지를 교수와 학생에게 자문하는 사례는 거의 없다. 여기에서 학생은 권력자가 별다른 설명 없이 학교 경관에 자신이 원하는 바를 강요할 수 있음을 배운다.

둘째 교훈은 학교 건축과 건물 설계가 아주 전문적인 사항이라서 전문 능력을 지닌 사람에게 맡기는 편이 최선이라는 것이다. 따라서 건물의 윤리적, 생태적, 미적 측면은 건축 기법과 기술보다 중요하지 않다. 그러니 우리는 전문가의 의견을 좇아 '조성된 환경'에서 수동성을 배운다. 그 뒤에 경관 전체로 추함과 진부함이 퍼져가는 것에 우리가 항의하지 못하고, 그런 것들이 얼마나 우리 삶을 초라하게 하고 미래 전망을 위축시키는지를 우리가 알아차리지 못하는 이유를 이것이 설명해 줄지도 모른다.

학교 건축에 쓰인 설계와 재료에서 셋째 교훈을 배운다. 건축의 환경 비용과 에너지 비용은 그리 중요하지 않다는 교훈이다. 학교 건물은 태양에너지 획득이나 에너지 효율을 최대화하거나, 재료 값을 매기기 어려운 환경 비용을 최소화하거나, 그 지역 원료를 이용하는 쪽으로 설계되는 사례가 거의 없다. 따라서 우리는 폐기물과 비효율에 따르는 부주의함, 재료와 에너지가 나오는 다른 지역의 쇠퇴에 대한 둔감함을 배운다.

넷째로, '성공적인' 학교 건물은 교육과정에 말없이 봉사할 뿐 건물을 이용하는 사람의 배려를 요구하지 않는다는 것이다. 여기에서 우리는 수동성과, 주위 환경과의 결별, 일이 어떻게 이루어지며 왜 이루어지는지 혹은 있을 만한 대안은 무엇인지를 결코 알 필요가 없는 데서 나오는 무책임을 배운다. 그 안에서 난해한 이론이 은밀하게 제시되는 바로 그 건물은 점유자에게 생활 유지의 가장 근본적인 측면을 몰라도 좋다고 가르친다.

다섯째, 그 과정은 상상력의 한계를 우리에게 가르친다. 어느 누구도 그렇게까지 말하지는 않지만, 지성은 대체로 상상력이 결핍된 생산 불능 장소에서 양성될 수 있다고 가정된다. 따라서 학교 건축에서 창조성은 쉽게 감명 받는 사람에게 감명을 주는 것 말고는 어떤 목적도 지니지 않은 형태의 번지르르한 치장으로 가득한 겉모습에만 주로 한정된다. 상상력의 활용은 대체로 학습이 이루어진다고 가정하는 장소 바로 앞에서 멈추며, 학습 장소의 설계는 여전히 직육면체 교실이나 강당(시청각 설비를 갖춘 동굴 같은 공간)에서 벗어나지 못한다. 둘 다 '암흑시대' 이전의 건축 기술에서 나아진 게 별로 없다. 그런 공간은 정신을 고양하거나, 상상력을 자극하거나, 지성을 타오르게 하거나, 우리가 생태 공동체의 주민임을 상기시키는 일을 거의 하지 않는다.

우리는 학교 건물을 교육학적으로 생각하지 않지만, 그렇지 않다. 우리는 학교 건물 설계에 그다지 상상력을 발휘하지 않았으며, 이는 우리 주위에서 확산되는 도시와 교외의 추한 몰골의 대안을 상상할 능력이 뚜렷이 쇠퇴함을 보여준다. 우리는, 학습과 교육학을 거의 알지 못하는 사람이 학습이 이루어진다고 여겨지는 장소를 설계할 능력을 지닌다고 가정해 왔다. 그렇지 않다. 아무튼 그들 혼자서는 할 수 없다. 그렇다면 우리에게는 어떤 대안이 있는가?

정규교육이 이루어지는 장소의 설계, 건축, 운영에서 무엇을 배울 수 있을 것인가라는 질문에서 시작하자. 첫째, 설계와 건축 과정은 공동체가 표현하고 싶어하는 개념과 이상 및 그것들을 건축 형태에 어떻게 반영할지를 깊이 생각할 기회가 된다. 우리는 건축물이 우리에게 어떤 말을 하기를 원하나? 건축물은 우리의 생태적 전망에 관해 어떤 말을 할까? 건축물은 어떤 중요한 현안과 대의로 우리 주의를 환기할까? 건축물은 어떤 문제를 해결할까? 어떤 유형의 인간관계를 북돋울까? 이런 것은 전문적인 세부사항이 아니라 학교 공동체 전체가 판단해야 하는 가장 중요한 공통 관심사다. 이런 문제를 중요하게 다룰 때, 건물 설계는 시민으로서의 자질을 함양해 주고 시민권 개념을 확장시켜 준다.

둘째, 학교 건물의 건축 과정은 생태학과 경제학의 관계에 관한 무언가를 배울 기회가 된다. 건물이 수명을 다할 때까지 얼마나 많은 에너지가 소비될까? 건물 유지에 어떤 물질이 얼마나 많이 필요할까? 건축 재료는 환경에 어떤 헤아릴 수 없는 비용을 부과할까? 그런 재료들은 제조, 설치, 혹은 나중에 폐기할 때 유해성을 띨까? 이런 데 드는 비용은 어떻게 지출될까? 구조물에 쓰인 물질에 든 총 에너지는 얼마일까? 순 에너지 수출자가 됨으로써 이 비용을 갚는 건물을 설계하는 게 가능할까? 그렇지 않다면, 생태 계정의 수지를 맞추는 다른 방법이 있을까? 건물과 주변 경관을 긍정적인 현금 흐름이 이루어지게끔 설계할 수 있을까?

이런 질문들은 윤리 문제와 관련짓지 않고는 답할 수 없다. 건축 재료를 어떻게 캐내고, 가공하고, 제조하고 수송할까? 갖가지 재료는 어디에, 누구에게 어떤 생태 비용과 인건비를 부담시킬까? 우리 도덕 이론 중에 생태계를 파괴하거나, 다른 종을 위태롭게 하거나, 인간의 삶과 건강을 위협하는 물질의 사용을 정당화하는 게 있을까? 그런 비용이 더 큰 선(善)을 이루기 위해 불가피하다면, 우리는 윤리 계정의 수지를 어떻게 맞출 수 있을까?

넷째, 학교 건물의 설계, 건축, 운영 내에 응용생태학(applied ecology)에 속한 교과과정이 하나 있다. 건물은 사용자가 연구하고 유지할 수 있는 축소판 생태계를 통해 유기 폐기물을 재순환하도록 설계할 수 있다. 태양에너지와 자연 공기 흐름을 이용하여 자체 냉난방이 되도록 건물을 설계할 수 있다. 점유자에게 에너지와 자원 이용 상황을 알리도록 건물을 설계할 수 있다. 그늘을 제공하고, 겨울바람을 막고, 희귀식물을 증식시키고, 동물에게 서식지를 마련해 주고, 사라지고 일부 남은 생태계를 복원하는 역할을 하도록 조경을 설계할 수 있다. 다시 말해, 학교 건물과 경관은 우리의 생태적 상상력을 넓힐 수 있다.

다섯째, 우리의 생태적 능력도 확대시킬 수 있다. 학교 건물의 설계와 운영은 학생들에게 건축, 경관 건축, 하수 정화에 쓰는 생태공학, 수경재배, 원예, 태양에너지 이용 기술의 기본 내용을 가르칠 기회가 된다. 참여를 유도하는 학교 건물은 학생들에게 직접 해보지 않고서는 얻을 수 없는 지식, 단련, 유용한 실력을 획득하는 데 도움을 줄 수 있다.

마지막으로, 좋은 설계는 학습 심리에 관한 우리의 상상력을 넓힐 수 있다. 전형적인 교실은 쓰이는 시간이 지나면 금방 텅 빈다. 왜 그럴까? 답은 어쩔 수 없다는 것이다 교실은 오로지 기능만을 위해 설계된 가장 재미없고 불쾌한 장소일 때가 많다. 교실을 불쾌한 곳으로 만드는 바로 그 특징들은 교실을 학습하기에 부적절한 곳으로도 만든다. 어떤 곳을 좋은 교육 환경으로 만드는 것은 무엇일까? 전형적인 교실을 어떻게 하면 생태적 인식, 창의성, 감수성, 예의를 함양하는 곳으로 바꿀 수 있을까? 어떻게 하면 물질, 빛 · 소리, 물, 공간 배치, 개방성, 풍경, 색깔, 직물, 식물, 동물을 결합시켜 학습의 폭과 깊이를 늘릴 수 있을까? 나는 기분 좋게 느껴지는 곳이 좋은 학습 장소가 아닐까 생각한다. 우리의 타고난 생명 애호심과 공명하는 흥미로운 방식으로 자연, 흥미로운 건축, 재료, 자연 채광, '백색 소음(흐르는 물소리 같은)'을 결합시킨 인간적인 장소 말이다.

내 요지는 학교 건물의 설계, 건축, 운영이 대학 요람에 실린 거의 모든 학문 분야를 포함하는 미시 세계에서 교양교육이 될 수 있다는 것이다. 학교 건축 행위는 학문 분야의 경계를 가로지르고 응용의 세계와 사유의 세계를 가르는 경계도 넘어 교육 경험을 넓힐 기회가 된다. 학교 건축 행위는 실질적으로 중요한 계획을 함께 진행하고 '좋은 일'을 하는 법을 가르치는 기회가 된다. 또 학교 건물의 수명 주기 비용을 낮추고 부주의한 설계가 초래하는 자연 세계에 대한 불필요한 대량의 피해를 줄이는 기회이기도 하다.

18_ 농업과 교양과목

모든 사람이, 혹은 가능한 한 많은 사람이,
땅과 접하고 땅의 정직함을 제대로 배우는 데 특히 노력을 아끼지 말아야 한다.
– 리버티 하이드 베일리

아주 최근까지도 자연 세계에 관해 사람들이 아는 것 상당수는 농장에서 자라거나 근처 농장에 정기적으로 들르면서 얻은 경험을 통해 배운 것이었다. 결함이 있긴 해도, 농장은 자연사, 생태, 토양, 계절, 야생생물, 가축 기르기, 토지 이용을 배우는 일종의 학교였다. 내가 보기에, 생태적으로 다양한 농장과 거기에서 함양된 자연 세계에 대한 경험의 쇠퇴는 공개 여론조사에서 명백히 드러나는 환경 대의에 대한 폭넓은 지지와, 생태계가 어떻게 돌아가며 개인적 소비와 경제성장이 환경을 어떻게 파괴하는지에 대해 점점 심해지는 무지 사이의 커져만 가는 간격을 상당 부분 설명해 준다. 다시 말해, 농장 수의 급감과 기업농으로의 전환은 우리의 집단 생태 지성에 심각한 결과를 빚어왔다.

물론 농장 생활의 경험은 농장의 특성과 개인의 감수성, 지성, 재능 차이에 따라 크게 달랐다. 더욱이 생기 넘치는 시골 공동체가 없을 때, 농장 생활은 지겹고 옹색하고 편협해지기도 했다. 하지만 이모저모 따져보면 대개 그렇지 않았다고 나는 믿는다. 어느 쪽이든 간에, 농장은 다른 어떤 기관도 하지 못한 일을 했다. 농장은 일용할 양식과 토양, 강수량, 동물, 생물 다양성, 자연의 순환 주기의 관계를 직접적으로 때로는 고생스럽게 가르쳤다. 말하자면, 토지 관리인의 일이었다. 농장은 또 농사, 인내, 근면, 자립, 실용 기술, 검약이라는 인간다운 품성이 중요하다는 것도 가르쳤다. 아무리 불완전했더라도, 농장은 지금의 도시사회에는 없는 자연에서 인간의 가능성에 대한 현실을 직시하게 하는 역할을 했다.

소규모 농장과 시골 공동체의 쇠퇴는 그래도 능률을 높이는 데 어쩔 수 없는 대가라고 정당화할 수 있을지 모른다. 그러나 대규모 농장 위주의 불공정한 세제와 후한 보조금이 이른바 생산을 제대로 못하거나 수익을 못 냈다는 것보다 소농의 몰락에 더 큰 영향을 미쳤다는 것은 명백하다(Strange 1988). 단기적이고 앞서 나가는 자 위주의 경제를 위해 우리는 농장과 시골 공동체를 파괴했다. 역사적으로 안정 사회를 지탱하는 바닥짐 역할을 해왔던 것을 말이다. 우리에게는 사회 '안정이 들판과 숲으로부터의 정신적 거리에 반비례하는 듯하다'(Leopold 1991, p. 286)는 알도 레오폴드의 말에 동의할 만한 타당한 이유가 있다.

자케타 호크스(Jacquetta Hawkes)는 전성기 때 전통 농사와 시골 생활이 '무성하게 자라도록 땅을 설득하는 창의적이고, 끈기 있고 점점 노련해지는 짝짓기'(1951, p. 202)라고 인식했다. 대조적으로 농업의 산업화는 '인간의 허영, 탐욕, 소유욕, 지배 욕구 충족을 위해 고안된…… 야만적인 침략에 상응하는 본능적인 힘의 쇄도'(p. 203)였다. 농업이 점점 산업화하면서, 농장 수는 줄어들었고 그와 더불어 시골 공동체도 쇠퇴했다. 남은 농장은 점점 더 커지고, 생태적으로 덜 다양해지고, 운영에 비용이 더 많이 들고, 농부의 통제력을 벗어난 경제적 · 생태적 힘에 더 취약해졌다. 남은 농장은 또 덜 흥미롭고 덜 교육적인 장소로 되는 경향을 보였고, 따라서 대지 지성(land intelligence)의 쇠퇴는 지금 우세한 도시사회 전역에서 뚜렷하다.

농장은 자연 세계의 실상을 가르치는 곳만이 아니었다. 여러 지역에서 농장은 생물 다양성을 보호하는 역할도 했다. 게리 나브한(Gary Nabhan)의 아메리카 파파고족 연구 자료(1982)와 진 윌컨(Gene Wilken)의 멕시코와 중앙아메리카 소농 연구 자료(1987)는 천 년 넘게 시골 경관 속에 세심하고 솜씨 좋게 배어든 위대한 생태 지성을 보여준다. 전통 농가는 유전 다양성의 보고였다. 그런 농가에서는 다국적기업이 구입하는 소수의 잡종 품종을 선호한 탓에 현재 사라지고 있는 변종 수십 혹은 수백 가지가 키워지곤 했다.

제3세계의 여러 지역에서는, 수확량을 올리는 데 치중한 농업정책이 오랜 세월 함께 진화한 문화와 생태계 사이의 긴밀한 관계를 끊는 데 한몫했다. 앵거스 라이트(Angus Wright)는 탁월한 연구서인 《라몬 곤살레스의 죽음(The Death of Ramón González)》에서, 농가가 보존했던 이런 협력 관계와 생물 다양성이 주로 산업화를 위해 '농업에서 돈을 쥐어짜내 국가의 토양을 비롯한 천연자원과 가장 가난한 노동자를 착취하도록' 고안된 개발 전략의 일환으로 파괴되어 왔음을 보여주었다(1990, p. 227). 라이트에 따르면, 멕시코에서는 그 결과가 '다른 지역의 무시, 몰락, 포기를 대가로 극소수 지역의 애그리비즈니스 성장에 소득과 투자를 집중하는' 형태로 나타났다. 라이트가 '현대 농업의 딜레마'라고 부른 것은 단순하다.

> 생태적으로 건강한 농업과 건강하고 안정한 시골 공동체에 필요한 고도로 국지적인 적응은 급속한 산업화가 이루어지는 국가와 팽창하는 국제경제의 요구사항과 종종 갈등을 빚는다. (Wright 1990, p. 245)

협소한 학문과 경제학 관점에서 보면, 이 딜레마는 알아차리기 어렵다. 아니 더 정확히 말하면, 누군가가 그것을 알려고 할 생각을 품기가 어렵다. 이 딜레마는 엄청난 결과를 빚어낼 실패를 의미하기 때문이다. 생태학과 인류학 분야의 철저한 지식을 포함하는 더 폭넓은 관점에서 볼 때, 이 딜레마는 사실상 문화지리학자 칼 사우어(Carl O. Sauer), 생태학자 폴 시어스(Paul Sears), 알도 레오폴드 같은 사람들이 일찌감치 예견한 것이었다(Wright 1990, pp. 247, 285).

미국에서 농가의 쇠퇴와 이른바 저개발 세계에서 전통 농사법의 소멸은 농학을 공동체, 문화적 · 생태적 맥락과 분리시킨 것을 비롯한 여러 힘의 산물이다. 라이트가 말한 현대 농업의 딜레마는 농학이 연구기관에서 고립되고 오직 한 가지 목적, 즉 생산량 증가에 치중하는 전문 분야로 변하면서 시작되었다. 그 결과 농학은 그 어떤 일관되고 지속 가능한 사회적, 철학적, 정치적, 생태적 맥락과도 동떨어지게 되었고, 이는 여러 가지 일을 동시에 한다는 의미였을 것이다. 이런 상황에서 자연, 기술, 농사, 시골 생활, 산업 기술을 복잡한 생물학적 · 문화적 체계에 적용하는 데서 나타날 결과에 관한 아주 많은 가정들에 아무런 의문이 제기되지 않았다.

농업이 교양학부 내에서 발전했다면 상황은 달랐을지 모른다. 산만한 전문 분야의 집합이 되는 대신에 농업은, 마땅히 그래야 하지만, 전문적 측면을 갖춘 교양과목으로 간주되었을지 모른다. 교양학

부라는 맥락에서라면 농업학자는 농사를 바로잡아야 할 생산의 문제가 아니라 문화적 · 윤리적 · 생태적 · 정치적 측면을 함께 지닌 더 복잡한 활동으로 보는 법을 터득했을지도 모른다. 이는 새로운 견해가 아니다. 레오폴드는 '교정 전체와…… 공동체 전체에 보전이 무엇인지…… 말하기 위해…… 전문가의 배출을 급격히 줄이는…… 목표 전환'을 할 때라고 주장했다(Leopold 1991, p. 301). 같은 논리를 적용할 때 우리에게 농업 전문가는 너무 많은 반면, 더 폭넓은 사회적 · 생태적 맥락에서 농사를 이해하는 사람은 턱없이 모자란다. 레오폴드가 말했듯이, 교양교육의 목표는 '단지 전문교육을 희석시켜 주입하는 것'이 아니라, '학생에게 땅을 보고, 자신이 보는 것을 이해하고, 자신이 이해하는 것을 즐기게끔 가르치는 것'이다(p. 302).

농업이 교양과목에 편입되어 다르게 진화했다면, 나는 농업의 편입이 추상적인 지성과 실용적인 지성의 쇠퇴를 불러오는 분리가 없도록 교양학부에 도움을 주었을 것이라 생각한다. 그 대신에 우리는 누구도 터놓고 말하지 않은 채 학습이 오로지 교실, 도서관, 실험실, 컴퓨터실에서 이루어지는 실내 스포츠이며 실용 능력은 어떤 일이 있어도 피해야 한다고 가정하는 교양과목을 발전시켜 왔다.

그래서 나는 농업이 완전한 교양교육의 일부로 편입되어야 한다고 주장한다. 첫째는, 주류인 도시 지역의 많은 젊은이가 더는 이용할 수 없는 중요한 경험을 농업이 제공하기 때문이다. 학생에게 농장 운영의 책임을 맡기면 단련, 체력, 절약, 자립, 실용 능력, 근면, 협동, 생태적 능력의 가치를 가르칠 수 있을 것이다.

둘째, 대학 농장은 적절히 활용하면 지속 가능한 농업, 생태학, 식물학, 동물학, 축산학, 곤충학, 토양학, 조류학, 경관 설계, 토양 복원, 역학, 태양력 기술, 사업 운영, 철학, 농촌사회학을 배우는 학제

간 연구실이 될 것이다.

셋째, 대학 농장은 주변 시골 지역을 부흥시키려는 더 큰 노력의 촉매가 될 수 있다.

넷째, 대학 농장은 개발에 위협 받는 생물 다양성을 보호하는 데 쓰일 수 있다.

다섯째, 대학 농장은 농림과 간벌(솎아베기)을 통해 탄소를 격리시켜 장거리 식량 수송에 따른 탄소 배출량을 줄이는 세계적인 노력의 일환이 될 수 있다.

여섯째, 대학 농장은 교내의 모든 유기 폐기물을 퇴비로 만들어 토양 개량에 활용함으로써 폐기물 순환 고리를 닫을 수 있다.

마지막으로, 대학 농장의 설계와 운영에 참여함으로써 학생은 우리의 문제가 지적 해결책 너머에 있지 않다는 것, 해결책이 가까이 있다는 것, 지속 가능한 사회 건설 노력과 동떨어지고 경직되고 상상력이 부재한 듯 보이곤 하는 학습기관이 그렇지 않을 수도 있음을 배울 수 있을 것이다.

19_ 긴 안목의 유권자 교육

미국 전 부통령 앨 고어(Al Gore)는 《위기의 지구(In Earth In the Balance)》에서 '환경 구출을 문명의 중심 조직 원리로' 삼자고 제안했다(1992, p. 269). 사실상 고어는 여전히 자신이 만물의 주인이자 만물을 취할 자격이 있다고 믿는 벼락출세한 종에게 미래 세대의 권리와 이익을 적절히 배려하고 아주 특이하다고 할 정도의 자제력을 갖추고 지구의 건강을 중시하는 지구 유권자(global constituency)가 되어줄 것을 요구한다.

그런 유권자가 우리의 미래 전망에 핵심이라는 점은 아주 분명하지만, 이 유권자는 지구를 구원하는 데, 더 구체적으로 말하면 지구에서 인간의 미래 전망을 구하는 데 필요한 정도까지는 존재하지 못할지도 모른다. 그 일이 쉽게 금방 이루어지지 않으리라는 것은 분명하다. 진화가 우리로 하여금 10억 분의 1(ppb: parts per billion) 단위로 측정되는 보이지도 않는 양이나 미래 격변의 가능성보다는 약탈하는 군대 같은 눈에 보이는 위협에 대처하는 데 훨씬 더 능숙하게 만들었을 가능성은 제쳐두고라도(Ornstein and Ehrlich 1989), 긴 안목에서 유능한 유권자를 만드는 일에는 심각한 장애물이 있다.

첫째, 부모라면 두 살배기 아이가 치우는 것보다 어지르는 일을 훨씬 더 잘한다는 것을 안다. 이 말은 식자층과 공공정책에도 들어맞는다. 크고 복잡한 현안을 명쾌히 해명하는 것보다 선동가가 의심을 제기하고 혼란을 일으키고 판단을 흐리고 혼탁하게 만드는 일이 훨씬 더 쉽다. 양쪽 다 어질러진 것을 치우는 일이 처음에 어지를 때보다 훨씬 더 오래 걸린다.

이런 문제는 과학을 정치, 이념, 심지어 때로는 환상에 종속시키려는 최근의 시도 속에서 뚜렷이 드러난다. 과학의 정치화는 성장 산업이 되어왔다. 한 예로, 라디오와 텔레비전 토크쇼의 사회자인 겸손하기 그지없는 러시 림보(Rush Limbaugh)는 오존층 파괴가 연구비를 더 따내려는 과학자들이 잘 속는 대중을 상대로 벌이는 신용 사기라고 믿는다. 나는 과학자들이 대중을 우롱하는 짓을 전혀 하지 않는다고는 보지 않는다. 하지만, 이 사례에서는 이와 비슷한 생각을 했을 수도 있을 림보 씨가 어떻게 지금의 입장에 이르렀는지를 질문할 가치가 있다. 전하는 바에 따르면, 그는 딕시 리 레이(Dixie Lee Ray)의 《지구 청소하기(Trashing the Planet)》(1992)에서 배웠다고 한다(Taubes 1993). 림보 씨는 그 책이 자신이 읽은 것 중 '근거 자료와 각주를 가장 많이 제시한 책'이라고 말하며, 우리 또한 그 말을 믿을 만한 근거를 갖고 있다. 그렇다면 딕시 리 레이는 그런 것들을 어떻게 배웠을까? 그녀는 로젤리오 마두로(Rogelio Maduro)의 글에서 일부 배웠다. 마두로는 지질학 학사학위가 있으며, 린든 라루시(Lyndon LaRouche)의 지지자들이 발행하는 잡지에 글을 쓰고 있다.

라루시는 세금 내는 것을 피하려고 지금 공적자금으로 살고 있다. 한편, 마두로는 현재 틀렸다고 널리 인정되는 연구에서 자신의 견해를 이끌어냈다.

오존층 파괴를 둘러싼 문제는 복잡하며 정직한 견해 차이가 있을 수 있다. 그러나 여기에서의 쟁점은 다른 것이다. 즉 그것은 악덕 자본주의 이데올로기와 얽히고, 팽창한 자아를 통해 확장되고, 현대 통신 기술의 힘으로 증폭된 과학적 오류를 말한다. 림보 씨가 말하는 사실과 견해를 굳게 믿을 뿐 굳이 더 살펴볼 생각을 하지 않는 수많은 그의 경청자들은 지금 오존층 파괴와 기후변화를 비롯한 그런 유의 환경문제가 미치는 영향을 우리가 걱정할 필요가 없다고 믿는다. 림보 씨가 자기 견해를 내놓을 권리가 있다. 하지만, 예리한 경청자는 림보 씨가 사실과 증거를 정확하고 논리적이고 공정하고 사리에 맞게 활용할 책임을 이행하는 데는 무심하다는 점을 알아차릴 것이다. 더 나아가 그의 견해가 틀렸음에도 이행된다면 아주 심각한 결과가 빚어질 것이며, 림보 씨가 나중에 문제가 드러날 자신의 견해를 받아들인 사람에게 아무런 보증도 하지 않는다는 것도 눈치 챌지 모른다.

림보 씨만 그런 게 아니다. 우익 두뇌집단과 탐욕스러운 기업, 착취하는 지주, 현학자 사이의 기이한 동맹체제도 개발이라는 미명하에 좋은 과학과 건전한 공공정책을 훼손한다. 그런 집단 중 한 곳은 농담이나 풍자 따위의 기미가 전혀 없이, 스스로를 '현명한 이용(wise use)* 운동'이라고 부른다. 그들은 지금 미국 전역에서 공립학교위원회, 입법부, 이사회 등에 침투하려고 열심이다. 그들에게 효과

* 자연환경을 다각적으로 현명하게 이용하자는 '기업가 지향'의 주장.

적이고 솔직하게 맞서려면, 긴 안목의 유권자는 정치화한 과학과 정직한 의견 불일치의 차이, 허튼소리와 이성적 담론의 차이를 구분할 수 있어야 한다.

긴 안목의 유권자 양성을 가로막는 두 번째이자 더 만연한 장애물은 우리 상황의 심각성을 부인하려는 광범한 경향이다. 인구 증가, 생물지화학적 순환의 교란, 멸종, 토양과 숲과 물의 건강과 관련한 엄청나게 큰 수들이 우리에게 불리한 방향을 가리키고 있다는 현실을 도외시할 정직한 방법은 없다. 이것들을 하나하나 보면 우리의 미래에 반드시 치명적이라고 볼 만한 것은 없다. 하지만 종합하여 보면, 앞으로 수십 년 내에 닥칠 큰 충격을 피할 수 있게 상황을 바로잡을 시간이 얼마 남지 않았다는 결론을 피할 수 없다. 큰 수의 추진력은 우리를 절벽 끝으로 내몰고 있지만, 우리의 상황을 이해하는 데 필요한 단어, 개념, 이론, 이야기는 아직 우리의 정치 언어나 대중 사고방식에 편입되지 않고 있다.

우리에게 맞서는 세 번째 힘은 시민권이 우리에게 거의 또는 전혀 요구하는 것이 없다는 광범한 믿음이다. 값싼 시민권 개념은 복권(lottery)의 신학에 토대를 둔다. 즉, 뿌린 대로 거두지 않는다는 것이다. 따라서 아예 그 씨를 뿌릴 필요가 없으며 수확은 근면, 실력, 의무가 아니라 그저 운, 속임수, 우연에 따를 뿐이라는 논리가 뒤따른다. 값싼 시민권이라는 사고방식은 어느 정도는 방송매체를 통해 수십 년 동안 퍼진 속임수의 산물이다. 일부는 과거, 특히 1980년대의 방종이 빚어낸 지체 효과를 반영한다. 그러나 공짜로 무언가를 얻을 수 있다는 개념은 현대인의 정신에 새겨져 있는 것이기도 하다. 기술이 생태적 불법행위와 어리석은 행위에서 우리를 방면시켜 줄 영웅적인 힘을 지닌다고 그 무엇보다도 열렬히 믿는 정신 말이다.

점증하는 결함을 진지하게 다루지 못하는 우리의 무능함은 값싼 시민권의 교과서적인 사례가 된다. 상황이 심각하다는 점에는 거의 모두 동의하지만, 문제 해결을 위해 무언가를 기꺼이 포기하려는 사람은 거의 없다. 게다가 값싼 시민권의 철학은 생명 피폐의 비용을 포함하여 우리가 소비하는 것의 총비용을 치르는 일에 관한 그 어떤 진지한 논의도 가로막는다.

물론 값싼 시민권이라는 말은 모순어법이다. 정치적이든 생태적이든, 진정한 시민권은 힘들여 얻는 것이며 그것도 일시적으로 얻는 것에 불과하다. 진정한 시민권은 비용을 치르고, 통찰력을 발휘하며, 비용과 혜택을 공정하게 배분하며, 공동체를 유지하는 일에 힘쓰고, 필요할 때 희생할 태세를 갖추고 그것을 특권으로 여긴다. 이 모든 것은 진짜 시민권—정치적 · 생태 적—이 값싸지는 않지만, 이르든 늦든, 태만과 가짜 시민권보다 비용이 훨씬 덜 든다는 점이 드러날 것이라고 말한다.

네 번째, 우리가 세계에 관한 정보를 얻는 방식이 종종 긴 안목의 유권자를 양성하는 것을 방해한다. 예를 들어, 높은 시청률 확보에 혈안이 된 텔레비전 뉴스 방송은 오락거리나 다름없이 변했다. 곧 언제라도 세계의 종말이 닥친다면, 그 소식은 최고 시청률을 위해 경쟁하는 모든 주요 방송망을 통해 우리에게 전해질 것이다. 뉴스의 광고주 중에는 그 종말 사건이 일어나게 다양한 활동을 한 기업이 다수 포함되어 있을 것이다. 우리, 시청하는 대중은 화면에 현혹되고, 화려한 광고에 놀라고, 멋진 매무새의 리포터에게 매료되고, 다양한 논설가의 진중함에 진지해지고, 신나게 즐기고 나서 곧 잊어버릴 온갖 현란한 구경거리에 넘어갈 것이다.

즐겁게 하려면 갈등과 극적인 긴장을 빚어낼 필요가 있다. 종종 그런 게 아예 존재하지 않을 때에도 그렇다. 이를테면 멸종에 관한 에드워드 윌슨의 견해에 과학 쪽으로는 전혀 문외한인 경제학자 줄리언 사이먼(Julian Simon)의 반론을 대치시켜 '균형을 잡는' 이유가 과연 무얼까? 오락으로서의 뉴스는 정신을 혹사할지 모를 복잡한 현안의 어려운 세부 내용이나 사려 깊은 분석을 피하고 핵심 내용을 30초 분량에 맞게 간추릴 필요가 있다. 한 예로, 생물 종이 정확히 어떤 비율로 사라지는지는 아주 정밀하게 알 수 없다. 따라서 원인, 비율, 결과, 적절한 해결책에 관한 정직한 의견 불일치가 있을 여지가 있다. 그러나 그 문제에 관해 윌슨의 견해와 사이먼의 견해를 동등하게 대우하여 '균형을 잡는다'는 것은 행성의 모양에 관하여 미국항공우주국(NASA)의 견해와 편평한지구협회(Flat Earth Society)*의 견해를 동등하게 대우하는 것과 좀 비슷하다(Stevens 1991). 따라서 달성된 '균형'은 견해의 범위에 관한 무언가와 정신의 바깥 경계에 관해서도 무언가를 조금 말해주겠지만, 명확하지도 않고 알지도 못한 무언가를 알려주지도 않는다. 생태 문맹자에게 그런 헛소리는 이미 복잡한 문제를 더 혼란스럽게만 할 뿐이다.

마찬가지로, 지구의 평균 기온 추세를 둘러싼 견해 차이를 보여주는 최근의 보고서들은 마치 과학자들이 심각한 의견 불일치를 보이는 양 날조된 것이다(Rensberger 1993). 지상에서 6.4킬로미터 상공의 기온을 측정한 위성 자료는 기온 상승 추세를 전혀 보여주지 않은 반면, 지상의 기온(피나투보 화산이 폭발하기 전까지)은 1980년부터 1991년까지 급격히 상승했음을 보여준다. 이런 자료들이 다르다고 해도 반드시 서로 충돌하는 것은 아니다. 그러나 보통 독자에게

* 아직도 지구가 구체가 아니라 평면, 즉 편평하다고 믿는 국제조직.

그 이야기는 과학자들이 지구온난화의 실상에 관해 의견 차이를 보인다고 믿을 만한 이유를 하나 더 제공하며, 따라서 늑장을 부릴 이유도 제공하는 듯하다(Rensberger 1993). 그런 한편으로, 더 큰 위험과 그런 위험을 별 이유 없이 받아들이는 윤리적 태도에 관한 의견 불일치를 포함한 진정한 의견 불일치는 대개 언급하지 않은 채 넘어간다.

결론

인간의 장기 전망을 위해 싸울 수 있고 그럴 의지도 지닌 유권자는 교육을 통해 배출되어야 한다. 유권자는 정치화한 과학이 무엇을 위한 것인지를 인식할 정도의 과학적 소양을 갖추어야 한다. 또 사실을 정면으로 마주할 정도의 용기도 있어야 한다. 값싼 시민권의 유혹을 뿌리칠 수 있을 정도로 헌신적이어야 한다. 공공문제에 세심하고 사려 깊은 분석을 요구할 만큼 지적으로 활력이 있어야 한다. 생태적으로 의미 있는 말과 헛소리를 구분할 수 있어야 한다. 폴 케네디의 말처럼, 이는 '바로 인류의 재교육'을 요구하는 것이나 다름없을 것이다(Kennedy 1993, p. 331).

하지만, 바로 그것이 문제다. 각급 학교와 대학, 대학교는 시민, 즉 소속 교수진, 교직원, 이사진 재교육에 무엇을 하고 있을까? 짧게 답하자면 '거의 충분히 하고 있지 않다'이며, 대다수 사례에서 답은 '전혀'다. 생태적 우려가 팽배한 이 시점에도 고등학교, 대학, 대학교는 자신의 개인적 전망이 지구의 생명 징후와 어떻게 뒤얽혀 있는지를 전혀 알지 못하는 비율이 상당히 높은 졸업생을 계속 쏟아내고 있다. 어떻게 그럴 수 있을까? 다트머스대학 교수 노엘 페린(Noel Perrin)은 그것을 지도력의 실패라고 본다. “이사진도 관리자[이 대학교나 다른 어떤 대학이나 대학교]도 위기가 닥친다는 것을 믿지 않는 듯하다”(1992, p. B3). 페린은 그들이 상황을 머리로는 이해하고 있지만, 행동에 착수하는 단계가 되는 가슴으로는 아직 느끼지 못한다고 본다.

교육을 잘 아는 사람 중에 그런 회의론이 잘못되었다고 말할 사람은 거의 없을 것이다. 긴 안목의 유권자를 배출하려면, 모든 교육 단계에서 생태적 소양을 국가의 교육목표와 기준에 관한 논쟁의 핵심에 놓는 일에 헌신하는 선견지명을 지닌 지도력이 필요하다. 이 논쟁은 환경교육이 지구를 산업화할 수 있게 한 것과 같은 종류의 교육이 아니라는 인식을 토대로 해야 한다. 반대로, 우리에게 필요한 교육은 지구 생태의 위기가 무엇보다도 가치, 사상, 전망, 지식의 위기이며, 따라서 그것은 교육 내의 어느 한 위기가 아니라 교육 자체의 위기라는 점을 인식하는 데서 시작한다.

지구가 물리계로서 작용하는 방식, 생태학과 열역학의 기본 지식, 지구의 생명 징후, 인간생태학의 핵심, 자기 지역의 자연사, 자연계를 복원하고 생태적 탄력성을 지닌 공동체와 경제를 구축하게 해 줄 종류의 지식 등 모든 학생이 알아야 할 환원 불가능한 지식 집합이 있다. 따라서 교사, 관리자, 이사진의 재교육을 높은 우선순위에 두어야 한다. 미래를 형성할 정신의 소유자를 길러낸다고 하는 사람들이라면 미래가 그들에게 요구하는 것을 이해해야 한다.

4부

목적

그렇다면 우리는 어떤 목적과 어떤 운명을 위해 아이들을 교육하는 것일까? 다문화주의라는 말이 유행하고 있긴 해도, 현대 교육이 거의 세계 전역에서 지역문화를 파괴하는 데 크게 한몫해 왔다는 것은 사실이다. 지역성은 현대 교과과정에 설 자리가 없다. 추상적 개념, 일반화한 지식, 기술이 그 자리를 차지한다. 교육은 지역 지식, 토착 언어, 지역민의 자신감을 갉아먹는 균질화하는 큰 힘이 되어왔다. 교육은 상업경제의 종속물이 되어왔다. 교육은 성장과 개발 세력을 돕는 데 동원되었고, 내가 아는 한 그것은 세계를 대자본에 안전한 곳으로 만드는 노력이다. 전체적으로 볼 때, 교육은 자신의 졸업생이 어떤 종류의 세계를 물려받을 것이고 졸업생에게 어떤 세계를 구축할 능력을 갖추어줘야 할지 스스로 물을 용기가 없었다.

4부의 글은 다른 운명을 제시한다. 기술적인 마법사로서 우리가 지닌 힘이 무엇이든 간에, 로렌 아이즐리의 표현을 빌리자면, 인류는 '더 크고 미숙한 마법의 주문에 당한다' (Eiseley 1970, p. 140). 우리를 끌어당기는 것은 합리적인 선택, 이기심, 경제적 극대화 같은 이론으로 설명되지 않는다. 에드워드 윌슨은 이 마법이 타고난 생명 친화력이라고 했고, '바이오필리아' 라 불렀다. 20장에서는 윌슨이 내놓은 가설을 탐구한다. 그 견해에 함축된 의미가 우리가 특정한 장소에서 어떻게 살아가는지에 중대한 영향을 끼친다는 것이 21장의 주제다. 22장은 어떤 장소에서든 잘 살아가는 데 방해가 되는 장애물을 다룬다. 자신을 준비시키는 데 드는 총비용에 해당하는 부정직 말이다. 23장은 많은 종류의 한계에 맞서 씨름해야 할 세계에서 시골과 도시 지역 사이 장래 균형에 관한 추측을 다룬다. 하지만 나는 앞에 놓인 한계가 반드시 나쁜 것이라고 보지 않는다. 반대로, 한계의 인식은 성숙함을 요구하며 그것은 더 낫고 더 영속성 있는 문명의 토대다. 24장은 10주년 기념판을 위해 새로 쓴 글이다.

20_ 사랑하지 않으면 잃는다
바이오필리아 혁명의 도래

나는 너희 앞에 삶과 죽음, 행복과 불행을 내놓는다.
그러니 삶을 택하라, 그러면 너희와 후손은 번창할 것이다.
–〈신명기〉 30 : 19

"자연과 나는 둘이다." 언젠가 영화제작자 우디 앨런(Woody Allen)은 이렇게 말했다. 둘은 아직 하나가 되지 않은 게 분명하다(Lax 1992, pp. 39~40). 앨런은 시골의 동식물과 정신적, 신체적 접촉을 피하려고 몹시 조심한다고 알려져 있다. 그는 자연 호수에 가지 않는다. '거기에 생물이 있기' 때문이다. 앨런이 편하다고 느끼는 자연은 야생의 기준으로 삼아도 좋을 만한 뉴욕시티의 자연이다.

생명공포증(biophobia)이라 할 수 있는 앨런의 자연 혐오는 텔레비전, 머리에 부착한 워크맨 라디오, 비디오게임 속에서 자라고, 자연이 고상한 장식용으로 허용되는 쇼핑몰과 고속도로와 오밀조밀한 도시와 교외에서 살아가는 사람들에게 점점 흔히 나타난다. 우리는 전보다 더 자신의 창조물에 둘러싸인 채 살아가며, 우리의 직접적 통제력이 미치지 못하는 곳에 있는 자연에 점점 더 불편함을 느낀다. 생명공포증은 '자연' 공간에 불편함을 느끼는 것부터 인간이 만들거나 관리하거나 냉난방 장치가 되어 있지 않은 것은 무엇이든 적극적으로 경멸하는 태도에 이르기까지 다양하다. 요컨대 생명공포증은 기술, 인공물, 자연 세계 중 오로지 인간의 이익과 관련 있는 측면과만 친밀하고자 하는 문화적으로 획득된 충동이다. 나는 이 용어를 폭넓게 써서 자연을 현재 세대가 적당하다고 보는 어떤 방식으로든 쓸 수 있는 '자원'에 지나지 않다고 '객관적으로' 생각하는 사람들까지 포함하려 한다.

생명공포증이 이를테면 인간혐오증이나 사회병질(소시오패스: 반사회적 성향)처럼 문젯거리일까, 아니면 단지 개인의 선호, 즉 설득력 있는 많은 자연관 중 하나일 뿐일까? 우디 앨런이 자연에 공감이나 친밀감을 거의 또는 전혀 못 가져도 아무 문제가 없나? 자연을 좋아하지 않거나, 자연을 관리되는 자원이나 TV 자연 특집 방송처럼 추상적인 것으로만 좋아하는 사람이 점점 늘어나는 현상이 문제일까? 우리가 자연 조건과 점점 결별하는 것이 문제일까? 이런 일들이 문제가 된다면, 어떻게 왜 문제가 될까? 그리고 그토록 많은 이가 본연의 세계가 불충분하다고 여기는 이유는 무얼까? 무엇에 그리고 무엇을 위해 불충분하다는 것일까?

자연을 대하는 가능한 입장들의 연속체에서 반대쪽 끝에는 '바이오필리아'가 있다. 에드워드 윌슨은 '바이오필리아(biophilia)'를 '다른 생명체와 친밀한 관계를 맺으려는 충동'이라고 정의한다(Wilson 1984, p. 85). 에리히 프롬은 더 폭넓게 '삶과 살아 있는 모든 것에 대한 열정적인 사랑'이라고 정의했다(Fromm 1973, pp. 365~366). 하지만, 둘 다 바이오필리아가 타고나는 것이며 정신적 · 육체적 건강의 한 징후라는 데는 의견이 같다. 우리의 생물학적 전망과 온전한 정신은 지금 우리의 바이오필리아 능력에 어느 정도까지 의존할까? 그 정도까지 바이오필리아가 어떻게 생기며, 어떻게 번성하며, 우리에게 어떤 자격과 능력을 요구하며, 그런 것들을 어떻게 배우는지를 우리가 이해하는 일은 그만큼 중요하다.

바이오필리아만 우리를 끌어당기는 게 아니다. 생명 친화력 즉 바이오필리아는 경제, 경영, 기술에 토대를 둔 진보의 추상적 개념들과 가정들의 밑에 깔린 위장한 생명공포증을 포함하는 다른 친화력 및 동기와 경쟁한다. 따라서 우리 유전자에 무엇이 있든 간에, 생명 친화력은 현재 우리가 선택해야 하는 것이다. 더 이전의 문화와 비교했을 때, 우리 문화의 다른 점은 기술 덕분에 전보다 자연의 전면적인 지배 쪽으로 훨씬 더 나아갈 수 있다는 사실이다. 진지하고 연구비가 풍족한 사람들은 유전공학과 나노기술을 통해 지구의 생명이라는 천을 다시 짜는 이야기를 하며, 지구를 아예 떠나서 우주 식민지를 건설하는 이야기를 하는 사람들, 더 나아가 '가상현실'에 맞게 인간의 의식을 개조하는 이야기를 하는 사람들도 있다. 바이오필리아가 표현되거나 융성할 수 있는 세계를 보존하려면, 우리는 그런 세계를 만들자고 결심을 해야 할 것이다.

생명공포증의 기원과 영향

정도의 차이는 있지만, 인류는 늘 자신의 환경을 변형시켜 왔다. 나는 그들이 대체로 자연에 예의와 공손함을 갖고 그렇게 할 생각이었다고 믿는다. 늘 어디에서나 그렇지는 않지만 대개 그렇다고 말이다. 이모저모 다 종합할 때 증거는 바이오필리아나 그것에 가까운 무언가가 초기 인류의 신화, 종교, 사고방식 전체에 짜여 들어갔음을 시사하며, 초기 인류는 자신이 자연과 함께한다고 보았다. 영국의 철학자 오언 바필드(Owen Barfield)는, 인류가 예전에는 지금의 우리는 안 하고 아마 할 수도 없는 방식으로 세계에 '통합되거나 장붓구멍으로 이어져 있다'고 느꼈다고 말한다(1957, p. 78). 우리 기준으로 보면 원시적인 기술은 부족사회가 세계에 할 수 있는 것에 한계를 설정했으며, 한편 그들의 신화, 미신, 금기는 자신들이 해야 한다고 생각하는 것을 제약했다. 하지만 나는 초기 인류가 바이오필리아를 택했다고는 생각하지 않는다. 선택의 여지가 없었다는 것 외에 다른 이유로 말이다. 생명공포증의 문화나, 자연에 무능한 부족이나 문화는 기아와 질병으로 인해 망각 속으로 사라졌다(Diamond 1992, pp. 317~338).

그 분할을 넘어 돌이켜볼 때, 나는 부족 문화가 정리가 안 된 생태적 순수함을 지닌 게 명백하다고 생각한다. 부족 문화는 발전 가능성이나 우리에게 줄 지식을 지니지 않았기 때문이다. 대조적으로 우리는 생명공포증과 바이오필리아 사이에서 선택을 해야 한다. 과학과 기술이 우리에게 철저히 파괴할 힘과 더불어 그렇게 할 때의 결과를 이해할 지식을 주었기 때문이다. 그 분할은 날카로운 단절이 아니라 중세 말부터 현재에 이르기까지 줄곧 넓어진 인식과 태도의 일종의 느린 지각판 이동이었다. 우리가 '근대화'라고 말하는 것은 자연세계와 그 안에서 우리의 역할을 어떻게 보는가에 관한 극적인 변화를 대변했다. 이 변화는 지금 우리에게 너무나 철저히 배어 있어서 우리는 다른 사고방식을 거의 상상도 하지 못한다. 그러나 이 분할을 넘으려면 먼저 세계가 살아 있고 —두려울 정도는 아니라 할지라도— 존중할 가치가 있다는 믿음을 폐기해야 했다. 우리는 무기물에는 어떠한 의무도 지지 않는다. 둘째, 데카르트 연금술을 통해 단순한 기계로 바뀐 동물과 우리 자신 사이에 거리를 둘 필요가 있었다. 여기서도 기계에는 어떤 의무도 연민도 가질 필요가 없다. 양쪽 사례에서 이용이란 오직 유용성에 국한된다. 셋째, 달고 재고 셀 수 있고 수익을 올리는 데 필요한 '경성자료(hard data: 통계자료)'를 위해 우리가 자연에 지닌 남아 있는 연민은 무엇이든 간에 끊어버릴 필요가 있었다. 넷째, 우리는 세계를 더 유용한 형태로 변형시키기 위해 권력, 돈, 지식을 결합시킬 근거가 필요했다. 프랜시스 베이컨은 논리를 제공했고, 정부 지원을 받는 연구의 발전이 나머지 일을 했다. 다섯째, 우리는 진보의 철학이 필요했고, 그것은 오늘날 각 정부의 중심 과제인 영속적인 경제성장이라는 이데올로기에 토대를 두었다. 여섯째, 생명공포증은 불평불만을 교묘하게 부추길 필요가 있었다. 불평불만은 대량소비로 전환시킬 수 있었다. 광고산업과 매년 바뀌는 유행이 창안되었다.

이런 혁신이 제대로 실행되려면, 자연을 미터, 톤, 리터, 수율(收率)이라는 추상적 개념과 생산통계 값으로 전환할 필요가 있었다. 또 공동체, 특히 작은 공동체를 훼손할 필요가 있었다. 그런 공동체에서는 장소에 애착이 커지고 분열을 넘는 데 대한 저항도 그에 따라 커질 수 있었다. 마지막으로 정치를 물질적 이기심의 추구로 전환시키고, 그럼으로써 사람들을 시민으로서는 무능하고, 더 크고 더 중요한 문제를 이야기하지 못하는 존재로 만들 필요가 있었다.

여기까지의 이야기는 잘 알려져 있지만, 이것이 끝은 아니다. 유전공학자는 지구의 생명체계를 개조하느라 바쁘다. 나노기술—분자 수준의 기계—의 발전은 예측을 거부하는 선악의 가능성을 빚어낸다. 유전공학자나 나노기술자가 AIDS 비슷한 바이러스를 방출할 날이 과연 얼마나 멀리 있을까? 우리는 추측만 할 수 있을 뿐이다. 하지만 그런 기술을 개발하는 사람들조차도 자신들이 '핵무기보다 더 강력한…… 유례없는 위험을 향해 우리를 데려간다'고 인정한다(Drexler 1987, p. 174). 그리고 신경과학과 컴퓨터를 우리가 어떤 현실을 택하든 그 현실을 모사할 기계로 통합시킴으로써 야기될 인간 의식의 변형도 우리 바로 앞에 놓여 있다. 값싸고 철저한 환상이 우리의 정신생활을 지배할 때 인간 경험의 특성에 어떤 일이 일어날까? 변형되지 않은 자연은 이런 사례들에 비하면 무색하다. 그러한 자연은 꼴사납고, 불편하고, 결함 있고, 움직이거나 재배치하기가 어렵다. 그것은 느리다. 그리고 대량 의존성과 수익으로 쉽게 전환시킬 수가 없다.

이런 각각의 노력에는 변형되지 않은 생명과 자연에 대한 거의 노골적인 경멸이 깔려 있다. 또 어떠한 것이든 간에 그런 잘못된 것을 참고, 그 산물을 얻고, 그 결과와 더불어 살아갈 것이라고 예상되는 사람들에 대한 경멸도. 그것은 '순손익', '진보', '욕구', '비용과 편익', '경제성장', '일자리', '현실주의', '연구', '지식' 등 정의도 검토도 안 된 용어들로 교묘하게 위장한 경멸이다. 나는 이 모든 것의 순 결과가 긍정적이라고 '뼛속까지' 믿는 사람은 거의 없다고 추측하지만, 대다수는 이기심에 사로잡힌 상태에서는 그토록 말하기가 어려운 것을 감히 입에 담을 수 없고 그토록 불가피해 보이는 것을 중단시킬 힘이 없다고 느낀다.

자연을 통제하려는 충동 속에서 명백히 드러나는 생명공포증은 세계를 생명공포증을 빚어내기가 더 수월해지는 쪽으로 변형시켜 왔다. 정의되지 않은 자연은 쓰레기 매립지, 고물 야적장, 노천광, 벌목지, 황폐한 도시, 6차선 고속도로, 마구 뻗어나간 교외 지역, 오염된 강, 유해물 불법 투기 지역 등 더러워진 자연으로 대체되고 있으며,

그런 곳들은 우리의 공포증을 불러일으킬 만하다. 백내장과 피부암 증가를 뜻하는 오존층 파괴는 우리가 실내에 머물 또 하나의 이유를 제공한다. 유독 물질과 방사성 물질의 만연은 더 많은 질병을 의미한다. 자연 주기의 교란과 외래종 도입은 예전에 우리의 경관을 아름답게 했던 자연 다양성의 상당 부분을 파괴했다. 외래 해충과 해수는 미국의 밤나무, 느릅나무, 단풍나무, 층층나무, 솔송나무, 물푸레나무를 해쳤거나 해치고 있다. 지구온난화는 친숙한 장소의 동식물상을 파괴할 것이다(Peters and Myers 1991~92, pp. 66~72). 생명공포증은 자연 혐오를 더욱 그럴듯하게 하는 조건을 만듦으로써 자연의 온전함, 아름다움, 조화를 훼손하는 방식으로 행동하게끔 사람들을 부추기는 경향이 있는 사악한 주기를 작동시킨다.

그럼에도 우디 앨런이나 누군가가 자연을 싫어하는 게 아무 문제가 없을까? 생명공포증은 자연과 관련을 맺는 똑같이 합당한 수많은 방법 중 하나일 뿐일까? 나는 그렇게 보지 않는다. 첫째, 모든 '생명공포자'를 위해 남들은 생명공포자와 생명애호자를 똑같이 지원하는 자연을 보존하고 돌보고 사랑하는 일을 훨씬 더 많이 해야 한다. 경제학자는 이를 '무임승차자 문제(free rider problem)'라고 한다. 이 문제는 일부가 구성원으로서 모든 혜택을 받으면서 그 혜택을 창출하는 데 필요한 일은 전혀 안 해도 될 가능성이 있을 때면 모든 집단, 위원회, 동맹에서 나타난다. 환경 무임승차자는 자신이 들이마시는 깨끗한 공기, 자신이 마시는 깨끗한 물, 자신을 지탱하는 생물 다양성 보존, 자신을 먹이는 토양 보존을 위해 기꺼이 싸울 의지를 지닌 다른 사람들에게서 혜택을 얻는다. 그러나 그들은 손가락 하나 까딱하지 않는다. 생명공포증은 지구 혹은 어떤 지역을 지키는 일을 공정하게 분담하지 않기 때문에 문제가 된다.

생명공포증은 인간혐오증과 사회병질이 문제인 것과 똑같은 이유로 문제가 된다. 우리는 이런 것들이 사랑 결핍에다 때로 폭력적이기도 한 어른을 빚어내는 일그러진 유년기의 산물이라고 본다. 온갖 형태의 생명공포증도 친밀하고 사랑하는 관계를 이루지 못하는 능력이 인간 삶을 제약하는 것과 같은 방식으로 삶의 경험과 기쁨의 범위를 축소시킨다. 에드워드 윌슨은 그것을 이렇게 표현한다.

> 소를 가두어놓고 사료만 먹여서 살찌울 수 있고 실험실의 우리에서 겉보기에 별 문제 없는 원숭이를 키울 수 있는 것과 똑같이, 동식물이 대부분 사라진 환경에서 사람도 겉보기에는 정상으로 자랄 수 있다. 행복하냐는 질문에 그런 사람들은 아마 그렇다고 답할 것이다. 하지만, 아주 중요한 무언가가 빠져 있을 것이다. 상상할 수 있거나 할 수 있었던 지식과 기쁨뿐 아니라, 인간의 뇌가 특히 받아들일 능력을 갖춘 폭넓은 경험 말이다. (Wilson 1984, p. 118)

그들 자신이 동물, 나무, 경관, 산, 강과 거리를 둔 사회 전체에도 같은 말을 할 수 있을까? 대중 생명공포증은 일종의 집단 광기일까? 나는 조만간 우리가 알게 될 것이라고 생각한다.

생명공포증은 지배와 착취 정치의 토대이기에 문제가 된다. 우리 정치가 지금처럼 작동하려면, 재포장하여 그들에게 되팔 수 없을 정도로 아주 많은 이들이 그 어떤 자연도 좋아하지 않아야 한다. 그들은 생태적 문맹에 생태적 무능력자이어야 하며, 그러함이 불가피할 뿐 아니라 바람직한 것이라고 믿어야 한다. 더 나아가 그들은 자신이 의존하는 것의 기본적인 사항에 무지해야 한다. 그들은 자신의 속박을 자유로, 자신의 불만을 상업적으로 해결할 수 있는 문제로 보아야 한다. 조지 오웰과 C. S. 루이스(Clive Staples Lewis)가 수십 년 전에 예견했듯이, 생명공포증 사회로의 표류는 자연과 인간 본성을 기술로 대체하고 진정한 민주주의를 지금 지평선에 어른거리는 기술 전제(technological tyranny) 체제로 대체할 것을 요구한다.

이런 것들이 이기심의 동기다. 세상의 일을 공정하게 배분하고, 넉넉하게 살 수 있는 사회를 만들고, 사람들이 식견을 갖고 참여하는 경제를 구축하는 일은 우리에게 이득이다. 우리의 이기심이 아니라 의무에 의지하여 생명공포증에 반대하는 논증도 있다. 마지막으로, 생명공포증은 지구를 재충전하는 전통적인 임무를 위반하기 때문에 문제가 된다. 우리가 적절히 사용한 데 따른 보답으로 지구는 인류를 위탁자로 삼는 경향이 있다. 적절한 이용은 감사, 겸손, 자애, 숙련을 요구한다. 부적절한 이용은 배은망덕과 경멸로 시작하여 탐욕, 남용, 폭력으로 이어진다. 우리는 앞서 살았던 사람들과 나중에 올 사람들과의 신뢰를 깨지 않고서는 청지기로서의 의무를 저버릴 수 없다.

생명공포증은 분명히 내가 여기서 설명한 것보다 더 복잡하다. 한 사람이 생명공포증을 지니면서 동시에 시에라클럽(Sierra Club)* 의 회비납부회원이 될 수도 있다. 자연을 혐오하면서도 추상적 개념으로서 자연을 '좋아할' 수도 있다. 게다가 바이오필리아의 언어와 겉모습을 채택하면서 알게 모르게 지구에 큰 해를 끼칠 수도 있다. 다시 말해, 우리는 일관성 없고 위선적이고 자신이 하는 일에 무지한 존재가 될 수도 있다.

하지만, 우리가 생명과 자연에 중립적 또는 '객관적' 입장에 서

* 미국의 세계적 민간 환경운동 단체.

는 일이 가능할까? 나는 그렇게 보지 않는다. 중립이라고 종종 간주되는 것은 더 자세히 살펴보면 경제적으로나 직업상으로 더 많은 것을 얻으려는 사람들의 얄팍하게 위장한 이기심이나 다름없다. 에이브러햄 매슬로는, 객관성이라는 겉옷을 걸칠 정도로 뻔뻔한 사람들에게 그 겉치레는 종종 '겸손, 존중, 신비, 경이, 경외라는 감정이 북받치는 것을 막는 방어수단'이라고 한다(Maslow 1966, p. 139). 생명은 우리의 무심함이 아니라 열정을 자극하는 것이어야 한다. 위험에 처한 생명은 우리를 가짜 중립적 입장으로 물러서도록 하는 게 아니라 당당히 맞서게끔 해야 한다. 더구나 헌신적 참여가 명료하게 생각하고 증거를 정확히 활용하는 능력을 배제한다고 가정하는 것은 잘못이다. 반대로 헌신은 지적 명쾌함, 성실함, 깊이를 자극한다. 우리는 다른 영역에서는 이 점을 아주 잘 이해하고 있다. 위급할 때 우리는 환자의 생사에 중립적 입장이라고 자인하는 의사에게 가지 않는다. 또 안전이 위협 받을 때 우리는 정의와 불의 사이에서 '객관적' 중립을 자인하는 변호사에게 가지 않는다. 지구의 환경과 생명 문제는 좀 다르다는 생각은 착각이다. 그 문제들도 다르지 않다. 우리는 악마 앞에 세계를 활짝 열지 않고서는 무심하거나 냉담한 채 있을 수 없다.

바이오필리아

우리는 강도가 다른 다양한 방식으로 주위 환경과 관계를 맺으며, 이 유대의 원천은 다양하다. 가장 일반적인 수준에서 우리는 익숙해진 것을 사랑하는 법을 배운다. 자유보다 감옥을 더 좋아하는 죄수도 있다. 우디 앨런처럼 시골 경관이나 야생을 기피하는 도시 주민도 있다. 도시에 발을 들이지 않으려는 시골 사람도 있다. 단순하게 말하자면, 우리는 자신이 잘 아는 것에 얽매이는 경향이 있다. 지리학자 이푸 투안(Yi-Fu Tuan)은 이 유대감을 '장소애호(topophilia)'라고 했으며, '인간이 물질 환경과 맺는 모든 애정 어린 결속'을 포함한다고 했다(1974, p. 93). 장소애호는 우리의 심층 심리보다는 우리의 독특한 환경과 경험에 뿌리를 둔다. 장소애호는 특정한 장소의 생물학과 지형학에 진정으로 뿌리내린 것이라기보다는 일상생활의 친숙한 환경에서 형성되는 서식지 감각에 더 가깝다. 장소애호는 타고나는 게 아니라 획득하는 것이다. 뉴욕 주민은 몬태나 주민보다 장소애호나 서식지 감각이 더 강한 모양이다. 하늘, 산, 송어가 사는 하천을 대할 때의 친밀함은 몬태나 주민이 더 느낄 것 같다. 하지만, 둘 다 습관적이고 친숙해지는 것에 편안함을 느끼는 경향이 있다.

에드워드 윌슨은 애착이 서식지의 특수성을 넘어서는 더 깊은 근원에서 나온다고 말한다. 그는 '우리가 다른 생물과 다른 궁극적인 의미를 지닌다고는 거의 볼 수 없는 생물학적 종'이라고 주장한다(Wilson 1984, p. 112). 우리는 윌슨이 친밀한 관계를 맺고자 하는 타고난 충동이라고 부른 것, 즉 '바이오필리아'를 통해 생물들과 결속된다. 바이오필리아는 어린 시절에 일찍 시작하며 문화적 · 사회적 패턴으로 '단계적으로 펼쳐진다.' 바이오필리아는 수만 년에 걸친 진화 경험을 드러내면서 우리 뇌 자체에 새겨져 있다. 우리가 마음이 진화한 사바나 초원을 모사한 경관을 좋아하는 것은 분명하다. "완전히 자유로운 선택 기회가 주어질 때, 사람은 통계적으로 사바나와 비슷한 환경에 끌린다"(Wilson 1984, p. 115). '아름다움과 신비'가 제거된 철저히 인위적인 환경으로 옮겨가면, 마음은 '더 단순하고 엉성한 양상으로 흘러갈 것이며' 이는 온전한 정신 자체를 훼손한다(p.

118). 게다가 바이오필리아는 윌슨이 마찬가지로 "생물학적으로 오랜 옛날에 기원"한 듯한 "우리 종의 대담하게 파괴적인 성향"이라고 말한 것과 경쟁한다(p. 121). 이런 성향이 "수백만 년에 걸쳐 뇌가 형성된 곳"인 세계를 제멋대로 파괴하도록 내버려두는 것은 "위험한 단계"라고 윌슨은 주장한다.

세 번째로 우리는 자각과 성숙함이 어느 수준에 이르면 본능적인 조건화와 무관하게 자연 세계에 경외심을 일으킬 수도 있다. 알베르트 슈바이처(Albert Schweitzer)는 이렇게 썼다. "생명을 깊이 공부한다면 그 오묘함에 갑자기 현기증이 일 것이다"(1969, p. 115). 그는 이 반응을 생명 자체의 헤아릴 길 없는 신비를 알아차리는 데서 나오는 "생명 외경(reverence for life)"이라고 했다. (슈바이처가 쓴 독일어 단어[Ehrfurcht]는 영어 단어[reverence]보다 더 큰 경외심을 의미한다.) 나는 슈바이처의 생명 외경이 레이철 카슨이 말한 "경이감(the sense of wonder)"과 비슷하다고 본다. 하지만 슈바이처의 생명 외경은 대체로 세상에 대한 깊은 고뇌의 산물이었다. "일단 자기 삶의 수수께끼와 자신을 세상에 가득한 생명과 잇는 고리를 생각하기 시작하면, 생명 외경의 원리가 자신의 삶과 자신의 영향권에 있는 모든 생명에 영향을 미칠 수밖에 없다"(Schweitzer 1972, p. 231). 슈바이처는 생명 외경을 자신이 현대 세계 도처에서 본 타락에서 문명을 회복시켜 줄 수 있는 철학의 유일한 토대라고 여겼다. "우리는 세계와 생명을 긍정하는 우주론을 내놓는 일에 함께 노력해야 한다"(p. 64).

우리는 이 지적 노력이 우리가 이미 선천적으로 지니고 있으며 다른 생물들에게서도 뚜렷이 있는 것의 도움을 받는다고 믿을 근거가 있다. 찰스 다윈 같은 권위자도 "모든 동물은 경이를 느낀다"고 믿었다(Darwin 1977, p. 450). 영장류학자인 해럴드 바워(Harold

Bauer)는 탄자니아 곰베숲 보호구역(Gombe Forest Reserve)의 장엄한 폭포를 바라보며 묵상에 잠긴 침팬지를 관찰한 적이 있다. 침팬지는 마침내 "'우후후훗' 하는 팬트훗(pant-hoot)"소리를 지르면서 주먹으로 나무를 두드리며 앞뒤로 마구 내달렸다(Konner 1982, p. 431). 이 행동이 무슨 의미인지 자신 있게 말할 수 있는 사람은 아무도 없지만, 그것을 경외감과 황홀경의 침팬지판이라고 보아도 무리는 아니다. 제인 굿올(Jane Goodall)을 비롯한 연구자들도 비슷한 행동을 관찰했다. 바이오필리아와 경외감의 능력이 인간의 전유물이라는 믿음을 토대로 그런 설명을 내치는 것은 가장 나쁜 유형의 인간중심주의일 것이다. 사실 그것은 우리가 다른 생물보다 더 열심히 해야 한다는 것일지도 모른다. 한 예로, 조지프 우드 크루치(Joseph Wood Krutch)는 새를 비롯한 동물들이 "우리보다 더 중요하고 더 쉽게 기쁨을 접할 수 있는 듯하다"고 믿었다(1991 p. 227). 그리고 "문명이 발달할수록 경이감은 거의 필연적으로 쇠퇴한다"는 에이브러햄 허셜의 말에 적잖은 철학자들은 동의를 해왔다(Heschel 1990, p. 37).

우리는 우리의 모든 기술과 더불어 타고난 자연 친화력을 계속 간직할까? 나는 그렇다고 보지만, 회의주의자를 만족시킬 증거가 전혀 없음을 안다. 우리가 그런 타고난 감각을 지닌다고 해도 우리는 우리 자신이 세계에 입힌 피해로부터 바이오필리아가 어디에서든 언제든 작동하지 않는다고 결론을 내릴지 모른다. 에리히 프롬이 주장했듯이, 바이오필리아는 억눌리거나 타락할 수 있으며, 그러면 더 파괴적인 다른 형태로 나타날 수 있을지도 모른다.

> 파괴성은 바이오필리아와 병행하는 것이 아니라 그것의 대안이다. 생명 사랑이냐 죽음 사랑이냐는 모든 인간이 직면하는 근본

적인 양자택일이다. 죽음애호(necrophilia)는 바이오필리아가 위축될 때 자라난다. 사람은 생물학적으로 바이오필리아 능력을 타고났지만, 심리적으로 죽음애호를 대안으로 삼을 잠재력을 지닌다. (Fromm 1973, p. 366)

또 우리는 사람들이 바이오필리아 감각을 잃을 수 있다고 믿을 근거도 갖고 있다. 예를 들어, 다윈은 자서전에서 "멋진 풍경은…… 예전과 달리 절묘한 기쁨을 일으키지 않는다"라고 시인했다(Darwin 1958, p. 54). 또 사회 전체가 어떤 형태든 사랑할 능력을 잃을 수도 있다. 우간다 북부의 이크족(Ik)이 전래의 사냥터에서 작은 보호구역으로 강제 이주당했을 때, 인류학자 콜린 턴불(Colin Turnbull)의 표현에 따르면, 그들의 세계는 "잔인하고 적대적인 것이 되었고 예전에 그들이 자신의 터전인 산에 대해 지녔을 사랑은 어떠한 것이었든 간에 잃었다"(1972, pp. 256, 259). 이크족이 예전에 느꼈을 자기 장소에 대한 사랑은 지루함과 주변 세계에 대한 "침울한 불신"으로 변형되었고 턴불이 전적으로 박정하고 냉혹하고 비열하다고 묘사한 사회관계와 잘 맞았다. 이크족 사례는 생명과 서로에 대한 결속이 일부에서 상정하는 것보다 더 허약하며, 일단 깨지면 쉽게 회복하지 못하며 아마도 영구히 회복하지 못할 것이라는 적나라한 경고다. 20세기 역사의 상당 부분은 바이오필리아와 기타 애호가 허약하다는 증거를 더 제시한다. 우리는 유례없는 인간의 폭력과 유례없는 자연에 대한 폭력의 시대를 살고 있다. 아우슈비츠와 대량 멸종, 핵무기, 폭발적인 경제성장의 시대 말이다.

설령 자연에 대한 인간의 친화력이나 애정이 남아 있다는 증거를 전혀 찾을 수 없을지라도, 인간은 현재 이타주의와 무욕을 배워야 하는 역설적인 입장에 있다. 이기적인 이유인 생존을 위해서 말이다. 스티븐 제이 굴드의 말처럼, "우리는 자신과 자연 사이의 정서적 유대를 함양하지 않고서는 종과 환경을 구하는 이 전쟁에서 이길 수 없다. 자신이 사랑하지 않는 것을 구하러 싸우지는 않을 테니까." 우리가 종과 환경을 구하지 않는다면, 우리 자신도 구할 수 없다. 우리는 이해할 수 있는 것보다 더 다양한 방식으로 종과 환경에 의존한다. 다시 말해, 우리는 바이오필리아를 배양할 '전적으로 합리적인 이유'를 지닌다(Wilson 1984, p. 140).

육신의 생존뿐 아니라 또 다른 위험도 있다. 생태적 위기로 내모는 파우스트적인 충동은 우리 인간성의 핵심을 이루는 마음과 정신의 품성도 훼손한다. 철학자 버트런드 러셀(Bertrand Russell)은 그것을 이렇게 표현했다.

> 우리가 세계를 정복할 수 있는 것은 애호가로서 세계를 포기해야만 가능하다. 하지만 영혼의 이런 분열은 인간에게서 가장 뛰어난 것에 치명적이다……. 과학이 기술의 형태로 제공한 힘은 사탄 숭배와 유사한 것, 다시 말해 사랑의 포기를 통해서만 얻을 수 있다……. 순수한 형태의 과학 사회는…… 진리 추구, 사랑, 예술, 저절로 우러나는 기쁨, 여태껏 인간이 소중히 한 인간의 모든 이상과 양립할 수 없다. (Russell 1959, p. 264)

요컨대, 생태적 위기는 그것이 인간에게 지닌 의미에 관한 것이다. 그리고 자연의 다양성이 인간 지성의 원천이라면, 현대 기술과 경제에 내재한 체계적인 자연 파괴는 바로 그 정신의 원천에 맞선 전쟁이다. 우리는 인간의 지성이 생물 다양성이 없는 달 환경에서는 진화할 수 없었을 것이라고 믿을 타당한 근거가 있다. 또 삼라만상을 대할 때의 경외감이 언어의 기원 및 초기 인류가 처음에 말하고 노래하고 시를 짓고 싶어한 이유와 관련이 깊다고 믿을 타당한 근거도 있다. 흐르는 물, 바람, 나무, 구름, 비, 안개, 산, 풍경, 동물, 계절 변화, 밤하늘, 수수께끼 같은 생명 순환 주기 등 자연에 존재하는 것들은 생각과 언어를 낳았다. 앞으로도 계속 그렇겠지만, 아마 예전보다는 활기가 덜 할 것이다. 이런 이유로 나는 인간의 지성을 훼손하지 않고서는 자연의 다양성을 규명하는 일이 불가능하다고 생각한다.

우리는 삼라만상에 대한 바이오필리아와 존중 없이 마구 자행해 온 폭력에서 인간의 자아와 같은 것과 세계를 구할 수 있을까? 기술근본주의자와 도구적 합리성의 열광자가 펼치는 온갖 논증에도, 나는 우리가 할 수 있다는 타당한 증거가 전혀 없음을 안다. 조지프 우드 크러치의 말마따나, '우리는 자연 세계와 더 밀접한 관계를 맺는 쪽으로 나아갈 문명을 원하는가…… 아니면 우리가 원래 속했던 공동체와의 융화 및 그 의존에서 멀어지고 우리를 고립시키는 방향으로 계속 나아갈 문명을 원하는가'(Krutch 1991, p. 165)? 〈신명기〉의 저자는 옳았다. 우리가 어떤 감정을 지니든, 우리의 철학이 아무리 독창적이든, 우리를 끌어당기는 타고난 인력이 무엇이든 간에, 우리는 결국 삶과 죽음, 친밀함과 고립 사이에서 선택을 해야 한다.

바이오필리아: 에로스에서 아가페로

지금 우리는 지구에서 '지속 가능하게' 산다는 게 어떤 의미인가를 놓고 지구적인 논쟁을 벌이고 있다. 하지만, 이 말은 혼란스럽기 그지없다. 주된 이유는 크러치가 말한 것처럼, 우리가 자연과 친밀한 관계를 원하는지 전면적인 자연정복을 원하는지를 결정하기 전에 지속 가능성을 정의하려 애쓰기 때문이다. 우리가 지속시키려는 것이 무엇이고 어떻게 그럴 생각인지를 결정할 때까지 우리는 지속 가능성이 어떤 의미인지 알 수 없다. 지속 가능성이 지배를 향한 현재의 경로를 유지하면서 효율성을 더 높이는 것뿐이라고 보는 사람도 있다. 하지만 크러치 같은 사람들 편에 서서 자연과 친밀한 관계를 맺고 자연을 우리의 기준으로 삼기로 결정한다면, 지속 가능성은 어떤 의미가 될까? 우리는 바이오필리아와 생명공포증 사이, 친밀함과 정복 사이에 놓인 연속선상에서 선택을 해야 하지만, 이편에서 저편으로 넘어갔다는 것을 어떻게 알 수 있을까? 선택이 언제나 그렇게 간단하지는 않으며, 선택안이 우리가 쉽게 알아볼 수 있는 형태로 제시되지도 않을 것이다. 가장 파괴적인 것이라고 할지라도 선택안들은 생명에 봉사하는 것으로서, 더 좋은 미래를 위해 필요한 것으로서, 아니면 '당신이 진보를 멈출 수 없으므로' 단순히 불가피한 것으로서 제시될 것이다. 그렇다면 우리는 생명에 폭넓게 제대로 봉사하는 것과 생명을 줄이는 것을 어떻게 구별할 수 있을까?

바이오필리아는 애호 즉 사랑의 한 종류이지만, 어떤 종류일까? 고대 그리스인은 사랑을 세 종류로 구분했다. 아름다움에 대한 사랑 혹은 소유할 목적의 낭만적인 사랑을 뜻하는 에로스, 아무런 보상을 원하지 않는 희생적인 사랑인 아가페, 친구 사이의 사랑인 필리아다. 앞의 둘은 바이오필리아의 중요한 측면을 드러낸다. 바이오필리아는 아마도 에로스로 시작하겠지만 성숙하면 아가페 형태가 된다. 그리스인은 에로스가 감각적인 사랑을 넘어 음식, 온기, 보금자리에 대한 생물의 욕구, 자연을 이해하고 감상하고 벗하려는 더 고차원적인 욕구도 포함시켰다(Bratton 1992, p. 11). 하지만, 에로스는 자기실현 이상의 것을 목표로 하지 않는다. '타고난 충동'이라고 정의되는 바이오필리아는 생존에 대한 관심을 비롯한 인간의 욕망과 이기심을 반영하는 에로스다.

하지만 에로스로서의 바이오필리아는 우리를 역설이라는 덫에 빠뜨린다. 수전 브래튼(Susan Bratton)은 말한다. '아가페 없는 인간의 자연 사랑은 늘 억제 안 된 에로스에 지배되고, 극단적 이기심과 물질적 가치 평가에 왜곡될 것이다'(1992, p. 15). 우리가 이기심만으로 사랑한다면, 우리는 조만간 자멸할 것이다. 아가페는 '신의 섭리가 공손하게 받아들여지고 만족할 줄 모르는 욕망이 삼라만상으로부터 스스로를 유지할 수 없을 정도로 많은 것을 뽑아내려고 시도하지 않게끔' 우리의 자연 이용을 억제한다(p. 13). 아가페는 인간이나 자연이 서로에 대한 사랑과 봉사 없이 사랑하는 일이 가능하지 않게끔 인간과 삼라만상을 결합시켜서 에로스를 확대한다. 이런 의미에서 아가페는 슈바이처가 말한 '생명 외경'에 가깝다. 가장 깨어 있는 형태의 이기적인 계산조차 초월할 것을 요구하는 사랑 말이다. 자연 존중도 마찬가지가 아닐까? 나는 그렇다고 보며, 우리가 종과 환경을 구하는 일에 매진하기에는 너무나 무정하고 냉정하고 자기만족적이고 무심한 것이 그 때문이다. 나는 우리가 더 깊이 들어가야 할 것이라는 스티븐 제이 굴드의 말에 동의하고 싶다.

그렇다면 에로스가 아가페로 바뀌는 방식을 포함하여 동기부여의 더 깊은 원천에 관해 우리가 아는 것은 무엇이며, 그것은 바이오필리아에 관해 무엇을 드러낼까?

첫째, 우리는 어떤 종류든 사랑을 할 능력이 삶의 초기에 아이의 상상 속에서 시작된다는 것을 안다. 바이오필리아의 잠재력은, 아마 로버트 콜스(Rober Coles 1971)가 추측했듯이, 출생 때 신생아가 자연의 자기 자리로 들어올 때 시작될 것이다. 그렇다면 출생의 방식과 상황은 흔히 생각하는 것보다 더 중요하다. 바이오필리아는 땅과 친해지려는 어린아이의 노력 속에서 확연히 드러난다. 두 살 때 베개 밑에 지렁이를 넣고 잔 동물학자 제인 굿올이나, 어릴 때 살았던 위스콘신의 집 주위의 '경이로운 야생에 흠뻑 빠진' 존 뮤어처럼. 하지만 아주 어린 나이에 자연을 모험과 흥분이 가득한 친근한 장소로 경험하지 않았다면, 바이오필리아는 예상하는 식으로는 뿌리를 내리지 않을 것이다. 기회를 놓친다면, 그 뒤로 정신에는 인지와 상상의 중요한 차원이 부족할 것이다.

둘째, 나는 바이오필리아가 뿌리를 내리고 자랄 더 편하고 안전하게 접근할 장소를 요구한다는 것을 우리가 안다고 생각한다. 알도 레오폴드에게 바이오필리아는 미시시피 강가의 습지와 숲에서 시작되었다. 어린 에드워드('뱀') 윌슨의 바이오필리아는 어린 시절에 '침잠과 집중의 습관을 빚어내는…… 나른한 분위기의 숲과 습지'를 탐험하면서 시작되었다(Wilson 1984, pp. 86~92). 그런 장소의 상실은 경제성장과 도시 팽창의 계산 안 된 비용 중 하나다. 또한 도시 공원과 휴양지를 늘리고 넓히자는 주장을 뒷받침하는 강력한 논거이기도 하다.

셋째, 나는 사랑하는 능력처럼 바이오필리아가 부모, 조부모, 교사, 기타 돌봐주는 어른의 도움과 적극적인 참여가 필요하다고 추측해도 무리가 없다고 생각한다. 레이철 카슨은 어린 조카와 함께 지내면서 아이의 경이감이 발달하려면 '우리가 사는 세상의 기쁨과 흥분과 신비를 함께 재발견하고 공유할 어른이 적어도 한 사람은 아이 곁에 있을' 필요가 있다는 결론에 이르렀다(Carson 1987, p. 45). 아이에게 바이오필리아 감각은 돌봐주는 어른의 지도와 확인이 필요하다. 그리고 어른도 경이감의 불꽃을 다시 일으키려면 자연의 경이를 느끼는 아이의 흥분과 열린 마음이 필요할지 모른다.

넷째, 우리는 사랑과 바이오필리아가 주로 좋은 공동체에서 번성하리라고 믿을 만한 온갖 근거가 있다. 반드시 풍족한 장소를 뜻하지는 않는다. 사실 폭력과 극심한 빈곤이 분명히 그렇듯이, 풍요도 이따금 진정한 공동체에 나쁜 영향을 끼친다. 여기서 공동체란 사람과 사람 사이, 사람과 자연 세계 사이의 유대가 연계성, 책임, 상호 필요성의 양상을 낳는 장소를 뜻한다. 진정한 공동체는 존엄, 적성, 참여, 선행의 기회를 육성한다. 그리고 좋은 공동체는 아이의 상상력과 땅에 대한 감수성이 뿌리를 내리고 자랄 장소를 제공한다.

다섯째, 우리는 권위 있는 문헌이 말하는 바에 따라 끈기 있고, 친절하고, 견디고, 바라고, 오래 참고, 진실하며, 시기하지도 자랑하지도 강요하지도 교만하지도 무례하지도 사욕을 부리지도 분노하지도 앙심을 품지도 않는 사랑을 지닌다(〈고린도전서〉 13장). 나는 바이오필리아가 작동하려면 비슷한 자질이 있어야 한다고 생각한다. 한 예로, 신학자 제임스 내시(James Nash)는 사랑의 6가지 생태적 차원을 제시했다. (1) 자애, 즉 야생생물에 대한 친절, (2) 다른 생명 존중, 즉 생물권을 소유하거나 관리한다는 개념의 거부, (3) 자연 수용성, 즉 경외심, (4) 겸손, 즉 기술 이용의 신중함, (5) 생태학과 자연이 어떻게 작용하는가에 관한 지식, (6) 인류와 자연 사이의 '화해, 조화, 친교, 평화'로서의 교섭이다(1991, pp. 139~161). 나는 여기에 진정한 사랑은 절망적인 일을 하지 않으며, 돌이킬 수 없는 일을 저지르지 않는다는 말만 덧붙이고 싶다.

여섯째, 나는 복잡성이 어떤 규모와 수준을 넘어서면 어떤 종류든 간에 사랑의 가능성이 쇠퇴한다는 것을 우리가 확실히 안다고 본다. 자애, 경외, 화해, 교섭은 인구 과밀 지역에서 가난에 찌들어 사는 사람에게 온전히 발현될 만한 태도는 아니다. 지구 인구가 100억~120억 명이라면, 우리는 설령 제대로 할 수 없다고 할지라도 자연을 관리하려고 시도하는 것밖에는 선택의 여지가 없을 것이다. 필사적인 사람과 굶주린 사람은 위험한 기술에 그다지 신중함을 보이지 않을 것이다. 지구 전역에 깔린 방대하고 복잡한 망을 통해 필요한 것을 공급 받는 부자는 자신이 결코 가본 적이 없는 먼 곳에 자신이 어떤 피해를 입히고, 자신이 결코 접할 일이 없는 사람들에게 자신이 어떤 해악을 끼치는지 이해하지 못할 것이다. 지식은 나름의 규모의 한계를 갖는다. 규모와 복잡성이 어떤 수준을 넘어서면 우리가 결코 온전히 파악할 수 없는 세계에 적용되는 기술이 빚어낼 결과는 알기가 불가능해진다. 유전공학자와 나노기술자가 염화플루오린화탄소(CFCs)를 발명하고 그토록 무심하고 무분별하게 사용한 화학자들이 한 짓에 맞먹을 정도로 지구에 피해를 끼치는 날이 마침내 온다면, 그들도 자신이 무슨 짓을 하는지 몰랐다는 말로 용서를 구할 것이다.

일곱째, 에리히 프롬이 썼듯이, 사랑은 기술, 즉 '삶의 모든 단계에 걸쳐 훈련, 집중, 인내'를 요하는 실천 행위다(Fromm 1989, p. 100). 마찬가지로 바이오필리아의 기술은 훈련되고 집중되고 인내심을 갖춘 능력으로 세계를 이용할 것을 요구한다. 웬들 베리의 말에 따르면, 우리는 생계를 꾸려나가기 위해 '매일 뭇 생명의 살을 가르고 피를 흘려야' 한다. 우리는 '알고 사랑하고 솜씨 좋고 겸손하게' 하든지 '무지하고 탐욕스럽고 엉성하고 파괴적으로' 하든지 선택을 해야 한다(Berry 1981, p. 281). 또 어떤 기술이든 실행은 자제를 요구한다. 그것은 사랑의 대상이나 솜씨 좋게 일하는 능력을 약화시키는 것은 안 된다고 말할 능력을 뜻한다. 그리고 사람의 착취를 제한하는 것과 같은 이유로, 자제는 우리의 자연 이용에도 한계를 설정한다.

마지막으로, 우리는 사랑이 에로스에서 아가페로 성장하기 때문에 메타노이아(metanoia), 즉 '자신의 온전한 전체의 전환' 같은 게 필요하다. 메타노이아는 '패러다임 전환' 이상의 것이다. 메타노이아는 우선 우리가 헌신하는 것, 애정의 대상, 기본 성격의 변화이며, 이어서 지적 우선순위와 패러다임의 변화를 말한다. 사회 전체에서 아가페로서의 바이오필리아 출현은 생명에 대한 우리의 충실과 애정을 깊게 하며 시간이 흐르면서 문명 전체의 특징을 변화시키는 메타노이아 같은 것을 요구할 것이다.

바이오필리아 혁명

에드워드 윌슨은 '인류가 자신을 구할 수 있을 만큼 생명을 사랑하는 것이 가능한가?'라고 물었다(Wilson 1984, p. 145). 우리가 자신을 구할 수 있을 만큼 생명을 사랑한다면, 우리에게 요구되는 것은 무엇일까? 한 수준에서 답은 명백하다. 우리는 땅, 광물, 물, 공기, 야생 생물, 연료라는 지구의 자산을 사용하는 법과 사용하는 속도를 변화시킬 필요가 있다. 그것은 시간이 좀 걸리는 효율 혁명(efficiency revolution)이다. 효율을 넘어서서 우리는 품위 있게 산다는 게 어떤 의미이며, 품위 있는 삶에 실제로 필요한 게 얼마나 적은가에 관한 우리의 생각을 변화시킬 또 다른 혁명이 필요하다. 바로 충족 혁명(sufficiency revolution)이다. 효율 혁명은 주로 기술과 경제에 관한 것이다. 충족 혁명은 도덕과 인간의 목적에 관한 것이다. 바이오필리아 혁명은 생명 존중과 전적으로 합리적인 계산의 결합에 관한 것이며, 그것을 통해 우리는 효율적이면서 동시에 충족적인 삶을 살고자 한다. 바이오필리아 혁명은 지구와 생명 공동체에서 적절한 장소를 찾는 일에 관한 것이며, 시민권, 의무, 책임, 찬미에 관한 것이다.

우리 앞길에 가공할 장벽이 둘 있다. 첫째는 부정의 문제다. 우리는 스스로 만든 덫의 규모를 아직 직시한 적이 없다. 우리는 여전히 위기를, 기술과 돈으로 해결 가능한 문제의 집합으로 생각한다. 사실 우리는 지혜와 우리가 지금까지 본 것보다 더 높고 더 광범한 수준의 합리성을 통해서만 피할 수 있는 딜레마에 직면한다. 더 나은 기술이 도움이 되리라는 점은 분명하다. 그러나 우리 위기는 근본적으로 기술에 관한 게 아니라 정신, 의지, 마음에 관한 것이다. 부정은 실패의 자인에 입각한 세계적인 생태적 '페레스트로이카' 같은 것으로 맞서야 한다. 생명과 단절되고만 우리 경제의 실패, 국가의 도덕적 뿌리를 잊은 우리 정치의 실패, 만물의 본질적 전체성을 잊은 우리 과학의 실패, 깊이 지적으로 충분히 사랑하지 않아서 이런 일들이 벌어지도록 방치한 도덕적 존재로서의 우리 모두의 실패가 그렇다. 바이오필리아 혁명은 우리가 충분히 식견이 있고 지구를 관리하고 진화를 이끌 정도로 충분히 선하다는 현대의 미신을 타파하는 생태적 계몽으로서 출현해야 한다.

바이오필리아 혁명의 앞길을 가로막는 두 번째 장벽은 상상의 장벽이다. 바이오필리아 중심의 세계를 상상하고 우리가 그것을 창조할 능력이 있다고 믿기보다는 부정을 극복하기가 더 쉬울 것이다. 우리는 현재 '세계가 심각한 문제에 빠져 있는가?'라는 말에 즉시 압도적일 정도로 세계적인 합의에 도달할 수 있다. 하지만 '그 문제에 어떻게 대처해야 하는가?'라는 물음에는 1광년 내에 합의에 이르지 못할 것이다. 미래와 직면하면 정신은 혼란에 빠지는 경향이 있다. 이 때문에 우리는 커다란 쇠망치로 미래의 모습을 빚어내자고 주장하는 한편으로 레이저처럼 정확히 우리의 곤경을 진단할 수 있다. 허구적인 유토피아는, 거의 예외 없이, 대단히 단조롭고 설득력이 떨어진다. 우익이든 좌익이든 유토피아를 건설하려는 시도는 엄청난 실패로 끝나곤 했으며, 그럴 때마다 사람들은 자신이 과연 자기 나름의 최고의 가치에 맞는 세계를 건설할 능력이 있는지 깊은 회의감에 빠졌다. 그리고 지금 일부에서는 지속 가능하고 정의롭고 평화로운 세계를 건설하자는 논의가 이루어지고 있다! 무엇을 해야 할까?

미래를 직시하기가 쉽지 않은 것은 어느 정도는 우리가 유토피아를 너무 원대한 규모에서 생각하기 때문이다. 우리는 행성 규모는커녕 사회 전체 규모에서 대상을 이해하는 일도 잘 못한다. 게다가 자연적, 문화적 다양성을 짓밟는 단순한 공식을 강요하지 않고서는 유토피아가 해결한다고 하는 문제들을 해결하는 데 그리 능숙하지 못하다. 일부 무정부주의자를 제외하고, 대다수는 유토피아주의가 균질화와 거의 동의어라고 본다. 그 문제의 또 한 측면은 드라마, 흥분, 성적 자극을 원하는 현대 정신의 욕망이다. 그것이 바로 우리가 아는 한 지속 가능한 사회에 가장 가깝다고 할 수 있는 암만파(아미시) 사회를 다룬 베스트셀러 소설이 많지 않은 이유이기도 하다. 우리는 가장 소중히 아끼는 지배 환상 중 일부를 폐기하는 한편으로 의미와 다양성의 욕구를 어떻게 충족시킬 수 있을까? 어떻게 하면 다른 것들은 문제 삼지 않은 채 '우리의 지적 강조점, 헌신하는 것, 애정의 대상, 신념을 바꿀' 수 있을까?(Leopold 1966, p. 246) 혁명을 생각할 때, 맨 처음 튀어나오는 반응은 어떤 원대한 정치적, 경제적, 기술적 변화를 떠올리는 것이다. 우리를 괴롭히는 것을 어떤 식으로든 금방 바로잡는 변화 말이다. 하지만 우리를 괴롭히는 것은 우리 곁에 더 가까이 있으며, 나는 거기에서 시작하자고 제안한다.

유년기의 회복: 나는 바이오필리아를 하나의 선택으로 기술하면서 시작했다. 사실 바이오필리아는 일련의 선택이다. 첫 번째 선택은 유년기의 행동 및 아이의 상상력이 자신의 생활공간에 엮이는 방식과 관련이 있다. 현실적으로 바이오필리아 함양에는 더 많은 자연 공간, 즉 아이가 싸돌아다니고 탐험하고 상상할 수 있는 신비와 모험의 장소가 필요하다. 이는 도시 공원, 보행자 통로, 농장, 강변길이 더 많아지고 토지를 더 슬기롭게 이용해야 한다는 의미다. 또 자연의 체계와 기능을 복제하도록 학교와 교정을 재설계한다는 의미다. 아이들이 학창시절에 자연을 더 많이 접하고 자연이 보호되거나 복원될 수 있는 장소에서 마음껏 뛰노는 시간이 있어야 한다는 의미다.

바이오필리아가 뿌리를 내리려면, 자연스러운 유년기를 보존할 만큼 아이를 진지하게 대해야 한다. 하지만, 유년기는 무미건조하고 짧아지고 있다. 그 이유는 마치 사회병리학의 어느 교과과정처럼 들린다. 너무나 많은 한부모가정과 사랑 없는 부부, 너무나 많은 가정폭력, 너무나 많은 음주, 너무나 많은 마약, 너무나 많은 총, 너무나 많은 물건, 너무나 많은 텔레비전, 너무나 많은 빈둥거리는 시간과 용인, 너무나 많은 무책임한 부모, 너무나 적은 조부모와의 접촉 등. 아이들은 너무 일찍 어른이 된다. 그 결과 부모가 될 준비가 제대로 안 된 어른답지 못한 어른이 나올 뿐이며, 그 주기는 되풀이된다. 우리는 아이들에게 바이오필리아가 뿌리를 내릴 수 있는 유년기를 허용하지 않고서는 이 지속 가능성이라는 새 왕국에 들어가지 못할 것이다.

장소감의 회복: 나는 행성을 사랑한다는 일이 가능한지 여부를 알지 못하지만, 우리가 보고 만지고 냄새 맡고 경험할 수 있는 장소를 사랑하는 일은 가능하다는 것을 안다. 그리고 한 장소에 뿌리를

내리는 것이 '인간 영혼에 가장 중요하지만 가장 덜 인정받는 것'이라는 프랑스 철학자 시몬 베유(Simone Weil)의 말에 동의한다(1971, p. 43). 바이오필리아를 육성하려는 시도는 깊이 뿌리를 내릴 수 있도록 이런 장소를 다시 만들기로 결정하지 않는다면 잘되지 않을 것이다. 따라서 우리가 내려야 하는 두 번째 결정은 식량, 생계, 에너지, 치료, 휴양, 찬미의 근원을 찾을 수 있는 우리의 장소와 지역을 재발견하고 다시 서식지로 만드는 의지와 관련이 있다. '생물지역주의'라고 부르든 '고향 갖기'라고 부르든 간에, 그것은 자케타 호크스가 '무성하게 자라도록 땅을 설득하는 끈기 있고 점점 노련해지는 짝짓기'라고 한 기술을 재학습하기로 결정한다는 의미다. 그것은 가족농장, 농가, 읍, 공동체, 도시 내의 이웃을 재건하는 것을 의미한다. 또 바이오필리아가 처음 뿌리를 내리는 곳인 지역의 문화와 애향심을 복원한다는 의미다. 그것은 지역 생태를 경제와 생활 패턴이라는 천 속에 다시 엮어 짜는 한편으로 자동차 이용과 상업문화와의 유대를 줄이는 것을 뜻한다. 또 속도를 늦춤으로써 자전거 길, 정원, 태양에너지 활용 시설을 더 늘리기로 결정한다는 의미다. 그것은 우리가 사는 곳의 자연사를 재발견하고 복원한다는 의미다. 그리고 시인이자 생태주의 운동가 개리 스나이더(Gary Snyder)가 썼듯이, 우리의 장소를 찾아 뿌리를 내린다는 의미다(1974, p. 101).

교육과 바이오필리아: 출세 잠재력을 증진시키는 것 외에 다른 어떤 고상한 목적이 없는 교육은 여전히 바이오필리아 능력을 없앨 수 있다. 그 목적은 자신의 출세 궤적의 정점과 자신의 뿌리 사이의 거리를 가능한 한 벌린다는 의미를 지니게 되었다. 우리는 후손이 '세계적인 일꾼'으로서 경쟁할 수 있을까 하는 걱정을 크게 줄이고,

그들이 지구에서 지속 가능하게 사는 법을 터득할지를 훨씬 더 걱정해야 한다. 따라서 내 세 번째 제안은 타고난 바이오필리아와 생명을 진지하게 대하는 세계에 필요한 분석 능력 및 실제 쓸모가 있는 솜씨를 육성하는 방식으로 교육을 개선하려는 의지를 요구한다.

루이스 멈퍼드는 지역 공동체와 지방을 '과감하게 수정한 학습 방법의 뼈대'로 삼자고 주장한 바 있다(Mumford 1946, pp. 150~154). 지역 연구는 특정한 장소의 특수성을 교육하는 토대가 될 것이며, 다양한 분야를 '지역 조사'로 통합할 것이다. 지역 조사는 지역의 토양, 기후, 식생, 역사, 경제, 사회에 관한 조사를 포함한다. 멈퍼드는 지역 조사를 '공유하는 전체 즉, 지역, 그곳의 활동, 사람, 구성, 전체 생명'에서 시작하는 '지식의 유기적 접근'이라고 보았다(Mumford 1970b, p. 385). 목적은 '시민을 교육하고, 시민들에게 활동 도구를 제공하고 자신의 경관, 문헌과 언어, 지역 나름의 방식에 대한 공통의 감정을 통해 통합되어…… 자신이 사는 장소와 그곳에서 살아가는 법을 상세히 알' 사람을 교육하는 것이었다(p. 386).

바이오필리아 혁명에는 지역 조사 같은 것이 필요하다. 생명 존중을 뒷받침하고 부양하는 교육은 실외에서 지역 공동체와 맺는 관계 속에서 더 자주 이루어질 것이다. 그러한 교육은 반세기 전 멈퍼드가 말한 종류의 지식을 갖출 기본 능력을 제공할 것이다. 그 교육은 사람들이 교양뿐 아니라 지구에서 인간 삶의 생물학적 필요조건을 이해하는 생태적 소양을 갖추는 데 도움을 줄 것이다. 그 교육은 내가 '생태 설계 기술'이라고 부르는 것, 즉 생태학과 열역학 법칙에 통제되는 세계에 맞는 것을 만드는 데 핵심이 되는 인지 및 분석 능력, 생태적 지혜, 현실적 수단의 집합을 터득할 기본 능력을 갖추어 줄 것이다.

동물과의 새로운 계약: 바이오필리아 혁명은 우리가 동물과 새로운 관계, 배리 로페즈(Barry Lopez)가 '편견을 넘어서 우리 자신과 다르고 선천적으로 악하지 않은 모든 것을 존중하는 입장'이라고 말한 것을 구축하지 않는다면 불완전할 것이다(1989, p. 383). 우리는 동물원에 갇힌 동물이 아니라 원하는 대로 자유롭게 살아가는 동물이 필요하다. 그들이 우리 자신과 세계에 관해 우리에게 말해 줄 수 있는 것 때문에 그들은 우리에게 필요하다. 우리는 상상력과 온전한 정신을 위해 그들이 필요하다. 그들이 우리에게 정중함과 게리 스나이더가 '야생의 예의'라고 한 것을 가르칠 수 있기 때문에 우리에게는 동물이 필요하다(Snyder 1990, pp. 3~24). 인간의 아가페로서의 바이오필리아 능력은 보답할 수 없는 생물까지 껴안을 수 있기 전까지는 '자기중심적이고 부분적인' 것으로 남아 있을 것이다(Mumford 1970a, p. 286). 우리에게 동물이 필요하기에 우리는 그들을 다시 초대할 야생 경관을 복원할 필요가 있을 것이다.

동물과 맺는 새로운 계약은 법, 관습, 일상 습관에 동물의 권리를 보장할 수 있도록 인간의 영역을 제한하는 결정을 내릴 것을 요구한다. 첫 단계는, 동물이 고통을 느끼지 못하며 우리가 적합하다고 보는 방식으로 쓸 수 있는 기계에 불과하다는 르네 데카르트에게서 얻은 개념을 폐기하는 것이다. 야생에서 동물을 보호하는 한편으로 동물을 가두어 사육하고 대다수 실험실에서 동물을 이용하도록 허용하는 것은 도덕적으로 무의미하며 우리의 바이오필리아 능력을 감소시킨다. 나는 이 점에서 생태학자이자 철학자 폴 셰퍼드(Paul Shepard 1993)가 옳다고 생각한다. 동물과 야생을 인정하는 것은 우리 의식의 더 깊은 층을 온전한 의식이라는 햇빛에 다시 노출하기로 결정하는 것이다.

바이오필리아의 경제: 바이오필리아 혁명은 생명중심주의가 국지적 규모에서 번성하도록 할 국가적 · 지구적 결정도 요구할 것이다. 이를테면 바이오필리아는 축적, 속도, 선정성, 죽음 지향적인 경제가 요구하는 사항에 질식할 수 있다. 그러나 경제학자는 경제가 사랑 전반, 구체적으로 바이오필리아를 어떻게 육성하는지 혹은 단념시키는지 그다지 언급하지 않는다. 그 결과, 사랑과 우리가 생활비를 버는 방식 사이의 관계는 그다지 깊이 다루어지지 않았다.

바이오필리아를 함양하는 경제로의 전환은 생물권과 관련한 인간의 사업을 제한하는 결정을 내릴 것을 요구한다. 일부 경제학자는 다음 반세기 동안 경제활동이 5~10배 커질 것이라고 자신 있게 말한다. 하지만 피터 비터섹(Peter Vitousek) 연구진은, 인간이 현재 육상 생태계의 순일차생산성의 40%를 이용하거나 전용한다는 것을 보여주었다(Vitousek et al. 1986). 바이오필리아는 인간의 사업 범위에 어떤 제한을 미칠까? 사랑은 어떤 오차 범위를 요구할까?

마찬가지로 자본, 기술, 정보가 세계를 쉽게 이동하는 지구경제 체제에서 뒤에 남은 사람과 공동체를 어떻게 보호할 것인가? 지금은 그 어느 때보다도 돈으로 살 수 있는 권력을 통해 자본의 권리가 보호를 받는다. 그 결과, 우리는 바이오필리아가 의지하는 공동체와 그 안정성을 어떻게 보호해야 할지 복잡한 결정에 직면한다.

바이오필리아와 애국심: 바이오필리아가 가능한 문화 쪽으로 나아가는 데 필요한 결정은 결국 정치적인 것이다. 그러나 우리 정치는 경제만큼이나 다른 것들에 우선순위를 둔다. '국가안보'나 이런저런 한 순간의 국가 '이익'이라는 미명하에 우리는 국토와 자손의 미래를 황폐화시킨다. 최악의 정치는 우리의 가장 고귀한 가치를 타락시키면서, 대신에 개인 또는 분파의 이익을 위해 의무와 책무를 하염없이 회피해 왔다. '괴짜 현실주의자'는 늘 그래 왔으니 앞으로도 그럴 게 분명하다는 식으로 말한다. 그것은 나쁜 역사를 나쁜 교훈과 결합시킨 견해다.

조국 사랑에 붙이는 이름인 애국심은 진정한 건강, 아름다움, 자기 터전의 생태적 안정성에 기여하는 것들을 포함하고, 그렇지 않은 것들은 배제하는 쪽으로 재정의되어야 한다. 바이오필리아로서 애국심은 조국 사랑이라는 개념을 국가를 어떻게 얼마나 잘 이용하는가와 재결합시키기로 결정할 것을 요구한다. 국민총생산을 늘리고 단기적이고 때로 그럴싸한 일자리를 제공하기 위해 숲, 토양, 자연미, 야생생물을 파괴하는 것은 애국심이 아니라 탐욕이다.

진정한 애국심은 국토에 대한 유능하고 끈기 있고 훈련된 사랑을 우리의 정치 생활과 정치제도 속에 짜 넣을 것을 요구한다. 주로 한계와 관련이 있는 생태학 법칙과 열역학 법칙은 새 정치의 토대가 되어야 한다. 바츨라프 하벨만큼 이 점을 명확히 표현한 사람은 없다. "우리는 자연 세계에서 기준을 이끌어내야 한다……. 우리는 존재의 질서 속에 우리의 능력 범위를 확연히 넘어서는 무언가가 있다고 인정함으로써 자연 세계의 범위와 그 너머에 있는 신비를 현인(賢人)의 겸손함을 갖고 존중해야 한다"(Havel 1989, p. 153). 다른 자리에서 하벨은 이렇게 말했다.

> 진정한 정치는…… 그저 우리 주위의 사람들에게 봉사하는 문제다. 공동체에 봉사하고, 우리 다음에 올 사람들에게 봉사하는 것 말이다. 정치의 가장 깊은 뿌리는 도덕이다. 정치는 책임, 전체를 향해 그리고 전체를 위해 행동으로 표현된 책임이기 때문이

고…… 오로지 그것이 형이상학적 토대를 지니기 때문이다. 즉 그것은 우리의 죽음이 결코 끝이 아니라는 의식적 또는 잠재의식적 확신에서 자란다. 모든 것은 다른 어딘가에서, '우리 위쪽' 어딘가에서, 내가 '존재의 기억'이라고 말해 온 것에 영구히 기록되고 평가되기 때문이다. (Havel 1992, p. 6)

결론

에리히 프롬은 사회 전체가 제정신인지 미쳤는지를 판단할 수 있을지 물은 적이 있다. 20세기의 양차 세계대전, 국가 주도의 대량학살, 강제노동수용소, 매카시즘, '상호확실파괴(mutual assured destruction)*'를 거친 뒤라 그 물음에 답이 확정적이라는 데는 의문의 여지가 없을 수 있다. 게다가 나는 우리 후손이 지속적인 경제성장과 경박한 소비에 대한 집착을 신학적으로 유도된 착란의 증거로 간주하리라는 것도 의심하지 않는다. 제정신에 관한 우리의 현대 개념은 대체로 도시 사람인 지그문트 프로이트에서 나온 것이라 할 수 있다. 그리고 도시 남성의 관점에서는 자연과 제정신의 관계를 알아보기 어렵고, 느끼기는 더더욱 어려울지 모른다. 프로이트의 마음 탐색은 너무 일찍 중단되었다. 그가 좀 더 나아갔고, 그것을 볼 준비가 되어 있었다면, 그는 시어도어 로스작(Theodore Roszak)이 '생태적 무의식'이라고 한 것과 그것의 억압이 '산업사회에서 서로 결탁한 광

* 미국 핵전략 이론에서, 적대관계에 있는 쌍방이 서로를 확실하게 파괴할 전략을 세워 서로에게 손해를 줄 수 있는 상태.

기의 가장 깊은 뿌리임'을 발견했을지도 모른다(Roszak 1992, p. 320). 또 그는 바이오필리아와 우연히 마주쳤을지도 모르며, 그랬다면 개인과 집단적인 제정신에 대한 우리의 이해는 더 굳건한 토대 위에 놓였을 것이다.

인간의 정신은 지금은 거의 다 사라지고 없는 야생이 빚어낸 플라이스토세(홍적세) 시기의 산물이다. 우리가 자연 파괴를 완료한다면, 우리는 자신을 제정신 자체의 근원과 단절시키는 데 성공할 것이다. 우리의 창조물에 둘러싸이고 자연물과 단절된 채 밀폐된다면, 세계는 스스로를 가둔 정신의 광기 이미지만을 반영할 것이다. 자기 자신과 자신의 창조물을 애지중지하는 정신이 제정신일 수 있을까? 소로는 결코 그렇게 생각하지 않았을 것이며, 우리도 그래야 한다.

더 온전하고 지적으로 사랑하는 제정신의 문명은 더 많은 공원과 더 적은 쇼핑몰, 더 많은 작은 농장과 더 적은 애그리비즈니스, 더 번영한 소읍과 더 작은 도시, 더 많은 태양에너지 시설과 더 적은 노천광, 더 많은 자전거 길과 더 적은 고속도로, 더 많은 열차와 더 적은 자동차, 더한 찬미와 덜한 서두름, 더 많은 땅주인과 더 적은 천만장자와 억만장자, 더 많은 독자와 더 적은 텔레비전 시청자, 더 많은 소매상인과 더 적은 다국적기업, 더 많은 교사와 더 적은 변호사, 더 많은 야생과 더 적은 쓰레기 매립지, 더 많은 야생동물과 더 적은 애완동물을 가질 것이다. 유토피아? 아니다! 우리의 현재 상황에서 이것이 상상할 수 있는 유일하게 현실적인 경로다. 우리는 이미 유토피아를 시도해 보았으며, 더는 시도할 여력이 없다.

21_ 환경을 진지하게 고려하는 세상

지구에서 자기 자리를 찾아 정착하고 책임을 져라.
– 게리 스나이더

회상

나는 펜실베이니아 서부의 언덕들이 굽이치고 농장이 군데군데 펼쳐진 소읍에서 자랐다. 미국 전역에 있는 수많은 소읍과 그리 다르지 않은 곳이었다. 가게와 상점이 들어선 중심가, 장례식장 한두 곳, 교회 네 곳, 작은 인문대학 한 곳이 있었고, 2,000명쯤 되는 주민들은 서로 알고 지냈다. 진지하고 열심히 일하는 프로테스탄트와 의아할 정도로 많은 은퇴한 전도사와 선교사로 가득한 '무미건조한' 마을이었다. 엘비스와 로큰롤이 금방 환영을 받는 곳은 아니었다. 정치 성향은 온건했고 아이젠하워류의 공화당 쪽이 다수였다. 소설가인 셔우드 앤더슨(Sherwood Anderson)이나 시어도어 드라이저(Theo-.dore Drieser)에게는 케케묵고 편협한 곳으로 비쳤을 것이다. 아마 그랬을 것이다. 1990년대 기준으로 보면, 그 소읍, 대학, 주민은 가장 느슨한 형태의 정치적 공정성 기준조차도 통과하지 못했을 것이다. 그곳은 다문화적이지도 다인종적이지도 않았으며, 남성의 세계였다. 성(性) 혁명은 아직 저 멀리 있었다. 마을 주민 거의 모두 그 세기 중반 미국에 퍼져 있던 우리의 타고난 성품, 경제발전, 공산주의, 기술에 관한 가정들을 아무런 의문을 품지 않은 채 받아들였다. 존 에드거 후버(John Edgar Hoover)*는 영웅 대접을 받았다. 소년들은 야구장과 농구장에서 남자다움을 과시했다. 한편, 대다수 소읍이 그러했듯이 그곳도 한 경제체제에서 다른 경제체제로 옮겨가는 와중에 있었다.

소읍이 으레 그렇듯, 펜실베이니아 뉴윌밍턴의 중심가도 19세기 농업경제의 잔재가 여전히 남아 있었다. 중심가 뒤쪽에는 황폐한 외양간이 버려져 있었고 영구차가 서 있었다. 중심가에는 믹스 씨의 시계 수리점과 푸스코 씨의 신발 수선점이 있었다. 식품잡화점 둘, 철물배관점 하나, 맛 좋은 빵집 하나, 전기 설비점 하나, 유제품 판매점 하나, 은행 하나, 포목점 하나, 잡지와 담배를 파는 가게 하나, 영화관 하나, 건축 자재점 하나, 정육점 하나를 비롯하여 동네 사람이 소유하고 운영하는 사업체들이 있었다. 기차역은 중심가에서 두 블록 떨어져 있었다. 남쪽으로 800미터쯤 떨어진 곳에서는 지역 사업가가 공구 제작소를 운영했다. 마을에서 400미터쯤 떨어진 네샤녹 하천 둑에는 쓰레기장이 있었다.

그 소읍에서는 동네 사람이 소유하고 운영하는 수선 및 재활용 경제가 주류였다. 어머니는 중심가에 있는 가게에서 식품과 잡화를 구입했다. 채소는 동네 농부에게서 샀다. 집집마다 돌아다니면서 농

* 1924~72년 FBI 국장을 역임하며 FBI라는 머리글자를 미국 법 집행의 상징으로 만든 인물.

장에서 갓 나온 신선한 달걀에서 단풍나무시럽에 이르기까지 온갖 먹을거리를 파는 암만파 신도에게서 사기도 했다. 우유는 동네 사람이 소유한 낙농회사에서 회수용 유리병에 담아 매일 배달했다. 소다수도 마을에서 13킬로미터 떨어진 공장에서 회수용 유리병에 담아 팔았다. 고장 난 기계류는 마을에서 수리할 수 있었다. 10센트만 주면 무딘 톱을 날카롭게 갈아주었다. 사람들은 대개 옷을 물려 입었고, 많은 물건들이 그랬듯이 나 같은 막내에게는 으레 맨 나중에야 차례가 돌아왔다. 내가 받은 가장 좋은 크리스마스 선물 중에는 손으로 직접 만든 것들도 있었다.

그 세기 중반 미국에서는 소읍이라는 안락한 세계를 무너뜨릴 세력이 진군하고 있었다. 그러나 고향을 떠나 더 나은 기회와 자극을 주리라고 여겨지는 다른 어떤 곳으로 향하는 자신만만하고 기대에 부푼 젊은이의 이주 대열에 합류할 당시, 나는 그런 것들을 전혀 알지 못했다. 우리가 왜 떠나는지 혹은 그저 다른 곳이라는 것 말고 우리가 어디로 향하는지 말할 수 있는 사람은 거의 없었다. 우리가 남기고 가는 것이 무엇인지도 알지 못했다.

돌이켜보면, 당시에도 더 큰 규모의 산업경제가 거의 모든 곳에서 지역경제를 무너뜨리기 시작하면서 변화가 일어나고 있었음을 알 수 있다. 우리는 의회가 주간(州間)고속도로법을 통과시킨 그해(1956년)에 처음으로 텔레비전을 샀다. 계곡을 가로지르는 노천광에서 밤을 환하게 밝히던 커다란 굴삭기의 불빛이 떠오른다. 여름에 짬짬이 내게 일거리를 준 동네 토건업자는 내가 대학을 졸업한 직후에 사업을 접었다. 내게 시간제 일자리를 주었고 그 군에서 가장 진보적이라고 여겨졌던 농부는 1975년에 파산했다. 그만 그런 것이 아니었다. 뉴윌밍턴 주민들은 이제 주 연합 낙농협동조합에서 나오는 플라스틱

용기에 든 우유를 산다. 동네의 병 봉입 공장은 사라졌고, 쓴 병을 상점에서 회수하는 일도 없어졌다. 당시 내가 번잡하고 번창하는 곳이라고 알고 있던 인근 오하이오 주의 산업도시인 뉴캐슬과 영스타운은 지금은 거의 황폐해지고 버려진 곳이 되었다. 예전에 피츠버그에서 클리블랜드까지 뻗어 있던 블루칼라의 산업 지대에 속했던 다른 도시들도 마찬가지다. 마을 북쪽과 동쪽으로 나 있는 주간고속도로는 예전의 시골 농장 풍경을 싹둑 잘라놓고 있다. 이제 주민들은 주로 관광산업이 경제를 살려줄 거라고 기대한다. 듣기로는 범죄율이 증가하고 있어서 문제라고 한다.

엄청난 증가

1961년 졸업반 학생들이 각자의 길을 찾아 나선 지 30년 사이에 세계 인구는 32억 명에서 55억 명으로 늘었고, 약 1,200억 톤에 이르는 이산화탄소가 주로 화석연료 연소를 통해 대기로 뿜어졌고, 지구 생물 중 아마 10분의 1은 사라졌을 것이다. 세계 우림도 4분의 1이 사라졌고, 유럽의 숲은 절반 이상이 산성비에 피해를 보았으며, 부주의한 농사법과 개발로 세계 표층토 약 6,000억 톤이 침식되어 사라졌고, 오존층도 심각한 피해를 보았다. 1961년의 졸업반이 흐릿한 기억에 불과해지기 전에, 지구는 아마 2~3도 더 더워지고 그에 따라 우리가 거의 상상할 수 없는 결과가 빚어질지 모른다. 세계 인구는 80억~90억 명으로 늘어났을 것이며, 지구 생물 종의 약 25%는 사라졌을 것이다. 인류는 대강 미국만 한 크기의 땅을 사막으로 바꾸어놓았을 것이다. 우리가 살던 시대에 세계를 뒤흔들 정도로 중요한 무언가가 잘못되었으며, 우리는 그것을 제대로 볼 준비도 거기에 연루되는 것을 피할 태세도 되어 있지 않았다.

뒤늦은 깨달음

다소 뒤늦게 깨달아 돌아보니 우리 마을에는 좋은 것들이 많이 있었지만, 세 가지가 빠져 있었다는 생각이 든다. 이 장의 제목에서 시사한 쟁점들과 관련이 있는 것들이다. 첫째, 가장 명백한 점은 우리가 생태, 계, 상호 연관성에 관해 거의 아무것도 배우지 않았다는 점이다. 다른 많은 이들도 다를 바 없었다. 그것은 경제성장의 철학으로 무장하고 성장하기로 결정한 고장의 맹점이었다. 그 결과, 우리는 생태적 의존성이나 그와 관련된 우리 자신의 취약점을 거의 알지 못했다. 우리 집 옆 과수원에는 봄과 여름마다 살충제가 흠뻑 뿌려졌고, 우리는 한 번도 반대하지 않았다. 인근 노천광에서는 해가 갈수록 황폐해지는 면적이 늘어났지만, 우리는 그것이 잘못되었다는 것을 거의 알아차리지 못했다.

우리는 풍족한 고장에서 자랐고, 그 때문에 거의 눈뜬장님이 되었다. 학교에서 다른 많은 지역에 관해 배웠지만, 내 지역에 관해서는 그다지 배운 게 없다. 우리는 자신의 터전과 관련하여 어떻게 살아갈지를 배우지도 않았고 생각해 본 적도 없었다. 자기 고장에 딱 맞는 문화의 모범 사례라고 할 수 있었을 근처 암만파 농장을 우리는 우리에게 아무것도 제공하지 않는 옛 세계의 별난 유물이라고 간주했다. 고등학교나 지역 대학에는 그 고장의 자연사를 다루는 과목이 전혀 없었다. 오늘날까지도 그 지역을 생명지역으로서 다룬 문헌은 거의 나오지 않았다. 따라서 우리는 자신이 살아가는 생물학적 · 생태학적 조건과 그 조건들이 우리에게 요구하는 게 무엇인지 대체로 모른 채 자랐다.

나는 레이철 카슨의 《침묵의 봄(Silent Spring)》(1962)이 출간되기 전해에 고등학교를 졸업했다. 하지만 킹 허버트의 미국 원유 생산량 예측 자료와 루이스 멈퍼드, 폴 시어스, 페어필드 오즈번, 윌리엄 보그트의 걸작 중 몇 편, 존 뮤어, 존 버로스, 조지 퍼킨스 마시, 헨리 데이비드 소로의 저술은 이미 나와 있었다. 우리의 교사와 스승은 더스트볼(dust bowl)*과 대공황을 둘 다 겪은 사람들이었지만, 그들에게 가장 영향을 끼친 것은 대공황이었고 그 점은 우리에게 영향을 미칠 수밖에 없었다. 거의 삼투압 작용처럼 우리는 경제적 곤경을 통해 체득했다는 교훈을 받아들였지만, 마찬가지로 박탈과 경제적 몰락을 가져올 수도 있는 생태적 붕괴에서 얻었을 교훈은 배우지 못했다. 반항의 시기가 도래했을 때, 우리는 '라이프스타일'과 음악 같은 것을 통해 반항했다. 그러나 1961년도 졸업반인 우리는 어떤 한계가 중요하다는 생각을 할 이유가 없었고, 그런 개념도 제대로 갖고 있지 못했다. 비록 불충분하긴 했어도 우리에게는 경제 철학은 있었지만, 명료하거나 생태학적으로 녹아든 자연관은 전혀 없었다. 우리는 진보라는 신념으로 무장했지만, 출발점이나 '자기 자리를 찾아 정착하는' 법에 관한 실마리를 거의 지니지 못한 채 세상으로 나왔다. 그리고 1961년에 우리 중 그 누구도 그런 말들이 지닌 의미 따위는 아예

* 1930년대 미국 남서부를 강타했던 흙먼지 폭풍. 과도한 경작과 목축, 부적절한 경작기술, 허술한 토지 관리에 따른 토지 황폐화와 가뭄으로 표층토가 바람에 날리면서 발생했다. 수천 세대가 경작지를 버리고 이주해야 하는 등 심각한 피해를 끼쳤다.

생각조차 하지 않았을 것이다.

돌이켜보면, 두 번째로 빠진 요소를 알아볼 수 있다. 당시에는 기술에 관한 회의론이나 심지어 진지한 논의조차 전혀 없었다. 그런 한편으로 대학생들은 학술과목을 주로 택했고 직업과목은 멀리했다. 그 결과, 출세한 자는 기술 쪽으로 무지하고 무능력한 존재가 되었다. 그동안 내내 '전기를 이용한 더 나은 생활'과 '우리의 가장 중요한 산물로서의 진보'를 역설하는 광고자들이 부추긴 소박한 형태의 '다음에 그들은 무엇을 생각할까'는 있었으며, 우리는 별생각 없이 그것을 받아들였다. 우리는 기술 덕분에 10억 분의 1이라는 단위까지 검출할 수 있었지만, 그게 우리에게 어떤 대가를 요구하는지 안 것은 세월이 한참 흐른 뒤였다. 게다가 우리는 자신을 덫에 가두기 시작한 의존성이라는 그물도 알아보지 못했다. 그 모든 것을 어찌어찌 이해했을 바로 '그들'은 미국인이 능력을 갖춘 존재이자 시민이자 이웃으로서 스스로 했던 것을 가져가고 나서 가격을 높여서 되팔고 있었다. 우리는 기술에 관해 비판적으로 생각할 수 없는, 이상이 생긴 면역계와 흡사한 지적 능력을 지닌 채 세상으로 내몰렸다. 설령 우리가 《파우스트》를 읽었다고 해도, 우화로 읽었지 예언으로는 읽지 않았다.

셋째, 만일 당시 우리가 자신의 터전을 더 잘 알았고 생태적 소양과 기술적 실력을 갖추었다고 하면 어떨까? 그렇다고 해도 우리에게는 우리의 땅과 전통 유산의 더 나은 청지기가 될 정치적 수단이 없었을 것이다. 소읍 나름의 열렬한 애국심은 생계, 주거, 토양, 청지기의 일 같은 것들과 단절되어 있었다. 우리는 민족주의, 깃발, 대통령의 권한 같은 추상적인 큰 개념을 애국심으로 착각했다. 그래서 우리는 존 매카시와 에드거 후버의 궤변, 베트남전쟁에 관한 린든 존슨의 거짓말, 거의 입만 열면 나오는 리처드 닉슨의 거짓말, '미국에 새 아침이 밝았다'라고 로널드 레이건이 불어넣는 환상에 취약했다.

내 생각에 급우들과 나는 20세기 중반에 태어나서 자란 전형적인 미국인이다. 우리는 값싼 에너지, 경제적 · 기술적 낙관론, 애국심에 겨워 좌충우돌 벌인 온갖 행태, '자동차를 이용한 이동'의 시대를 살아왔다. 우리는 이사하는 존재이며, 평생 평균 8~10번 이사를 한다. 우리는 산업사회에서는 유능하지만 다른 모든 사회에서는 무능한 존재로 교육 받았다. 우리는 산업 '패러다임'의 가치와 가정 또는 진보 개념의 바탕에 깔린 가치와 가정에 별 의문을 품지 않았다. 그런 믿음은 주어진 것이었다. 우리는 어떤 것이든 간에 자신을 떠미는 경제적, 기술적, 심지어 정치적 변화에 취약한 상태로 세상에 나왔다. 그런 변화가 경제적으로 필요하다거나 그저 불가피한 일이라는 말을 듣기만 하면서 말이다. 우리는 주변에서 일어나는 물리적, 생물학적, 심리적 세계질서 재편에 의문을 품으라고 배우지 않았다. 게다가 우리는 그것이 무엇을 위한 것인지도 알 수 없었다.

펜실베이니아 뉴윌밍턴은 여전히 멋진 소읍이다. 산업체가 거의 없어서 인근 산업도시와 달리 황폐해지는 운명을 겪지 않았다. 또 세속화한 다른 많은 지역과 달리 무분별한 성장에서도 벗어나 있다. 하지만 예전에 좋은 농지였던 읍 외곽 지역에서 현재 주택 개발이 이루어지고 있다. 암만파는 논외로 치고, 지역 농장 경제는 예전에 있던 것의 그림자에 불과하다. 나무에는 산성비의 영향이 미치기 시작한 징후가 나타나고 있다. 수지를 맞추기 위해 지역은 점점 더 관광에 의존하고 있다. 대다수 소읍처럼 뉴윌밍턴도 다른 곳에서 이루어지는 결정에 좌우되는 일종의 섬이다. 그곳이 예외로 남겨진 것은 대체로 대규모 상점가, 광산, 지역 공항, 디즈니월드, 새 산업단지로 개발

했을 때 수익이 날 것 같다는 생각을 아무도 안 했거나, 그렇다는 것을 아무도 눈치 채지 못했기 때문이다. 어쨌든 아직까지는 그렇다. 그러는 동안 그곳도 쓰고 버리는 경제의 훌륭한 일원이 되었으며, 성공을 위해 다른 곳으로 떠나는 젊은이들은 여전히 많다.

뉴윌밍턴이 지금까지 소홀한 대접을 받은 반면, 다른 읍과 지역은 그렇지 않았다. 뉴윌밍턴에서 몇 킬로미터밖에 안 떨어진 뉴캐슬과 영스타운은 산업 재앙지다. 현재의 내 고향 외곽에 있는 매립지는 돈을 받고 뉴욕시티 같은 먼 곳에서 오는 쓰레기도 받는다. 오하이오 남부의 퍼널드에 있는 핵 처리 시설은 사방 수백 킬로에 걸쳐 방사성 폐기물을 퍼뜨려 왔다. 켄터키 주 맥시플래츠도 마찬가지다. 콜로라도 주 로키플래츠, 워싱턴 주 핸퍼드 모두 '국가안보'라는 미명하에 희생되었다. 도시 팽창과 도심 쇠퇴는 미국 전역에서 수많은 읍과 시의 골칫거리다. 어디든 오가는 대규모 자본에 유린당하는 곳도 있다. 캐나다 앨버타 북부에서 미쓰비시사는 10억 달러가 넘는 돈을 투자하여 펄프 공장을 짓고 있다. 그 공장은 토착 문화와 함께 존재한 생태계를 파괴하거나 해칠 것이다. 브라질의 카라자스 광산에서 나온 값싼 선철을 유럽에 공급하는 일 때문에 수십만 제곱킬로미터에 걸친 우림이 파괴될 것이다(Carley and Christie 1993, p. 24). 그에 따른 황폐화는 유럽 철강 가격에 반영되지 않을 것이다. 또 산업경제의 탐욕스러운 식욕을 채우는 전 세계의 다른 광산, 우물, 벌목지, 사육장의 황폐화도 부(富)를 계산할 때 빼버릴 것이다. 세계경제의 연간 총액은 현재 21조 달러를 넘으며, 21세기 중반에는 틀림없이 5배로 증가할 것이라고 한다. 바로 그 세계경제는 현재 직간접적으로 지구 순일차생산성의 25%를 사용한다. 지구 순일차생산성도 마찬가지로 5배 증가할 수 있을까?

자기 장소를 진지하게 생각하는 세계

통념의 옹호자들은 경제성장이 바람직하고 필요한 것이라고 믿는다. 그리고 성장은 자본 이동, 자유무역, 기꺼이 위험을 감수하고 희생을 치를 자세를 요구한다. 성장을 위해 더 값싼 노동력 및 더 좋은 원자재와 시장 접근성을 찾아 생산과 고용이 다른 곳으로 옮겨감에 따라 지역 전체와 산업 전체는 희생될지도 모른다. 그들은 '우리'가 세계경제에서 경쟁력을 유지할 수 있고, 우리가 구매하는 상품이 이익을 최대화하는 기업에서 가능한 한 값싸게 만들어지게 하려면 그런 희생이 필요하다고 말한다. 또 통념은 '다국적인 문제는 어느 한 나라의 행동만으로는 관리할 수 없다고 본다' (Haas et al. 1993, p. ix). 지구 관점의 옹호자는 염화플루오린화탄소(CFCs)를 단계적으로 감축하자는 몬트리올의정서와 후속 협정들을 긍정적인 증거로 종종 인용한다.

통념의 첫 번째 부분은 장소와 환경의 중요성을 부정하고 진보로 가장한 지구적인 파괴 행위를 선호한다. 진보에 더 집착하는 사람은 환경 개선 자체가 환경을 파괴하는 바로 그 활동을 더 강화할 것을 요구한다고 믿는다. 통념의 두 번째 부분의 신봉자는 세계의 장소들을 황폐화시킨 바로 그 기관들에 지구 환경을 구하는 일을 맡길 수 있다고 우리에게 믿으라고 하면서 장소 위주로 사는 사람의 정치적 · 생태적 창의력을 무시한다.

반대로, 긴 안목에서 환경과 번영을 둘 다 진지하게 고려하는 세계는 지역과 지방이 세계와 이어지는 양상에 더 세심한 주의를 기울여야 한다. 나는 지구적인 행동이 불필요하다거나 중요하지 않다고는 보지 않는다. 하지만, 그것은 불충분하고 부적절하다. 장소를 진지하게 고려한다면 지구 수준에서 이루어질 필요가 있다고 우리가 생각하는 것도 달라질 것이다. 그것은 지역색이나 편협함을 의미하지 않는다. 그것은 문을 꼭꼭 닫아걸고 세상과 단절하는 것, 즉 경제학자들이 자급자족 체제라고 말하는 것을 의미하지 않는다. 우리는 '지구적으로 생각하고 지역적으로 행동해야(think globally and act locally)' 한다는 말을 오래전부터 들어왔지만, 그 말은 명확한 계획보다는 여전히 구호에 더 가깝다. 여전히 우리는 국가적 · 국제적 측면에 불균등하게 더 관심을 두며, 지역적 측면에는 충분한 관심을 거의 두지 않는다. 나는 장소, 지역사회, 윌리엄 블레이크가 '사소한 특색(minute particulars)'이라고 한 것이 지구적으로 중요한 이유 다섯 가지를 제시하고 싶다.

첫째, 태어나고 자란 지역의 특성이 여러모로 우리의 인격 형성에 중요한 영향을 미치므로 우리는 어쩔 수 없는 장소 중심적 존재다(Gallagher 1993; Tuan, 1977). 우리는 직접 접하는 주변 환경에서 처음에 그런 것들을 배우며, 시각, 후각, 촉각, 청각, 미각, 아마 우리가 아직 이해하지 못하는 기타 감각을 통해 의식적 · 잠재의식적으로 그런 것들을 이해한다. 우리의 선호, 공포증, 행동은 장소 경험에서 시작한다. 그런 장소가 추악하고 폭력적이라면, 그 안에서 자란 많은 이의 행동 또한 추악하고 폭력적일 것이다. 아무리 풍족하다고 해도 생태적으로 헐벗은 장소에서 자란 아이는 생물학적 풍요로움에서만 나올 수 있는 감각 자극과 상상을 자극하는 경험을 박탈당한다. 우리의 경관 선호 양상은 일찍부터 우리에게 친숙한 것을 통해 빚어진다. 다시 말해 경관(landscape)과 '마음경관(mindscape)' 사이, 우리 장소의 질과 그 안의 삶의 질 사이에는 불가피한 대응 관계가 있다. 즉 우리는 시골과 도시 양쪽에서 온전한 인간으로 성장할 수 있는 안정적이고 안전하고 흥미로운 환경이 필요하다.

둘째, 환경운동은 특정 장소를 보존하고 보호하려는 용기 있는 사람들의 노력에서 비롯한 것이다. 존 뮤어와 헤츠헤치밸리(Hetch Hetchy Valley)*, 마저리 스톤먼 더글러스(Marjorie Stoneman Douglas)와 에버글레이즈(Everglades)**, 호러스 케파트(Horace Kephart)와 그레이트스모키산맥 국립공원(Great Smoky Mountains National Park)***의 지정이 그렇다. 거의 모든 환경운동가는, 지구적인 문제에 초점을 맞추는 이들까지도 일찍이 특정한 장소와의 관계를 통해 그 길로 들어섰다. 예전에 레이철 카슨이 '경이감'이라고 한 것은 생태적 상상력에 마법의 효과를 발휘하는 장소에 유년기의 마음이 반응하면서 시작한다. 그런 경험 없이 열정적이고 확고한 자연 옹호자가 된 사람은 거의 없다.

셋째, 생물학자이자 인류생태학자 개릿 하딘(Garrett Hardin)이 주장하듯이, 세계 전역에서 일어나는 문제들이 반드시 지구적인 문제는 아니며, 일부 진짜 지구적인 문제는 오직 많은 지역적 해결책을 통해 해결 가능할지 모른다. 하딘에 따르면, 도로에 움푹 파인 구멍들은 전 세계의 커다란 문제지만, 그것들은 어디에서나 적용 가능한 똑같은 원인과 단일한 해법을 지닌 '지구적인' 문제가 아니다(Hardin

* 미국 캘리포니아 주 요세미티국립공원에 있는 계곡. 20세기 초 샌프란시스코의 식수 부족 해결을 위해 이곳에 댐을 만들자는 방안이 나왔을 때, 최대 다수를 위해 환경의 유용성을 극대화하자는 지퍼드 핀쇼(Gifford Pinchot) 등의 댐 건설 찬성에 맞서 뮤어는 '자연은 인간을 위해서가 아니라 자연 그 자체를 위해 보호되어야 한다'며 전국적인 반대 캠페인을 이끌어냈다.

** 미국 플로리다 주 남부의 광활한 늪지. 작가이자 환경운동가인 더글러스가 글과 환경운동을 통해 미국인들이 이곳에 대해 품어온 혐오감을 씻어주었다.

*** 미국 테네시 주 동부와 노스캐롤라이나 주 서부에 걸쳐 있는 국립공원. 국립공원으로 지정되는 데 여행작가인(travel writer) 케파트가 중요한 역할을 했다.

1993, p. 278; Hardin 1986, pp. 145~163). 해결할 의지를 지닌 공동체라면 다 자체적으로 움푹 파인 구멍 문제를 해결할 수 있다. 하지만, 기후변화는 그렇지 않다. 기후변화는 집행력을 지닌 국제협정을 통해서만 피하거나 최소화할 수 있다. 어떤 공동체도 국가도 혼자서는 기후변화를 피할 수 없다. 그렇긴 해도 온실기체를 배출하지 않는 태양력 활용 세계로 전환하는 데 필요한 일의 많은 부분은 가정, 동네, 공동체 수준에서 이루어져야 한다.

넷째, 전적으로 지구적인 초점은 특정한 환경에서 실제 사람들에게 일어나는 일을 모호하게 하는 추상적 개념의 집합으로 지구를 환원시키는 경향이 있다. 전적으로 지구적인 초점은 철학자 앨프리드 노스 화이트헤드가 '잘못 놓인 구체성의 오류(fallacy of misplaced concreteness)'라고 한 위험에 빠진다. 현실의 모형을 현실 자체로 착각하는 것을 말하며, 누군가가 말했듯이 그것은 식사가 아니라 식단표를 먹는 것과 같다. 거기에서 통제하려는 산업적인 충동에 호소력을 지닌 행성 관리라는 개념으로 넘어가기는 쉽다. 사실 그것은 대체로 산업경제의 보존을 지향한다. 효율을 더 높이는 쪽이긴 해도 말이다. 행성 관리자는 문화적, 생태적 다양성에 맞서 균질화라는 해결책을 추구한다. 그들은 효율을 이야기할 뿐 충족과 자기 제한 개념은 말하지 않는다(Sachs 1992, p. 111). 세계와 그 문제들이 추상적 개념이 되어버리면, '큰 그림'의 사회적 · 생태적 세부사항은 간과하기 쉬워진다. 그리고 생태학이 행성 관리자와 기업에 봉사하는 그저 그런 또 하나의 과학으로 전락하기도 더 쉬워진다.

장소 보존이 세계 보존의 핵심인 마지막 이유는 우리가 생태적으로 지속 가능한 지구경제를 구축하는 데 성공을 거두지 못하고 있다는 사실과 관련이 있으며, 나는 우리가 지구 규모에서 그 일을 할 수 있을 만큼 영리하거나 현명해질지 의심스럽다. 지속 가능한 발전에 관한 최근의 모든 논의는 주로 같은 일을 좀 더 효율적으로 어떻게 더 할 것인가를 다룬다. 가장 번영한 경제는 멀리 있는 장소, 사람, 생태의 파괴에 여전히 크게 의존한다. 크고 부유한 경제와 가난한 경제 사이의 힘의 불균형은 일차 생산물의 채취, 가공, 교역과 산업폐기물의 처분이 좀처럼 지속 가능하게 이루어지지 않을 것임을 거의 보증한다. 세계 현금경제(cash economy)에 들어간 빈국은 어떤 생태 비용을 치르고서라도 현금을 확보해야 하며, 구매자는 대체로 눈에 보이지 않는 장기적 결과에 대한 책임을 부인할 것이다. 그 결과, 소비자는 소비의 총비용에 관한 생각을 거의 또는 전혀 하지 않는다. 설령 목재, 광물, 식량의 판매가 그것들이 나온 장소를 황폐화시키지 않는다고 해도, 그것들의 장거리 이동은 그렇지 않다. 전 세계로 상품을 운반하기 위해 태우는 화석연료는 오염과 지구온난화를 부추긴다. 화석연료의 채취, 가공, 운반은 불가피하게 오염을 일으킨다. 그리고 세계 무역경제가 인간에게 끼치는 결과 중에는 예전에 자립적인 생계 경제로서 운영되던 것에 미치리라고 예고되던 모든 영향들과 더불어 사람을 세계 현금경제에 의존하게 하는 결과를 낳는다. 그것은 마을이라고는 도시 변두리의 빽빽한 판자촌밖에 남지 않는다는 의미일 때가 종종 있다. 인근 사람들이 굶주리는 동안 수출 시장은 커진다는 의미다. 세계경제에 합류하기 위해 오랜 세월에 걸쳐 잘 작동한 경제적 · 생태적 체계를 파괴한다는 의미다. 코카콜라, 자동차, 담배, 텔레비전, 취약한 옛 방식의 붕괴를 뜻한다. 20세기 말에 서둘러 산업경제에 합류한 것은 빙산이 갑자기 눈앞에 모습을 드러낸 직후에 타이타닉호에 탑승하는 것과 좀 비슷하다. 양쪽 다 축하의 환호성은 좀 자제할 필요가 있다.

자기 장소의 의미

장소가 우리의 더 큰 전망에 중요하다는 개념은 좋은 소식이자 나쁜 소식이기도 하다. 긍정적 측면에서는, 우리가 할 준비가 되어 있다면 지구적 맥락에서 해결 불가능한 것으로 보이는 몇몇 문제들은 지역 수준에서 해결할 수도 있다는 의미다. 나쁜 소식은 서양 역사의 상당 부분은 우리의 장소를 보이지 않게, 따라서 우리가 접근할 수 없게 만드는 쪽으로 일을 꾸며왔다는 것이다. 몸은 고향에서 떠났지만 장소와 고향 개념을 간직한 '이향(displaced)'민과 대조적으로, 우리는 어디에 있든 간에 고향이 없는 '탈향(deplaced)'민, 즉 정신적 난민이 되었다. 우리는 더 이상 의미, 역사, 생계, 치유, 휴양, 소중한 기억의 창고로서의 그리고 물질, 에너지, 식량, 협동의 원천으로서의 심오한 장소 개념을 갖고 있지 않다. 우리의 경제, 역사, 정치, 과학에서 장소는 단지 사색, 부당이득, 또 다른 쇼핑몰, 또 다른 공장을 위한 지도상의 위도와 경도가 교차하는 지점에 불과해졌다. 규모의 경제, 보이지 않는 손, 토지와 노동력의 상품화, 자연정복, 거의 모든 것의 정량화, 일반 법칙의 탐색 같은 현대 세계를 형성한 추상적 개념의 상당수는 장소 개념을 무력화하고 사람이 자기 장소에서 제 능력을 발휘한다는 개념을 시대착오적인 것으로 변질시켰다. 그리고 우리의 세계 경험은 그런 태도를 강화시킨다. 현대의 여행 속도는 어디에서든 간에 편안함을 느낄 수 있는 우리 능력을 손상시킨다.

우리는 실내 공간에서 장소감을 얻고 전자적(electronic) 자극을 통해 정신이 점점 다듬어지는 실내인이 점점 되어가고 있다. 하지만 우리 장소를 진지하게 고려한다는 게 대체 어떤 의미일까?

장소 개념

첫째, 그것은 교육의 우선순위를 재편함으로써 우리 마음속에 장소 개념을 복원한다는 의미다. 그러나 엄청난 액수의 자본이 최고의 수익률을 좇아 지구 전역을 배회하는 새로운 지구경제에서 일할 능력을 젊은이에게 갖추어주는 것만이 교육의 역할이라는 믿음이 널리 퍼져 있는 게 현실이다.

정치경제학자 로버트 라이시(Robert Reich)가 '상징분석가(symbolic analyst)'라고 말한, 이 경제에 봉사할 능력을 갖춘 이들은 '재배열하고 조작하고 실험하고 다른 전문가와 이야기할 수 있는 추상적인 이미지로 현실을 단순화하고 나서, 마침내는, 그것을 현실로 만드는 일'을 생업으로 삼는다(1991, pp. 177~179). 상징분석가는 '자기 업무의 최종 수혜자와 직접 접촉하는 법이 거의 없다'. 그들은 주로 '컴퓨터 화면 앞에 앉아 있다'.

> 용어와 숫자를 살펴보고, 그것들을 이리저리 옮기고 바꾸고, 새 용어와 숫자를 만들어내려 시도하고, 가설을 세우고 검증하며, 설계하거나 전략을 짜는 일을 하면서 말이다. 또 그들은 회의를 하거나 전화를 하면서 오랜 시간을 보내며, 제트기와 호텔에서 자문을 하고, 발표를 하고, 요약 보고를 하고, 거래를 하면서 더 오랜 시간을 보낸다. (Reich 1991, p. 179)

상징분석가는 '반드시 사회를 개선한다고는 볼 수 없는' 일을 하는 도덕적 빈혈증에 걸린 무리처럼 보이며, 그들에게 그 점은 그리 중요하지 않은 듯하다. 아마 '이 계획에서 저 계획으로, 이 소프트웨어 문제에서 저 소프트웨어 문제로, 다른 영화 대본으로, 다른 광고 선전으로, 다른 재무구조 개혁으로 옮겨다니느라' 너무 바쁘기 때문일 것이다(Reich 1991, pp. 185, 237). 라이시는 그들을 '미국의 행운아'라고 부르며, 그들은 총인구의 약 20%에 해당하지만, 다른 5분의 4에 속한 사람들과의 상호작용이나 그들에 대한 책임을 점점 도외시한다고 한다(p. 250).

상징분석가로 교육 받은 사람은 인간의 장기 전망에 개의치 않으며, 어떤 장소를 개선하는 일에 지적인 관심이나 애정을 보일 자세도 되어 있지 않다. 그들은 자신을 교육하기로 되어 있었지만 교육이 생물권을 지닌 행성에서 무엇을 위한 것인지를 제대로 말해 주지 못한 각급 학교와 대학의 실패를 보여주는 확실한 표지다.

세계는 뿌리가 없는 상징분석가를 더는 필요로 하지 않는다. 대신에 지구 전역에서 동네, 읍, 공동체를 재건하는 데 필요한 전망, 도덕적 열정, 지적 깊이를 지닌 많은 젊은이가 필요하다. 현재 쓸 수 있는 형태의 교육은 그들에게 별 도움이 안 될 것이다. 그들은 자기 장소의 학생이자, 웨스 잭슨(Wes Jackson)* 의 말을 빌리자면, '자기 장소의 토박이'가 될 필요가 있다. 그들은 복원생태학, 보전생물학, 생태공학, 지속 가능한 임업과 농업 같은 새로운 분야의 지식을 꽤 많이 알아야 할 것이다. 또 그들에게는 경제-생태 거래의 모든 비용을 고려할 수 있게 해줄 더 정직한 경제학이 필요할 것이다. 태양력 경제로 전환하는 데 필요한 기술도 숙달해야 할 것이다. 이런 것들을 누가 가르칠까?

* 지속 가능한 농업을 위한 연구 단체인 랜드연구소(Land Institute)의 설립자.

장소의 경제

장소를 진지하게 고려한다는 건 다른 장소를 황폐화시키지 않으면서 지역의 번영을 이루는 방법을 배운다는 의미다. 거기에는 성장, 자본 이동, 지구경제, 부의 본질, 자연의 부에 관해 오랫동안 품은 교리들에 도전하는 경제사상의 혁신이 필요할 것이다. 자본 이동과 관련 주제들에 관한 내 견해는 이동하는 자본과 실패한 개념이 낳은 일종의 기념물인 현재 버려진 산업도시 근처에서 자란 경험에 영향을 받은 게 분명하다. 그러나 내 기억 속의 그 번영한 도시조차도 사실은 생태적 재앙이었다. 양쪽을 다 고려할 때 과연 달랐을 수 있었을까? '장소 중심의 경제'는 어떤 모습일까(Kemmis 1990, p. 107)?

역사학자 캘빈 마틴(Calvin Martin)은 그 문제가 신석기 시대의 여명기에 '지구가 사실은 우리, 우리 종족을 돌보지 않으며…… 세계가 슬기로운 인류에 호의적이 아니라는 사무치는 두려움'에서 기원했다고 주장한다(1992, p. 123). 대다수 토착 문화에는 결핍이라는 단어가 없는 반면 지금의 우리는 결핍에 그토록 시달리는 이유가 이 때문일지 모른다. 오래전 두려움과 불신 때문에 우리는 지구와의 오래된 맹약을 깼다. 나는 그 말이 지극히 옳다고 믿는다. 하지만, 우리는 당장 쓸 개념을 찾으러 그렇게 멀리까지 거슬러 올라갈 필요가 없다. 정치학자 존 프리드먼(John Friedmann)은 더 최근의 일을 언급한다.

> 우리는 적극적인 시민으로서의 자신을 축출하는 일에 비밀 공모자가 되라는 유혹을 받아왔다. 자유, 박애, 정의라는 함성이 들린 지 2세기가 지났건만, 우리는 여전히 민중의 진정한 요구사항에 대체로 귀를 막는 조합국가(corporate state)에 복종한다. 그리고 자신의 삶에 공동으로 책임을 지는 '생산자'로서의 정체성을 박

> 탈당해 왔다. (Friedmann 1987, p. 347)

어떻게 할 수 있을까? 프리드먼은 '더 큰 지구적인 상호 의존성을 향한 지난 600년 동안의 전반적인 흐름이 역전될 것 같지는 않다'라고 보면서도 '지역 공동체와 시장경제의 선택적 단절과 정치 공동체의 복원'을 주장했다(Friedmann 1987, pp. 385~387). 그는 '지역 공동체, 동네, 가정 내에서'만 그 일이 가능하다고 했다.

하지만, 전 세계의 공동체는 현재 더 높은 수익률을 찾는 자본의 이동에 취약하다. 오하이오 주 영스타운의 사례를 보자. 영스타운시트앤드튜브(Youngstown Sheet and Tube)사는 라이크스(Lykes)사에 팔렸다가 나중에 LTV에 인수되었고, 이익금은 다른 지역의 기업 투자에 쓰였다(Lynd 1982). 이 돈은 시설과 장비의 유지 및 재투자에 쓰였어야 한다. 결국 사업체는 파산했고 많은 관련 기업도 도산했다. 이익금을 공동체 밖으로 빼내겠다는 결정은 영스타운에 살지 않고 영스타운에 아무런 이해관계도 없는 사람들이 했다. 그들의 결정은 그 사업체의 생산성과는 거의 무관했으며, 오로지 근시안적 생각과 탐욕의 산물이었다.

이 사례를 비롯해 유사한 아주 많은 사례에서 우리는 복원력 있는 지역경제의 한 가지 필요조건은 대니얼 케미스(Daniel Kemmis)가 말한 다음과 같은 것이라고 결론을 내릴 수 있다.

> 지역에서 발생한 일부 자본을 지역 밖으로 나가지 못하게 하고 창의적이고 효율적으로 지역경제에 투자되도록 하는 능력과 의지. (Kemmis 1990, p. 103)

그리고 이는 강한 지역경제를 건설하는 능력을 제한하는 '국가 시장의 우월성'에 선택적으로 도전하는 것을 의미한다. 또 경제학자 토머스 마이클 파워(Thomas Michael Power)가 '경제의 협소하고 시장 지향적이고 정량적인 정의'에 맞서서 문화적, 심미적, 생태적 질을 우선하는 경제를 택함을 의미한다(1988, p. 3). 파워에 따르면, 경제의 질은 경제성장의 동의어가 아니다. 그는 성장과 정체 사이의 선택이 '주로 외부인에게 혜택을 주면서 거주자에게는 아주 중요한 가치를 떨어뜨리는 상업 활동의 파괴적인 폭발과 경제 쇠퇴라는 혼란과 붕괴 속에 남는 것 중 선택을 하라고 공동체를 내모는' 잘못된 것이라고 말한다(p. 174). 우선, 특정 공동체를 바람직한 것으로 만드는 특성을 팔아버리지 않는 대체 개발 방식들이 있다. 파워는 지역의 필요 물품을, 수입한 상품과 용역이 아니라, 지역 자원으로 점점 충원하는 '수입 대체'를 제안했다. 한 예로 에너지 효율은 석유, 연료유, 전기, 천연가스라는 값비싼 수입품을 대체할 수 있다. 공동체 밖으로 나가지 않는 돈은 지역의 일자리와 투자 증가를 촉진하는 '승수효과(multiplier effect)'를 일으키면서 지역경제 내에서 돈다.

도시계획가 제인 제이콥스(Jane Jacobs)가 1984년 《도시와 국가의 부(Cities and the Wealth of Nations)》에서 주장한 것처럼, 파워도 다음과 같은 개발을 주장했다.

> 지역의 기회를 보고 만들어내고 적응하고 대체하는 모험적인 개인과 집단을 중심으로 구축된 개발이다. 처음에 이런 노력은 소규모로 시작하며 대개 지역시장에 봉사하는 것이 목적이다. (Power 1988, p. 186)

이 접근법은 지역의 세금과 규제를 줄이고 무상 서비스를 제공하는 등 공동체의 질을 떨어뜨리는 온갖 수단을 써서 외부의 산업과 자본을 꾀어 들이려 시도하는 공동체 경제 개발의 표준 모형과 명확한 대조를 이룬다.

장소 중심 경제의 발전은 기존 경제 교리에 의문을 제기할 것을 요구한다. 예를 들어, 자유무역 이론은 국경 통행이 상대적으로 어렵고 자본 흐름이 국경에서 멈추는 농업 세계에서 기원했다(Daly 1993; Daly and Cobb 1989, pp. 209~235; Morris 1990). 이 조건은 더는 유지되지 않는다. 상품, 용역, 자본은 현재 국경과 주권을 폐기하면서 전 세계를 휩쓸고 있다. 하지만 노동력(사람)과 공동체는 그렇게 이동성이 높지 않다. 선진국의 노동자는 다른 나라의 값싼 노동력과 경쟁하지 않을 수 없으며, 그 결과 수입이 급감한다(Batra 1993). 이전에 번영하던 공동체에 자유무역은 경제 쇠퇴와 그에 따른 사회 붕괴를 의미하며, 이 현상은 현재 미국의 상당 지역에서 뚜렷이 나타난다.

세계은행의 경제학자 허먼 데일리와 이론가 존 코브는 자유무역 대신 자본 이동을 제한하고 국가가 수출하는 것보다 수입을 통해 빌릴 수 있는 것의 양을 제한하는 '균형 무역(balanced trade)'을 권고한다(Daly and Cobb 1989, p. 231). 잃어버린 경쟁력을 회복하는 방안으로 그들은 경제 집중을 막는 국가법을 제정하라고 권고한다(p. 291). 복원력 있는 지역경제 수립을 위해 그들은 공동체가 외부의 구매자에 맞서 지역 산업체 구매에 입찰할 수 있게 할 것을 권고한다. 국제자본이 제3세계와 제4세계* 경제의 개발에 필요하다는 주장에

* 개발도상국 가운데 석유 등의 유력한 자원을 보유하지 못하고 식량의 자급조차 어려운 후발 발전도상국을 이르는 말.

그들은 이렇게 대답한다.

> 많은 이들이 그러하듯이, 우리는 선진국의 제3세계 개발 노력이 실제로 제3세계 국민 다수에게 혜택을 준 사례는 거의 없으며, 사업 투자는 더더욱 그렇다는 고통스러운 결론에 도달해 왔다……. 제3세계 대부분은 국가의 자급자족 체계를 무너뜨리고 예전에 자급자족하던 사람들 대다수를 그들 힘으로는 살아갈 수 없게 만든 국제 투자와 원조가 없었다면 더 나았을 것이다. (Daly and Cobb 1989, pp. 289~290)

데일리와 코브는 경제가 경제성장이라는 모호하고 신화적인 목표보다는 공동체에 봉사해야 한다고 믿는다.

경제가 공동체를 뒷받침해야 한다는 말이 왜 그렇게 유토피아적으로 들릴까? 나는 경제가 사회에 맞게 재단되는 것 대신에 사회가 경제에 맞게 변모하는 목적의 급진적 역전을 우리가 얼마나 전폭적으로 받아들였나가 해답과 관련이 있다고 본다. 인간에게 필요한 것은 시장과 성장이라는 추상적 개념에 필요한 것보다 점점 더 후순위로 밀린다. 사람에게는 건강에 좋은 음식, 보금자리, 옷, 좋은 할 일, 친구, 음악, 시, 좋은 책, 극히 중요한 시민문화, 동물, 야생을 비롯해 많은 것이 필요하다. 하지만 우리는 점점 더 현실보다 환상, 우수한 것보다 쓰레기, 자급자족보다 편의, 공동체보다 소비, 정신보다 물질을 더 제공 받는다.

우리 경제는 그것이 좋다고 우리를 설득하는 일에 해마다 1,200억 달러를 쓰는 반면, 우리가 지닌 대안들이 무엇인지 혹은 그 과정에서 우리가 잃은 것이 무엇인지를 우리에게 알리는 데는 거의 한 푼도 쓰지 않는다. 대체로 우리 경제는 마음이나 영혼의 웅대함을 함양하는 일은 하지 않는다. 우리 경제는 의미를 찾으려는 인간의 욕구를 충족시키지 않는다. 우리 경제는 지속 가능하지도 않고 유지되지도 않는다.

장소의 정치학

환경을 진지하게 고려한다는 것은 우리의 정치와 시민 생활이 우리가 사는 장소에 어떻게 들어맞는지를 재고한다는 의미다. 대니얼 케미스의 말처럼, '장소, 그것이 무엇인가에 대한 감각에서 시작한 다음, 장소에 적합한 대중이 되는 방법을 상상하려고 시도하는 것'이 타당하다(Kemmis 1990, p. 41). 나는 우리의 장소감이 시들고 공동체 규모의 경제가 붕괴한 시기에 유권자의 무관심이 거의 전염병 수준에 이른 게 우연의 일치라고 보지 않는다. 그 경제와 함께하면서 우리는 자기 삶의 통제권 대부분을 멀리 있는 권력에 넘겼다.

장소 중심의 정치를 재건하는 일은 지역 공동체에 뿌리를 둔 시민권 개념을 부활시키라고 요구할 것이다. 존 듀이가 간파했듯이, 민주주의는 '고향에서 시작해야 하며, 민주주의의 고향은 동네 공동체다'(Dewey 1954, p. 213). 하지만 동네 공동체는 고속도로, 쇼핑몰, 상업 지구, 정신을 차릴 수 없을 만큼 마구 뻗어나가는 도시라는 물리적 부과물에 내몰려 왔다. 동네 공동체라는 개념은 권력과 부의 집중화가 진행되면서 우리의 마음에서 잊혀갔다. 하지만 극히 중요한 공동체도 민주주의도 우익 쪽에서든 좌익 쪽에서든 경제적 · 정치적 집중화와 양립할 수 없다.

우리에게는 토양을 침식하고, 자원을 낭비하고, 오염시키고, 생물 다양성을 파괴하고, 경관의 아름다움과 통합성을 파괴하는 활동들이 은행 강도질과 다를 바 없는 국민으로부터의 도둑질이라는 인식에 뿌리를 둔 생태적 시민권 개념이 필요하다. 생태 파괴 행위는 미래의 번영과 민주주의를 한꺼번에 훼손한다. 우리는 너무나 오랫동안 자원 남용을 하향식으로 줄이려 시도해 왔지만 온갖 노력과 자금에도 불구하고 딱하게도 거의 성과를 올리지 못했다. 알도 레오폴드가 말했듯이, 문제는 보전이 '현실적이고 중요한' 것이 되려면 '아래로부터 자라야' 한다는 것이다(Leopold 1991, p. 300). 다시 말해, 그것은 공공기관에서 일하는 극소수의 자원 관리자만이 아니라 수많은 사람들의 일상생활에 근본적인 것이 되어야 한다.

자기 장소와 그 근처에서 일하는 생태적 소양을 갖춘 사람은 자원을 보전할 방법을 알아차릴 것이다. 아이오와 주 오세이지의 주민들처럼 그들도 가구당 수천 달러를 절약하는 에너지 효율 프로그램을 실행하는 법을 배울 것이다. 그들은 '공동체 지원 농업'을 통해 농장을 구하는 방법을 발견할 것이며, 그런 공동체에서 사람들은 생산물의 일부에 대해 농민에게 직접 값을 치를 할 것이다. 그들은 농지의 부재지주(不在地主) 소유를 제한하고 젊은 농부가 농장을 구입할 수 있게 할 것이다. 역사적 · 생태적으로 중요한 경관을 구할 수단을 발견할 것이다. 몬태나 주 미줄라 주민들이 그랬듯이, 그들은 환경론자와 벌목자를 조화시키는 절차를 개발할 것이다. 더 나아가 그들은 스페인 몬드라곤 지역이나 인도 케랄라 주의 주민들이 그랬듯이, 공평한 개발이라는 더 큰 현안을 제대로 다루는 법까지도 알아낼지 모른다(Whyte and Whyte 1988; Franke and Chasin 1991).

우리는 모형과 개념이 없지는 않지만, 상충하는 사적 이해관계에 있는 분파들이 벌이는 승자와 패자의 경기 말고는 정치에 대한 전망이 부재하다. 정치가 이기심의 추구나 다름없다는 개념은 적어도 제임스 매디슨(James Madison)이 〈페더럴리스트 페이퍼 10호(Federalist Paper No. 10)〉(1787)*를 썼을 때부터 미국 정치 전통의 일부가 되었다. 하지만, 개념은 그저 기술하려고 한 바로 그 행동을 낳는 경향이 있다. 정치학자 스티븐 켈먼(Steven Kelman)의 말마따나 '자신의 제도가 이기심을 띠도록 설계하면, 당신은 더 이기적이 될지 모른다. 그리고 당신이 더 이기적이 될수록 나쁜 정책의 생성을 막기 위해 제도는 더 엄격해져야 한다'(1988, p. 51). 켈먼은 방자한 이기심의 추구를 억제할 뿐 아니라 공공의식이 밴 행동을 촉진하도록 기관이 설계되어야 하며, 그러면 '사람들이 정부를 남들을 배려한다는 것을 표현하기에 적절한 공공 광장으로서 볼'것이라고 주장했다. 공공심의 표준도 사람들이 이기심을 정의하는 방법을 바꾼다. 나는 바츨라프 하벨이 '진정한 정치'를 '우리 주변의 사람들에게 봉사하고, 공동체에 봉사하고, 후대 사람들에게 봉사하는 문제'라고 기술할 때, 그가 뜻한 바가 바로 이것이라고 믿는다(Havel 1992, p. 6). 진정한 정치의 뿌리는 우리가 하는 일이 몹시 중요하며 '우리 위쪽 어딘가에서' 기록되고 있다는 믿음에서 기원한 도덕이다.

우리 정치가 공공심과 진정한 서비스를 낳을 수 있다고 믿는다면, 그것은 유토피아적일까? 나는 아니라고 본다. 증거는, 언제나 어디에서나 반드시 그렇다고는 할 수 없지만, 인간 행동의 냉소적인 독법이 보여주는 것보다 더 자주, 우리가 믿어온 것보다 사실상 상당히 더 우리가 공공심을 지니고 있음을 보여준다(Kelman 1988, p. 43,

* 연방주의자들이 미국 헌법을 만들 때 제기될 수 있는 쟁점에 관해 쓴 85개 논문 가운데 하나로, 파벌들(frctions)의 상호 견제와 균형에 대해 밝힌 글. 〈페더럴리스트 페이퍼〉는 미국연방대법원이 헌법을 해석할 때 인용하는 가장 권위 있는 주석서다.

notes 38~41). 한편, 협소한 이기심의 정치가 선견지명과 집단행동을 통해서만 미리 손쓸 수 있는 지평선에 어른거리는 격변을 회피하게 해줄 것이라는 믿음은 유토피아적이다.

결론

서양문명은 역사학자 프레더릭 터너(Frederick Turner)의 말에 따르면 '주민을 자기 거주지로부터 중대하고 심원하게 소외'시키면서 열병처럼 지구에 난입했다. 그는 우리가 '어떤 멋진 궁극적인 것을 끊임없이 탐구하면서 작년의 개선사항을 찢어버리는 격렬한 성향과 휴식을 배제하는 큰 고속도로의 문화를 지닌 뿌리 없고 쉬지 못하는 사람들'이 되었다고 말한다(1980, p. 5). 유럽 탐험가는 신세계의 장소, 동물, 사람과의 만남에 정신적으로 준비되지 않은 상태에서 '신세계'에 도착했다. 아메리카 이주자들의 불만은 그 과정에서 잡힌 원주민에게 향했다. 화력이나 기술의 유혹에 저항할 수 있는 사람은 아무도 없었다.

그 열병이 단지 병적인 정신 상태의 상징이 아니라 그 이상이라는 것은 현재 지구 자체의 기온 상승 속에 뚜렷이 드러난다. 자신의 환경을 진지하게 고려하는 세계는 고향이라고 하는 장소에서 시작하여 자기 문제의 뿌리와 타협해야 한다. 이것은 신화적인 과거로의 어리석은 회귀가 아니라 거주의 기술을 배우고, 어떤 방식으로든 또다시 배우는 끈기 있고 훈련된 노력이다. 구체적인 양상은 다양한 문화, 가치, 생태를 반영하여 장소마다 다를 것이다. 하지만 그들은 특정한 지역에 뿌리를 내렸다는 공통 감각을 지닐 것이다.

우리는 특정한 장소를 구하지 않고서는 세계를 구할 수 없다는 역설에 사로잡혀 있다. 하지만 포식성 자본을 제한하고 사람들이 복원력 있는 경제를 건설하고 문화 및 생물 다양성을 보전하고, 생태적 통합성을 보전하도록 허용하는 국가적 · 지구적 정책이 없다면 우리 장소를 구할 수 없다. 그래도 국가 정부가 행동하기를 기다리지 않고서도 사람들에게 자기 장소를 찾아 뿌리를 내리는 능력을 갖추어주기 위해 할 수 있는 일이 많다.

22_ 가격과 교환된 생명

미국 식품체계의 비용

언젠가 헨리 데이비드 소로는 이렇게 썼다. "한 물품의 비용은 즉시 또는 장기적으로 그 물품과 교환하는 데 필요한, 내가 생명이라고 부르고자 하는 것의 양이다." 소로는 훗날 누군가가 발견할 것을 앞서 알았다. 바로 가격과 비용의 차이를 말이다. 우리가 계산대에서 치르는 것인 가격은 명확하고 셀 수 있다. 반면에 비용은 숫자로 측정할 수 없는 가치를 지닌 것, 측정할 수는 있지만 우리가 무시하기로 한 것, 사라질 때까지는 중요함을 알아차리지 못하는 것의 상실을 포함한다. 들으면 의기양양하겠지만 우리 미국인은 가처분소득(실소득)의 15%만을 식품에 소비하는 반면, 유럽인은 23.8%를 소비한다(National Research Council 1989, pp. 34~35). 그러나 이 수치가 식량 공급의 진정한 비용을 나타내는 것이 아님은 분명하다. 내가 좋아하는 경제학자인 윌 로저스(Will Rogers)는 '우리가 모른다는 점이 문제가 아니라, 우리가 아는 것이 틀렸다는 점이 문제다'라고 말했다.

식품의 가격에 관해 '우리가 아는 것이 틀렸다'는 점이 바로 앞으로 다가올 상당히 더 나쁜 문제의 근원이다. 우리가 식품에 치르는 가격은 그것을 위해 교환하는 생명, 즉 그 결과 우리가 잃게 될 생명을 반영하지 않는다. 그것은 대체로 생명—생물자원(biotic resources)과 건강한 농업과 문화의 핵심이 되는 시골 공동체의 건강—이 현재의 회계에 포함되지 않기 때문이다. 회계는 이런 '생산 요소'를 마치 낡은 기계처럼 교체 가능한 것으로 간주하는 경향이 있다.

가격과 진정한 비용의 차이를 무시하는 태도는 역사가가 문명 전체의 묘비명을 쓸 때 딱 맞는 소재다. 가격과 비용의 차이는 혜택을 받는 사람과 이르든 늦든 값을 치러야 할 사람 사이의 정직함과 공정성 문제이기도 하다. 총비용을 치르지 않아서 생기는 한 가지 결과는 우리가 실제보다 훨씬 더 부유하다고 생각하는 착각에 빠진다는 것이다. 에이머리 로빈스의 말을 빌리면, '진실을 말하'지 않는 가격은 결국 우리(혹은 우리 아이들)를 꾀어 파산하게 만든다. 하지만, 말해져야 할 그 진실은 경제학의 언어와 숫자만으로 혹은 그것들 위주로는 제대로 표현할 수 없다. 그 진실은 생태, 문화, 정치의 언어로도 말해야 한다.

식품의 진정한 비용

미국 식품체계의 진정한 비용이란 무엇일까? 주로 가장 많이 논의된 것은 산업 형태의 식품 생산에 수반되는 자연계 훼손에 따른 비용이다.

미국의 평균 토양침식률은 연간 에이커당 7.1톤으로 추정된다.

토양이 형성되는 속도보다 14배 빠르다. 코넬대학교 과학자 데이비드 피멘털(David Fimentel)은 미국의 토양침식 및 그와 관련한 유출수가 연간 440억 달러에 상응한다고 추정했다(1990, p. 8). 지나친 지하수 이용, 지반 침하, 토양 염류화, 미국 서부의 물 보조금, 지표수와 지하수의 낭비를 생각한다면, 비용은 우리가 치르는 것보다 엄청나게 더 많아진다. 농부가 연간 40억 달러어치를 소비하는 살충제는 매년 살충제로 생기는 약 2만 건으로 추정되는 암을 포함하여 우리 건강과 환경에 20억~40억 달러의 손해를 끼치는 것으로 추정된다(Pimentel 1990, p. 11; National Academy of Sciences 1987). 미국에서는 가축 약 50억 마리가 거름을 연간 약 418억 톤 생산하며, 그중 절반은 버려져서 지하수와 하천을 오염시키고 강력한 온실기체인 메탄을 발생시킨다. 농업은 점점 더 화석연료에 의존해 왔으며, 화석연료는 채취, 가공, 운송, 연소 과정에서 환경에 사전에 계산되지 않은 비용을 유발한다. 식품 포장도 환경 비용의 원천이다. 고체 폐기물 중 3분의 1은 식품 포장재다. 프멘텔은 미국 식품체계의 가격에 반영되지 않은 총비용이 연간 1,500억~2,000억 달러라고 추정한다. 세계자원연구소(World Resources Institute)의 경제학자들도 최근에 '관련 사항을 다 고려하면, 기존 회계법으로 산출한 에이커당 80달러 수익은 에이커당 26달러 손실이 된다'라는 비슷한 연구 결과를 내놓았다(Faeth et al. 1991, p. vi).

미국 식품체계가 가격에 반영하지 않은 두 번째 비용은 농장과 시골 공동체의 상실이다. 미국 통계국의 자료는, 미국이 현재 인구의 50.2%가 거대도시에 사는 것을 비롯해 대도시에 77.5%가 사는 명실상부한 도시국가(urban state)임을 보여준다(The New York Times, February 21, 1991). 미국의 농장은 1930년대 말 650만 곳이었다가

1990년에는 200만 곳 이하로 줄어들었다. 주인이 본업으로 농사를 짓는 농장은 그보다 훨씬 적다. 농장 한 곳이 문을 닫으면 시골의 일자리 3~5개가 사라진다. 농장 6곳이 문을 닫으면 시골 사업 하나가 사라진다(Strange, 1990, p. 7). 농업 공동체는 1969~86년에 인구의 거의 6%를 잃었으며, 현재 빈곤층의 비율이 도시 지역(9%)보다 높다(17%). 농업 인구인 460만 명(미국 총인구의 2%가 안 되는)은 현재 너무 적어서 미국 통계국은 그들을 더 이상 별도 항목으로 표시하지 않는다(The New York Times, October 10, 1993). 농장과 농업 공동체는 죽어가고 있으며, 미국 식품체계는 점점 더 '슈퍼 농장(super farm)' 위주로 변하고 있다. 슈퍼 농장은 대체로 월마트 같은 대형 할인점에서 판매되는 것을 기른다. 이런 것들이 어떤 의미일까?

농장 '생산성', 즉 산출되는 식량의 총량만을 고려한다면, 답은 '별로 중요하지 않다'일 것이다. 그러나 더 큰 기준에서 보면 답은 전혀 딴판이다. 코넬대학교 원예학자 리버티 하이드 베일리(Liberty Hyde Bailey)는 이런 질문을 던졌다.

> 인류는 영원히 도시 생활을 해나갈 것인가 아니면 배후의 생명력으로부터 끊임없이 갱신되어야 할까. (Bailey 1980, p. 27)

베일리는 시골 공동체를 이렇게 말했다.

> 자신이 버는 동전 한 닢 한 닢과 매시간의 가치를 알고 진지하고 착실한 남녀를 낳으며, 공동체를 통해 제대로 배우기만 하면 그들은 지구의 신성함을 깨닫는다. (Bailey 1980, p. 29)

재시골화를 육성하는 국가적인 진지한 노력이 없다는 것을 빼면, 베일리가 말한 실험은 현재 거의 완성되었다. 우리는 대체로 배후에 생명력을 그다지 갖추지 못한 도시인이다. 시골 지역의 젊은이는 계속 도시로 빠져나가며, 시골경제는 철저하게 외부 세력에 좌우되며, 원격 조종을 하는 세력도 적지 않다. 하지만 우리는 더 개화되어 있지도 더 행복하지도 않다. 반대로 거의 모든 유형의 범죄, 사회병리, 정신병에 관한 통계자료는 우리가 정반대 방향으로 가고 있음을 시사한다. 일종의 비정한 첨단 기술 야만주의를 향해 말이다.

나는 베일리가 옳았다고 본다. 우리는 거의 흐느낌도 없는 상태에서 소읍과 시골에 특색을 부여하던 문화적 다양성, 즉 독특한 수공예, 생산물, 요리법, 품성, 전통 등을 잃고 있다. 이것이 그저 향수일까? 자케타 호크스는 고전 《땅(A Land)》에서 이렇게 말했다.

> 그것[특색 있는 시골 문화와 경제]이 이룬 성취, 즉 자신들이 물려받은 땅에서 사람들이 이룩한 모든 것의 흔들림 없는 적합성과 아름다움의 의미를 무시하는 것은 또 다른 감정적 맹목성일 것이다. (Hawkes 1951, p. 144)

그리고 우리는 미국인 대다수가 선호하는 것을 잃고 있다. 갤럽 여론조사는 미국인의 절반 이상이 도시 지역보다 소읍(34%)이나 농가(22%)에서 살기를 원한다고 일관적으로 보여준다(The New York Times, September 11, 1990, p. A12).

극히 중요한 시골 문화와 더불어 우리는 바로 그 시골 문화가 의지하는 생태적 토대 또한 잃고 있다. 미국 시골은 그곳을 오직 도시 쓰레기와 독성물질을 버리고 '휴양하고' 사색하는 곳으로만 보는 사람들의 습격을 받고 있다(Fritsch 1989). 산성비와 기후변화는 오로지 그 파괴를 가속시킬 것이다.

측정하기가 더욱 어려운 상실도 있다. 농사와 시골 생활을 통해 길러진 흙, 동물, 야생생물, 숲, 계절과의 긴밀한 접촉에서 나오는 땅에 관한 일종의 지성의 상실이 바로 그것이다. 이런 온갖 환경 파괴에도, 농장은 대체로 미국인에게 자연의 실상을 가르치는 곳이 되어왔다. 그 교훈을 불완전하게 배우거나 아예 못 배울 때도 분명히 있다. 그러나 그것을 일종의 수공예로서 배우고 실천할 때 위대한 지성이 나타난다는 것은 명백하며, 나는 땅에 '가까이 더 가까이 맞추려는' 집단 노력에서 큰 만족감을 얻을 것이라고 본다(Sturt 1984, p. 66).

우리는 더는 농업을 그런 식으로 보지 않으며 오히려 계속 더 높은 수확을 올리라고 땅을 강요하는 지배 행위로 본다. '생산성'의 이득이 무엇이든 간에, 나는 우리 사회가 지금과 달랐다고 할 때보다 덜 지적인 사회라고 본다. 저술가이자 농부이기도 한 진 로그스던(Gene Logsdon)이 '전통 농업'이라고 한 것은 그것을 잘하는 사람들의 지성을 확대하고 증식시켰다(1984, pp. 3~18). 그들은 아주 다양한 것들을 꽤 많이 알아야 했다. 동물 기르는 법, 토양학, 벌레와 잡초를 없애는 비화학적 방법, 작물 순환 농법, 조림지 관리, 통나무 골조 짜기, 역학, 더 나아가 날씨까지. 훌륭한 농부는 자신의 터전을 잘 알고 어떻게 하는 게 잘 이용하는 것인지 아는 훌륭한 자연학자였다. 그들은 여전히 우리가 지금 '지속 가능한 농법'이라고 하는 것의 최상의 모델이다. 게다가 그들은 대체로 좋은 이웃이자 공동체 일원이어야 했다. 이 말에 지금도 들어맞는 사람들 중에는 햇볕으로 작물을 말리고 외양간을 따뜻하게 하는 방법을 배운 이들도 있다. 일부는 바람을 이용하는 법을 다시 배우고 있다. 극소수이긴 하지만 태양력으로 생긴 수소 연료를 농장의 동력으로 쓰는 법을 배워서 사회의 최첨단에 선 사람도 있다(Meadows 1990).

좋은 '전통 농법'에 뚜렷이 나타나는 지성은 구입한 '투입'량에 반비례한다. 그 지성은 장소와 거기에 속한 모든 것이 가르치는 대로 기꺼이 배우려 하는 정신의 산물이다. 그레텔 에얼릭(Gretel Ehrlich)은 그 과정을 이렇게 묘사한다.

> 생명이 어디에서 왜 나타나며 생명을 파괴하는 일을 중단하는 법을 이해하고 나면, 만물에 대한 배려가 확산된다. 땅은 우리에게 자신이 무엇을 언제 필요로 하는지 말해준다. 우리는 교사인 땅…… 목장[농장]을 잘 살피고 그 말을 정신 차리고 잘 듣기만 하면 된다. (Ehrlich 1990, p. 111)

전통 농법을 쓰는 공동체에서 정보는 대물림되며 엮여서 지역의 문화를 이룬다. 그 정보는 대개 다른 곳에 살며 다른 마음경관에 속한 농장 '전문가', 즉 '연구자'라는 별개 '계급'의 독점물이 결코 아니다. 교육의 장소이자 실용적 · 생태적 능력의 원천으로서의 농장은 사라지고 있으며, 나는 마땅한 좋은 대체물을 떠올릴 수 없다.

미국 식품체계의 네 번째 비용도 경제적으로 계산하기가 쉽지 않다. 그것은 농업과 식품 가공과 유통이 점점 거대 사업이 됨에 따라 부와 권력의 집중이 심해지는 것이다. 집중의 한 가지 효과는 땅값이 농사를 지어서 그 땅값을 치러야 하는 사람들이 감당할 수 없을 만큼 치솟는 것이다(Davidson 1990, pp. 13~46). 또 하나는, 우리가 먹는 식품이 라벨에 찍힌 점점 길어지는 화학 첨가물과 성분 목록으로 기술되는 산업 과정의 산물이라는 것이다(Rogoff and Rawlins

1987). 식품체계 전체의 집중화는 자신이 소유하고 운영하는 농장과 동네시장으로 이루어진 예전의 자급자족 시골 공동체가 자기 경제의 통제력을 잃었다는 의미다. 세금, 무상 토지 불하를 받은 대학교 연구시설, 공공정책은 서로 결합하여 소유, 공급자, 은행, 가공업자, 투기꾼, 대규모 기업농의 집중화를 촉진했다. 토머스 제퍼슨이 꿈꾸었던 시골 생활은 급속히 사라지고 있으며, 웬들 베리는 그와 함께 사라지는 것이 있다고 했다.

> 가능한 한 많은 이가 토지 소유권을 공유하고 따라서 경제적 모험, 사랑과 일의 투자, 가족애, 기억과 전통을 통해 토지에 얽힌다는 개념. (Bryan and McClaughry 1989, p. 7에서 인용)

우리는 민주주의가 시골 땅과 자원의 폭넓은 분산 통제 없이 오래 생존할 수 있을지 여부를 알지 못하지만, 그럴 수 없다고 생각할 타당한 근거가 있다.

다섯째, 계산 안 된 식품체계 비용 목록에는 장래 투자와 자본가치 하락의 비용도 있으며, 잘나가는 사업체는 그것을 현재 가격에 포함시킨다(Strange 1990, pp. 116~117). 농업과 식품 부문에서는 그런 관행이 적용되지 않아왔다. 대신에 두 부문 다 점점 더 석유에 의존하게 되었다. 미국에는 더 이상 석유가 풍족하지 않으며, 석유 이용은 지구온난화, 생태계 파괴, 정치 불안을 야기한다. 재생에너지원으로의 전환 비용은 우리가 식품에 치르는 가격에 포함되어 있지 않다(Gever et al. 1986, pp. 177~215). 식품 부문 전체에 쓰인 에너지에 가장 값싼 재생에너지로 전환하는 비율을 고려하여 가격을 매긴다면, 식품 가격은 급등할 것이다. 희소성이든 수출국의 제한이든 기후변화를 막기 위한 탄소세 부과 때문이든 간에, 에너지 가격은 앞으로 수십 년 내에 상승할 것이다. 농업은 이런 전환에 대비가 안 되어 있다. 일부에서는 기후가 급변하여 경도 100도 동쪽 지역의 농경을 부활시켜야 할지 모른다고 믿는데, 그런 상황에도 대비가 되어 있지 않다. 이 지역은 지난 50년 동안 좋은 농지가 택지와 쇼핑몰로 바뀌어왔다. 마지막으로, 미래 비용에는 현재의 태양에너지 유입량을 토대로 농사를 짓는 법을 발견 또는 재발견하는 데 관련된 비용도 포함되어야 한다. 나는 암만파가 농학 부서와 농사 고문에게 그런 것들을 가르치도록 할 방법을 알지 못하지만, 암만파는 총비용을 부과하고 지불한다고 널리 알려져 있다.

마지막인 여섯째, 미국 식품체계의 비용에는 그것이 우리 건강에 끼치는 피해도 포함되어야 한다. 미국인은 너무 많이 먹으며, 게다가 잘못된 것을 너무 많이 먹는다. 그 결과 우리는 심장병, 암, 당뇨병, 충치 등 음식 관련 질병의 범위와 진기함 면에서 세계에서 유례없는 국민이다. 음식 관련 건강 문제는 미국 의료법의 상당 부분을 차지한다. 현상 유지를 옹호하는 측은 치료 쪽의 경제 부문이 점점 커지며 거기에서 상당한 경제적 이득이 발생한다는 점을 지적할 게 분명하다. '헬스' 클럽, 살빼기 전문 기관, 운동 비디오와 책 판매상, 다양한 신체 부위의 '지방 흡입' 시술을 마다하지 않는 성형외과 의사, 달리기용품점 등. 하지만 이런 것들은 잘못 관리되는 식품체계의 숨겨진 비용이라고도 할 수 있을 것이다.

문제의 근원

역사, 기후, 풍부한 천연자원이 결합된 탓에 미국인은 그런 혜택을 덜 받은 땅에 산다고 할 때보다 비용에 덜 주의를 기울이게 되었다. 그러나 우리가 농업의 비용에 그토록 주의를 덜 기울여 온 다른 이유들도 있다.

나는 그중에 경제에 관한 우리의 사고방식이 가장 중요하다고 믿고 싶다. 경제학이라는 학문이 산업혁명이 발생한 같은 시기에 같은 장소(스코틀랜드, 영국, 아메리카)에서 시작되었다는 것은 결코 우연의 일치가 아니다. 출범할 때부터 경제학에는 산업적인 사고방식과 산업화에 맞는 가정들이 새겨져 있었다. 그중 가장 중요한 것은 경제가 현대 생활의 중심이어야 한다는 믿음이었다. 우리는 경제를 갖춘 사회가 아니라 사회를 갖춘 경제가 되었다. 경제는 더 큰 공동체에 대한 책무에 이제 사실상 구속되지 않았다(Daly and Cobb 1989). 경제학에 새겨진 산업적인 각인은 영구적 팽창이 가능하다는 믿음에서도 뚜렷이 드러났다. 그 결과, 경제학 분야에는 적절한 규모나 충족이라는 개념이 없었다. 경제학자가 생물학자의 말에 좀 더 주의를 기울였다면, 그런 지독한 오류는 피했을지도 모른다. 인간의 욕구가 만족을 모르며, 그에 앞서 탐욕, 탐식 등 '지옥에 떨어질' 죄와 관련된 낙인에서 해방되어야 한다는 믿음도 그와 밀접한 관계가 있었다. 따라서 이런 예전의 악덕들은 온전한 현대적인 경제가 제 기능을 하는 데 핵심이 되는 경제적 미덕으로 전환되었다.

'경제적 인간' 모형에 근본적인 결함이 있었다고 해도, 그 모형은 적어도 사업과 경제학이라는 사업에는 좋았다. 기술적으로 발전한 산업국가는 현재 다른 어지간한 문화는 가정하거나 정당화하는 짓을 감행하지 않는 것을 으레 가정한다. 사람이든 사물이든 다 가격이 있다고 말이다. 따라서 시장은 토지와 노동력을 포함하여 예전에 서로 다르게 평가된다고 여겨지던 것들의 중재자가 되었다. 산업적 사고방식도 기술의 혜택과 자연의 한계를 극복하는 능력에 관하여 가장 중요한 낙관주의를 경제학자에게 남겼다. 기술이 온갖 생태적 불법행위와 오만에서 우리를 구원할 것이라는 생각이 현재 미국 문화의 신조가 되어 있다. 마지막으로, 산업적 사고방식은 미래를 할인하는 행위에서 뚜렷이 드러난다. 경제학자 조지 포이(George Foy)가 주목했듯이, 가공의 인물인 포스터스 박사는 자신의 영혼을 20년에 걸쳐 5%씩 할인하는 조건으로 메피스토펠레스와 계약을 함으로써 할인 행위를 한 최초의 경제학자였다. 고풍스러운 언어를 적절히 참작해서 볼 때, 그가 한 거래를 지금도 많은 경제학자들이 한다. 농장과 시골 땅의 미래 가치를 현재 가치로 할인함으로써, 그 행위는 독립된 가족농장과 농장 공동체를 적잖이 파괴해 왔다.

식품체계의 비용이 무시되어 온 두 번째 이유는 농업 연구 및 교육의 편제와 관련 있다. 1862년의 모릴법(Morrill Act of 1862: 무상 토지 불하를 받은 기관들을 창설한 법), 1887년의 해치법(Hatch Act of 1887: 농업시험장 설립), 1914년의 스미스레버법(Smith-Lever Act of 1914: 지도 사업)은 지역 기관을 통해 육성되고 '교양 및 실무 교육'을 통해 뒷받침되는 '영속 농업'을 확립해 시골 사람의 삶과 살림을 개선하려는 의도를 담았다. 하지만 웬들 베리의 말에 따르면, 토지 불하를 받아 생긴 대학교(land-grant university)는 "'교양 및 실무'를 '실무'로 줄이고, 이어서 '실무'를 '전문'으로 대체했다"(Berry 1977, p. 147). 그 결과, 농업은 기술적 측면을 지니고 확고한 농업 철학과 도덕적 토대 위에 선 폭넓게 이해된 사업에서 일련의 기술 전문 분야로 변했다.

하지만 문제는 더 깊이 들어간다. 한 예로 1972년 하이타워 리포트는 '토지 불하 대학교에서 이루어지는 연구가 판매를 위한 과학이며 궁극적으로 그것은 목적의 타락이다'라고 결론지었다(Hightower 1978, p. 85). 많은 관찰자는 대체로 이것이 지금도 사실이라고 믿는다. 마틴 케니(Martin Kenney)는 1986년의 대학교-산업 관계 연구에서 '대학교가 매매되고 분배되며' 따라서 생명공학 같은 현안들에서 편견 없는 논쟁을 벌일 수 없다고 결론지었다(p. 246). 케니가 말한 '아부' 때문에 많은 토지 불하 대학교 내에서는 커지는 농장 규모, 화학물질 투입, 농장 다양성, 유기농업, 시골 공동체에 관한 편견 없는 논쟁이 불가능해졌다. 토지 불하 대학교의 임무가 애그리비즈니스, 화학산업, 식품공학, 가공업자, 기업 복합체, 은행의 이해관계와 점점 더 맞아떨어지면서, 기존 농업의 총비용에 관한 질문들은 주로 미국 농무부-토지 불하 대학교 복합체 바깥의 농촌문제센터(Center for Rural Affairs), 랜드스튜어드십프로젝트(Land Stewardship Project), 랜드연구소(Land Institute), 식량개발정책연구소(Institute for Food and Development Policy), 대안농업연구소(Institute for Alternative Agriculture) 같은 작은 비영리기관에서 분노한 시민들이 제기해 왔다.

우리가 총비용을 무시해 온 세 번째 이유는 생태적 · 사회적 부채를 미래의 유권자에게 떠넘기는 농업정책과 관련이 있다. 이는 추상적인 비인격화 과정이 아니라, 현재 식품체계의 장기적 비용에 무심한 정치 지도력과 대통령, 국회의원, 농업 관료의 실패다. 그들은 가장 저항이 덜한 경로를 따라왔다. 우리가 장기적으로는 비싸게 지불할 값싼 식품과 값싼 에너지정책을 택했다는 의미다. 가족농의 상실, 시골 공동체의 붕괴, 지하수의 살충제 오염, 표층토의 상실은 조세법, 상품화 계획, 미국 농무부의 지원을 받은 대학 연구 과제, 농장 신용대출 정책, 가장 최근의 북미자유무역협정과 관세무역일반협정에 담긴 더 큰 규모의 자유무역 확대 계획에서 찾을 수 있는 이유들 때문에 일어났다. 토양과 생물 다양성을 보전하는 양호한 농사 방식에 적절한 보상이 주어지지 않고 시골 공동체와 시골 살림이 지탱되지 못하는 것은 시골적, 생물학적, 생태적, 장기적인 것들에 대한 체계적인 소홀과 의도적인 무지의 결과다. 이는 지적 실패, 도덕적 실패, 지도력의 실패, 우리 공동의 전망의 실패다.

마지막으로, 식품체계의 총비용을 무시하는 경향은 더 큰 문화적 맥락에 놓고 보아야 한다. 이 관점을 취하면 그 경향은 하나의 비정상이 아니라 핵폐기물을 처리하고, 지구온난화의 도전과 위협에 맞서고, 국가 부채를 줄이고, 저축과 대출 위기에 대처하고, 어지간하고 지속 가능한 도시를 건설하는 일관적이고 장기적인 에너지정책을 개발하지 못한 데서 뚜렷이 드러나는 더 큰 패턴의 일부임을 알 수 있다. 어느 면에서 미국인은 풍요가 빚어낸, 데이비드 포터의 말을 빌리면 언제나 '풍족한 사람들'이었고, 그 결과 낭비하는 경향을 보여왔다. 그러나 내가 보기에 우리 행동의 총비용을 무시하는 경향은 지난 20년 동안 더 심해졌다. 이 시대의 정당들은 미래 역사가들에게서 혹독한 평가를 받아 마땅하다. 하지만 그 정당들을 뽑고 국가의 공공재산과 미래 국민에 대한 근시안적인 잘못된 관리를 용인하는 대중도 마찬가지다. 비용과 가격을 제대로 구분하지 못하는 것은 우리 국민의 사고방식, 즉 우리가 현재 직면해야 하는 사고방식의 일부다.

정직한 식품체계를 향해

슬기롭고 쓸 만한 해결책을 내놓기보다는 문제를 기술하는 편이 언제나 더 쉬운 법이다. 미국 식품체계의 비용과 가격 사이의 불일치 문제에도 이 말은 들어맞는다. 그것은 깊이 밴 가치, 행동, 정책으로 이루어진 더 큰 패턴의 일부다. 그러나 미국 역사에는 우리가 먼지를 털어내어 다시 사용하면 작동할지 모를 또 다른 패턴이 있다. 바로 토머스 제퍼슨, 헨리 데이비드 소로, 조지 퍼킨스 마시, 리버티 하이드 베일리, 프랭클린 하이럼 킹(Franklin Hiram King), 제러미 어빙 로데일(Jerome Irving Rodale), 에드워드 H. 포크너(Edward H. Faulkner), 러셀 로드(Russel Lord), 레이철 카슨, 웬들 베리, 웨스 잭슨, 마티 스트레인지(Marty Strange) 등의 여러 인사들로 대변되는 소수파 전통이다. 이 두 번째 전통은 우리 역사 내내 억눌려 온 소수파지만, 나름대로 타당한 이유들이 있기에 결코 사라지지 않았다.

대체로 이 소수파 전통은 산업경제의 추진자와 수혜자가 했던 것보다 그 경제의 비용에 더 정직한 입장을 취해왔다. 원리상 농업, 식량, 국가 정책에 관한 큰 문제들에서 이 전통은 대체로 옳았으며, 나는 그것이 점점 세력을 얻고 있다는 고무적인 징후를 본다. 이 새로운 형태의 농본주의(agrarianism)에서 이끌어낸, 총비용을 지불하는 식품체계에 관한 네 가지 제안을 하면서 이 장을 끝맺고자 한다.

첫째, 우리는 소비의 모든 비용을 포함하는 회계체계가 필요하다. '생태경제학'의 발전은 이 방향으로 나아가는 유망한 한 단계다. 생태경제학자 로버트 코스탄자(Robert Costanza) 등이 말했듯이,

생태경제학은 문제 인식의 폭과, 환경-경제의 상호작용을 중시

한다는 측면에서 기존 경제학 및 기존 생태학과 다르다. 생태경제학은 시간, 공간, 연구하는 계의 부분들에 관해 더 폭넓고 더 긴 관점을 취한다. (Costanza et al. 1991, p. 3)

기존 경제학과 대조적으로 생태경제학은 생물권이 무한하다고 가정하지 않는다. 게다가 인간의 욕구가 중심이라고, 즉 인간의 진정한 필요와 욕구의 충족이 그것들이 궁극적으로 의지하는 자연계의 안정성과 통합성보다 반드시 우선한다고 가정하지도 않는다. 기술 발전이나 기술적 능력이 인간의 어리석음이나 무지를 상쇄한다는 분별없는 가정도 하지 않는다. 기술이 비옥한 흙, 맑은 물, 풍부한 야생생물, 건강한 숲, 생동하는 습지, 온전한 오존층, 안정한 기후 같은 '자연자본(natural capital)'의 손실을 충분히 대체할 수 있다는 가정도 하지 않는다. 자연을 우리가 처벌 받지 않고 마음껏 퍼낼 수 있는 자금일 뿐이라고 가정하지도 않는다. 경제성장이 언제든 어디서든 좋은 것이라고도 가정하지 않는다. 반대로 생태경제학은 성장과 발전, 최적과 최대를 구분한다. 생태경제학은 기존 경제학 방식으로 미래를 할인하지 않는다. 정직한 회계를 생명 및 인생 경험과 멀리 떨어진 복잡하고 우아한 추상적 개념과 혼동하지도 않는다. 즉 생태경제학은 경제를 더 상위 목적을 위한 부분적 수단으로 간주하지 그 자체가 목적이라고 보지 않으며, 경제적인 것의 연구를 '생명과학'이라고 보지 효율적으로 실행되는 탐욕의 연구라고 보지 않는다(Daly 1980, pp. 238~252).

둘째, 우리는 장기적 복지에 맞는 결정을 장려하고 총비용 회계를 요구하는 더 나은 농장과 식품정책이 필요하다. 그런 정책은 간단히 강령으로 표현할 수 있다. "생태적으로 건강한 농업은 보상을 받을 것이요, 파괴적인 농업은 응당한 벌을 받을 것이다." 나는 파괴적인 농업이 대체로 지나치게 커진 땅과 장비, 소유와 관리의 분리에서 비롯한다고 본다. 또 파괴적인 농업은 지금도 농민들에게 자원비용을 무시하라고 부추기는 정부의 상품화 계획의 의도하지 않은 결과이기도 하다. 세계자원연구소의 경제학자들은 '여전히[1990년의 농업법(Farm Bill) 이후] 농민들에게는 극소수의 작물을 심고 에너지 집약적인 화학물질을 비옥도 유지와 해충 방제 수단으로 삼게 하는 강력한 경제적 유인책'이 있음을 보여주었다(Faeth et al. 1991). 그들은 '미국 농업의 자원비용을 더 낮추면서 농업 생산성을 증진시키고 농가 소득을 지원하는 재정 부담을 줄이는' 게 가능하다고 결론지었다(p. 29). 좀 다른 관점에서 마티 스트레인지는 세금과 신용 대출 정책을 통해 자본에 보조금을 주는 것을 중단하고, 생산을 규제하며, 토지시장에 개입하여 기회를 균등화하며, 농장 투입 물품을 파는 산업을 더 면밀하게 규제하고, 더 소규모인 농가에 혜택을 주고 악영향을 줄이는 쪽으로 연구 방향을 돌리는 등 다양한 정책의 변화를 주장했다(Strange 1988, pp. 254~290). 세부적으로는 견해 차이가 나타날 것이 분명하지만, 우리는 공정하고 생태적으로 오래가는 지속 가능한 번영과 믿을 만한 식량 공급을 이루는 데 쓸 만한 정책 도구들[규제, 가격 결정, 세금, 요금, '환급', 보조금, 우리가 아직 생각하지 못한 것들]을 충분히 쓸 수 있음을 안다. 나는 문제의 핵심이 지식이나 정확한 회계가 아니라, 정치적 의지라고 본다. 이는 세 번째 제안으로 이어진다.

세 번째 제안은 장기적으로 옳은 것을 하려는 우리의 욕망과 관련 있다. 식품과 농업의 문제는 오로지 가격과 경제학으로 환원할 수 없다. 영속적인 성장과 공동체나 더 큰 토지 공동체의 이익보다 이기심을 앞세우는 합리성에 대한 믿음 등 경제학의 핵심 가정 중에는 토지와 시골 공동체의 장기 보호와 충돌을 빚을 것들이 너무나 많다. 경제 '효율'이 기준이라고 하면, 조만간 누군가가 중심부(아마도 네브래스카 주)에 자리한 드넓은 농장 하나가 국가 전체를 가장 효율적으로 먹일 수 있음을 보여줌으로써 노벨 경제학상을 탈 것이다. 아마 그다음에는 그 농장과 식량을 다 없애고 유전공학으로 우리에게 직접 광합성을 할 능력을 부여하는 게 더욱 효율적임을 보여준 누군가가 노벨 경제학상을 탈 것이다. 나는 궁극적으로 그토록 협소한 합리성을 그토록 대놓고 절대적이고 맹목적으로 신뢰할 타당한 이유를 전혀 알지 못한다. 유일한 해답은 낮은 차원의 합리성을 더 고차원의 합리성에 복종시키는 것이다.

지속 가능한 농업의 가능성은 결국 소비경제로부터 충족으로 효율을 보완하고 값을 매길 수 없는 것에 가격을 매기려는 짓을 거부하는 경제로의 더 큰 움직임에 달렸을 것이다. 앨런 더닝(Alan Durning)이 말한 것처럼, 이것은 되돌려주는 경제다.

> 가족, 공동체, 좋은 일, 좋은 삶이라는 옛 질서를, 뛰어난 장인의 작품에 존중을, 사물에 관심뿐 아니라 배려도 보이는 진정한 물질주의를, 평생을 보낼 가치가 있는 공동체를. (Durning 1991 p. 169)

더닝이 주장한 도덕적, 시민적 가치의 회복은 결코 금방 이루어지지 않는다. 그것은 오히려 긴 과정이며, 산업경제가 지난 150년 동안 땅과 우리에게 한 짓을 되돌리려면 아마 수 세기가 걸릴 것이다. 현재 국가정책 의제 어디에서도 그런 것은 찾아볼 수 없다. 이 나라의 지도력은 주로 자신을 실용적이고 현실주의적이라고 주장하는 사람들의 손아귀에 있다. 하지만 루이스 멈퍼드의 말에 따르면, 현 시대는 '몽상가만이 현실적인 인물인 시대'다. "게다가 이른바 현실적인 사람은 악몽을 만들어내고 영속시키는 사람이 되어왔다." (Mumford 1973, p. 415).

번영하는 시골에 둘러싸인 지속 가능한 경제와 건강한 도시라는 꿈이 유토피아에 불과한 것일까? 나는 그렇지 않다고 본다. 가격에 모든 비용을 포함해야 한다는 믿음이 유토피아적일까? 정반대로 그것들은 우리가 지닌 유일하게 실용적이고 현실적인 대안이다.

23_ 피난민인가 귀국자인가?
미국 시골의 미래에 관한 추측들

2030년이 되기 훨씬 전에 도시가 점점 커지고
도시 주민 대 시골 주민의 비율이 점점 높아지는 추세는 역전될 가능성이 크다.
- L. 브라운 등

미국은 압도적인 도시사회 및 교외사회이며, 이 추세는 점점 더 심해지고 있다. 1950년까지만 해도 미국인의 거의 절반은 시골에 살았다. 하지만 1990년에는 그 비율이 4분의 1보다 더 낮았고(22.9%), 농가에 사는 미국인은 1.9%에 불과했다(The New York Times, September 2, 1990, p. A12). 도시화를 추진해 온 거대한 힘—기술 변화, 인구 증가, 경제성장, 집중화—은 모든 현대 및 포스트모던 사회의 영구적 특징이라고 널리 믿어진다. 시골에 남아 있는 사람들은 대부분 채취산업에 종사하거나, 가난하거나 은퇴하거나 단지 시골을 버리지 않겠다고 고집을 피우는 사람이다. 도시의 전망은 언제나 시골 생활이 도시 생활의 안락함, 편의, 풍요, 자극과 경쟁할 수 없다는 믿음에 의존해 왔다. 그것은 (a)번영하는 민주주의 문화는 안정하고 번영하는 시골이라는 토대가 필요하지 않으며,(b)건강한 문화는 웬들 베리가 말했듯이 농가에서 태어나고 농가에서 자란 젊은이의 끊임없는 유입이 필요하지 않으며, (c)우리가 식량, 물, 에너지, 물질, 공공의 안전, 교통, 고용, 오락, 쓰레기 처리 능력을 갖추고 그런 일을 영속적으로 하는 거대도시를 구축할 정도로 영리하고, (d)도시와 교외의 삶이 우리의 가장 깊은 인간적 욕구를 충족시킬 수 있고, (e)그러므로 우리가 결코 마음을 바꾸지 않을 것이라는 결론으로 이어진다. 따라서 미국인이 대규모로 시골로 돌아갈 수도 있다—자발적인 선택이든 아니든 간에—는 말은, 역사적 추세가 한 방향이라는 암묵적인 믿음과, 다른 모든 것과 달리, 도시는 어느 한계를 넘어서면 붕괴하거나 타락하는 최대 크기 같은 것을 지니고 있지 않다는 이데올로기를 모욕하는 것이다.

그러나 지금으로부터 한 세기쯤 앞을 내다볼 때, 그런 한계가 존재한다고 볼 설득력 있는 이유를 찾을 수 있을까? 도시화가 정점에 이르고, 스스로 선택하든 그렇지 않든 간에 상당히 많은 사람이 더 작은 도시, 읍, 마을, 농가로 돌아올 이유가 있을까? 우리 후손들이 도시가 제멋대로 뻗어나가던 시대를 잘못된 시대로 간주할 가능성이 있을까? 그들이 자신들에게는 너무나 뻔히 보이는 대규모 변화를 낳는 요인들을 우리가 어떻게 그토록 못 볼 수 있었는지 궁금해 할 가능성은? 지금은 보지 못하는 어떤 작은 요인들이 그런 역행의 원인이 되지 않을까? 작은 변화에 고도로 민감한 혼돈과 비선형 복잡계의 행동을 연구하는 과학자는 이런 의문들에 익숙하다. 역사, 특히 도시의 역사가 그런 계일까?

중요성을 고려할 때, 나는 그 생각과 거기에서 따라 나오는 의미를 살펴보지 않으면 어리석은 짓일 것이라고 본다. 하지만 그렇게 하려면 추세와 큰 숫자의 마법, 널리 퍼진 의견 일치의 힘, 드넓은 도시 지역이 주는 아득한 시각적 충격을 극복할 상당한 노력이 있어야 한다. 그런 도시가 언젠가는 그리고 어느 정도는 버려지고 황폐한 곳이 될 수 있다는 전망은 우리를 움찔하게 한다. 그러나 쇠퇴하는 산업도시와 그 주변에서 성장하다 보니, 나는 그런 광경을 내다보는 데도 익숙해졌다. 또한 나는 선견지명을 발휘하지 못해서 생기는 비용이 급증하고 있다고 점점 더 확신하게 되었다.

큰 숫자의 논리

그렇다면 어떤 요인이 도시의 전망을 근본적으로 바꿀 수 있을까? 나는 적어도 다섯 가지가 있다고 생각한다. 그중 넷은 크고 작은 정도의 외상을 수반하며, 나머지 하나의 이유이기도 하다. 나머지 하나는 시골에서 살고 싶어하는 사람들에게 그렇게 하게끔 허용해 줄 사려 깊고 민주적으로 짜낸 계획이다. 여론조사를 하면, 경제적 여건이 되면 농가와 소읍에서 살겠다는 미국인이 약 50~60%에 이른다는 한결같은 결과가 나온다(Speare and White 1992, p. 94). 하지만 나는 정확한 비율보다는 생태적으로 지속 가능하고 사회적으로 공정하고 민주적이며 시골과 도시의 전망을 양쪽 다 강화하는 방식으로 시골에 다시 정착할 가능성에 더 관심이 있다.

에너지학

사람들이 대도시를 이루어 살 수 있게 된 것은 그들에게 필요한 에너지 자원을 집중시키는 게 기술적으로 실현 가능해지고 나서였다. 우리가 원하는 속도로 태울 수 있는 화석연료는 도시의 규모와 본질을 바꾸어놓았다. 나무를 대체한 석탄은 산업혁명에 불을 지폈고, 물자와 식량의 장거리 이동을 가능하게 했다. 철도는 도시의 배후지 의존성을 깨뜨렸다. 값싼 석유와 자동차는 나머지 일을 해냈다. 값싼 에너지가 없었다면 도시는 지금처럼 제멋대로 뻗어나갈 수 없었고, 특정한 규모를 초월하여 식량을 공급 받을 수도 없었으며, 현재의 최대 도시 100곳보다 크기가 훨씬 더 작았을 것이다. 그에 비해 고대 도시나 중세 시대의 도시는 식량, 물자, 연료, 물을 주로 주변 지역에 의존했다. 주변 지역은 멀어야 소[牛] 수레로 사나흘이면 닿을 수 있는 거리에 있었다.

하지만, 화석연료를 값싸게, 생태적 응징을 받지 않은 채 태울 수 있는 시대는 종말을 고하고 있다. 미국의 석유 생산량은 1970년경에 정점에 올랐다가 계속 줄어들었다(Tugwell 1988, p. 141). 세계의 석유 생산량은 2010～2020년에 정점에 올랐다가 서서히 줄어들기 시작할 것으로 예측된다. 일찍이 1950년대에 그 추세를 내다본 미국 지질학자 매리언 킹 허버트(Marion King Hubbert)는 이렇게 썼다.

> 만물의 정상적인 질서를 막연히 미래로 계속 이어가는 대신에 지난 수 세기 동안 우세했던 급격한 인구 증가와 산업 성장의 시기는 사실 인류 역사상 가장 비정상적인 단계 중 하나인 듯 보인다. 그것은 변화 속도가 너무나 느려서 본질적으로 비성장기라고 간주되는 훨씬 더 긴 두 시기 사이의 짧은 과도기일 뿐이다. 비록 다가올 비성장 시기가 극복할 수 없는 물리적 또는 생물학적 문제를 제기하는 것은 전혀 아니라 해도, 그것은 이 일시적 시기의 특징인 성장률이 영원할 수 있다는 가정에서 나오는 현재의 경제적 · 사회적 사유의 측면들을 근본적으로 수정할 것이다. (Hubbert 1969, p. 239)

화석연료의 대안인 수소 같은 것이 있긴 하지만, 싸지 않을 것이다. 그리고 현재의 에너지 사용 규모에서는 다른 연료로 큰 비용 들이지 않고 쉽게 전환할 수가 없다. 값싼 에너지 시대의 종말은 근본적인 경제적 전환점이다. 대체로 20세기 내내 우리는 노동력을 저비용 에너지로 대체했고, 그래서 노동 '생산성'을 크게 높일 수 있었다. 한 예로 화석에너지를 연료와 생산성 향상에 쓰는 농민 한 명은 약 75명을 먹일 수 있다. 그러나 그런 수치는 소비자의 접시에 1칼로리를 놓는 데 화석에너지 11칼로리가 들어간다는 사실을 은폐한다.(이 수치도 오해를 불러일으킨다. 미국 노동력의 20%는 식품의 운송, 가공, 판매에 종사하고 있기 때문이다.〔Debeir et al. 1991, p. 146〕) 화석연료 보조금을 없애면, 효율의 기준도 마찬가지로 변한다. 훨씬 더 낮은 '효율'로 일하는 생계형 농민은 1칼로리를 투입하여 식량 50칼로리를 생산한다(Steinhart and Steinhart 1974).

지구자원학자 바츨라프 스밀(Vaclav Smil)은 화석연료 시대의 종말이 우리가 다음과 같은 것에 직면한다는 의미라고 말한다.

> 화석연료를 쓰는 에너지학에서 다시 매순간의 태양에너지 흐름으로 돌아가는 문명으로의 전환……. 하지만 그런 전환은 빠르지도 쉽지도 않을 것이다. (Smil 1991, p. 311)

설령 이 전환이 큰 외상 없이 이루어진다고 해도, 그 전환은 아마 풍부하지만 분산된 햇빛을 붙잡아 저장하는 데 드는 고비용 때문에 더 작은 도시와 더 분산된 인구를 의미할 것이다. 에너지 가격은 식량을 비롯하여 운송과 가공에 에너지가 필요한 모든 것들의 가격과 함께 상승할 것이다. 가능한 일이지만 화석연료에서 햇빛으로의 전환이 선견지명이나 계획 없이 나쁘게 이루어진다면, 공급 중단, 이런저런 물품의 부족, 경제 파탄이 빚어질 수 있고, 도시 지역이 특히 더 심한 피해를 입을 것이다. 예를 들어, 식량은 재배하거나 생산한 곳에서 먹는 곳까지 평균 2,100킬로미터가 운반된다. 에너지 비용의 급증은 더 높은 생산비와 운송비를 뜻한다. 슈퍼마켓마다 식품이 가득하니 식량이 부족해질 것이라고 상상하기가 쉽지 않지만, 그런 일은 일어날 수 있다. 우리는 강수량이 많고 인구밀도가 높은 지역에서는 농업이 쇠퇴하도록 놔두고 건조한 지역의 농업은 보조금을 주어 장려했다. 그 결과가, 에너지가 값싸고 생태 비용이 무시될 때에만 잘 작동하는 허약한 식품체계다.

생태적 복원력

도시와 시골 사이의 균형에 영향을 미치는 두 번째 요인은 21세기의 지구 생태 붕괴 가능성이다. 한 예로, 많은 과학자는 우리가 온실기체 배출을 통해 다음 세기 중반이나 그 뒤에 지구 평균 기온을 섭씨 약 1.5~4.5도 올리는 데 '매진한다'고 믿는다(Intergovernmental Panel on Climate Change 1990). 이 변화는 우리가 예전에 경험한 기후변화 속도보다 1,000배 이상 빠르며, 호모사피엔스는 여태껏 겪은 것보다 더 뜨거운 기온을 경험할 것이다. 저지하지 않으면, 기후변화는 해수면을 상승시키고, 생물 멸종 속도를 가속하고, 질병을 퍼뜨리고, 오염을 증가시키고, 가뭄과 폭염과 대형 폭풍우의 발생 확률을 높일 것이다. 해수면 상승은 저지대 해안의 도시들을 수몰시키고 폭풍우에 더 취약하게 만들 것이다. '열섬(heat island)' 효과 때문에 폭염은 시골보다 도시에서 더 심각할 것이다. 즉, 기후변화는 삶의 거의 모든 측면에 영향을 미칠 것이다. 우리가 그런 변화에 적응할 수 있다고 믿는 사람들은 적응의 비용을 우리가 감당할 수 있을 것이고, 그 과정에서 어떤 놀라운 일도, 갑작스러운 변화도, 예기치 않은 심각한 결과도 없을 것이라고 가정한다.

앞으로 일어날 변화의 규모는 엄청나다. 이산화탄소 배출량은 모든 배출원을 다 고려할 때 총 약 85억 톤이다. 기후를 안정시키는 데 필요한 총량은 연간 30억~40억 톤 이하로 여겨진다. 미국은 연간 12억~16억 톤, 즉 연간 1인당 이산화탄소를 약 5톤 배출한다. 2030년이면 세계 인구가 80억이 된다는 점을 고려할 때, 간단히 계산을 해보면 1인당 평균 이산화탄소 배출량은 0.5톤 이하로 떨어져야 한다(Intergovernmental Panel on Climate Changes 1990).

종의 급속한 상실, 표층토 상실, 산성비, 유독물질 오염, 인구 증가 같은 다른 대규모 생태 교란은 도시의 전망을 더 어둡게 할 것이다. 호모사피엔스가 출현했던 지난 1만 년의 기후 안정성과 생태적 풍요는 종말에 가까워지고 있는지 모른다. 그렇다면 비교적 생태적으로 안정한 조건에서만 작동할 경제적 · 사회적 체제는 혹독한 시험을 받을 것이다. 그런 체제에서도 대도시 지역이 아마 가장 취약할 것이다. 대도시는 필요한 물자를 자체적으로 공급할 수 없다. 먼 곳에서 생산되는 잉여물을 이용할 수 없다면, 대도시는 '작동'하지 못한다. 생태적 불안정과 기후변화는 그런 잉여물을 줄이고 도시가 전적으로 의지하는 공급과 이용의 긴 사슬을 끊을 것이다.

건강

앞으로 수십 년 내의 도시 전망을 약화시킬 수 있는 세 번째 요인은 집중된 인구가 신종이고 전염성이 높은 질병에 취약하다는 점과 관련이 있다(McMichael 1993). 얼마 전까지도 의학이 모든 전염병을 박멸할 것이라는 믿음이 널리 퍼져 있었다. 그러나 미생물과 인류의 전쟁은 여전히 끝이 보이지 않는다. 결핵과 간염 같은 옛 질병은 현재의 항생제에 내성을 지닌 더 치명적인 균주를 통해 다시 돌아왔다. AIDS 같은 새 질병도 급속히 퍼지고 있다. 재채기나 기침을 통해 에어로졸 형태로 퍼질 수 있는 에볼라 같은 더 위험한 바이러스도 저 앞에서 기회를 엿보고 있다(Preston 1992, p. 62). 이런 바이러스의 출현과 전파는 그들이 원래 살던 열대 서식지의 파괴와 관련이 있는 경우가 종종 있다(Chivian et al. 1993, p. 216; Preston 1992).

집중된 인구는 그런 질병에 더 취약할 뿐 아니라, 식량, 에너지, 물자를 공급하려는 산업적인 노력은 유독물질과 화학물질을 거의 모든 곳에 퍼뜨림으로써 건강에 악영향을 미쳐왔다. 인간의 면역계는 가정과 직장에서 점점 늘어나는 자외선에서 유독물질에 이르기까지 온갖 위험 요소의 공격을 받고 있다. 아직 알려지지 않은 이유로 전 세계에서 젊은 남성의 정자 수는 1938년 이래로 약 50%가 줄어들었다(Chivian et al. 1993, p. 218). 사람의 모유는 미국 환경청의 독성 기준을 초과할 때도 종종 있다. 이제 대개 사람의 시신에는 미국 환경청의 매립 기준을 초과할 만큼 중금속과 유독물질이 너무나 많이 들어 있다(Hawken 1993, p. 71). 지난 40년 동안 암 발생률도 전 세계적으로 증가해 왔다. 급속한 기후변화는 질병이 새 지역으로 유입되게 만들어 건강 문제를 악화시킬 것이다.

현대 과학으로 무장한 우리는 인도에서 아이슬란드 사이의 인구 3분의 1이 가래톳페스트(bubonic plague)로 사망했던 14세기의 사람들보다는 그런 환경에 덜 취약할 것이라고 생각하고 싶어한다(Tuchman 1978). 아마 그 생각이 맞을 것이다. 그러나 그 가정을 전폭적으로 믿는다면 현명하지 못할 것이다. 앤서니 J. 맥마이클

(Anthony J. McMichael)은 '현재 우리가 세계의 과영양 도시들에서 극심한 [건강] 문제들의 종합판과 마주하고 있다는 불길한 징후들이 있다'고 썼다(1993, p. 168). 의학은 어떤 측면에서는 발전하고 있지만, 거의 그렇지 않은 측면도 있다. 예전에는 천연두와 말라리아로 죽었지만, 지금은 심장동맥질환, 비만, 고혈압, 암, AIDS로 사망한다. 환경은 여전히 인간 건강의 주된 결정 요인이며, 지구의 생명 징후 약화는 의학이 아무리 뛰어나든 간에 인간의 사망률과 수명에 악영향을 끼칠 것이다.

규모와 복잡성 문제

넷째, 도시 지역이 우리가 제대로 관리할 수 없을 만큼 커졌다고 믿을 만한 타당한 이유가 있다. 범죄, 부패, 마약, 노숙, 하부구조 유지비, 공기와 물 오염, 쓰레기 처리, 안전 등 으레 열거하는 문제들은 미국의 거의 모든 대도시를 괴롭히며 교외 지역도 점점 더 시달리게 하고 있다. 그런 문제들은 잘못된 관리, 선견지명 부족, 인종차별주의, 자본 이탈 등 원인이 다양하며, 어느 규모에서든 어느 정도는 나타날 수 있다. 그러나 어느 규모를 넘어서면 정보, 조직 유연성, 대중사회에서 이웃과의 소통, 지구경제에서의 책임 등에서 드러나는 한계 때문에 도시문제가 나타날 가능성은 커지고 해결은 더 요원해진다. 다시 말해 도시는 규모의 한계를 지니며, 그 한계를 넘어서면 관리가 어려워지고, 덜 인간적이고, 덜 민주적이고, 덜 살기 좋은 장소가 된다. 이런 한계는 제각기 다를 게 분명하지만, 아마도 현재 '소도시'라고 말하는 것보다 규모가 크지는 않을 것이다.

이 네 가지 요인—화석연료 시대의 종식, 생태 복원력의 쇠퇴, 인간 건강에 대한 위협 증가, 복잡한 도시 지역 관리의 어려움—은 서로를 부양할 것이다. 즉 이 요인들은 강하게 상호작용을 하며, 하나씩 따로 있다면 해결 가능할지도 모를 문제들을 심화시키는 되먹임 고리를 만들 것이다.

선택

더 높은 에너지 비용, 생태 파괴, 집중된 인구의 새 질병 취약성, 도시 붕괴의 누적적이고 장기적인 영향은 도시화 추세를 약간 늦추는 역할만 할 것이다. 그것들은 시골로 돌아가도록 사람들을 압박하지 않을 것이며, 시골문제든 도시문제든 해결하는 쪽으로 작용하지도 않을 게 확실하다. 인구 과밀에, 가난에 찌들고, 질병이 만연한 도시 수십 곳은 지극히 비인간적인 환경에서 사람이 얼마나 견디고 버틸 수 있는지를 보여준다. 그러나 설령 떠나고 싶어도 도시인은 다른 요인들에 사로잡혀 있을지도 모른다. 많은 이들은 땅을 사서 이사하는 비용을 감당할 수 없다. 시골에서는 일자리를 찾기가 어려울 때가 많다. 귀농은 농사짓는 법을 잊었고 농가에서 함께 살 식구가 없는 사람들에게는 적절하지 않다. 게다가 이미지 제작자, 언론계의 거물, 정당 대변인, 의존적이고 잘 속는 사람들을 조작하는 모든 자들은 계속 시골 생활을 헐뜯을 것이다. 이것으로도 충분하지 않은 양, 시골을 찾기도 점점 더 어려워지고 있다. 기껏 찾아낸 것이 이미 다른 용도로 쓰이는 예전 시골 지역의 폐허에 불과한 사례가 너무나 많다. 매립지, 빈민촌, 고속도로, 테마공원, 별장지, 이동주택 주차장, 휴양지, 난개발지 등등. 진정한 시골과 비슷한 무언가를 발견하기보다는 시골 부동산을 구입하는 쪽이 더 쉽다.

그럼에도 다섯 번째 가능성이 남아 있다. 위기 심화를 막기 위해 우리는 체계적이고 식견을 갖고 지속 가능한 방식으로 시골에 재정착하는 쪽을 택할 수 있다. 그런 대응에는 유례없을 정도의 선견지명과 생태적 상상력이 필요할 것이다. 하지만, 그 대안은 스트레스에 시달리는 사람들이 피난민으로서 시골로 달아남으로써 도시문제를 해결하지 않은 채 시골문제를 더 복잡하게 만든다. 뒤에 남은 도시는 폐허와 흉물로 변할 것이다. 우리가 시골 경관에 다시 정착하는 쪽을 택한다고 할 때, 선견지명과 생태적 상상력을 갖고 지속 가능하게 정착하려면 무엇이 필요할까? 이 땅에서의 체류를 야영에서 항구적인 문명으로 전환한다는 것이 미국인에게 어떤 의미일까?

정직한 역사

정복

미국에 재정착하는 일에 착수하기 전에 우리는 애당초 무엇이 잘못되었는지를 알아야 한다. 그것은 우리의 과거를 생태학적으로 정직하게 설명하자는 뜻이다. 유럽인이 자신들이 아메리카라고 부른 곳에 우아하게 영구적으로 들어맞지 않는 생각, 철학, 종교, 부자가 되는 꿈을 갖고 신세계로 온 것은 명백한 사실이다. 이 말이 우리 조상이 아메리카의 지리에 알맞은 생각을 지닌 토착 문화에 관해 무언가를 알고자 할 생각을 전혀 안 했다는 것을 알리기 위해 아메리카 원주민을 낭만적으로 그리려는 것은 아니다. 아무튼 그 결과 몇몇 선구적인 자연학자 말고, 우리 조상들은 그 땅에서 지속 가능하게 사는 법을 터득했던 사람들의 미덕과 그 땅의 생태학을 이해하는 데 실패하곤 했다. 대신에 그들은 텅 빈 부동산과 야만만을 보았다. 유럽 문화도 기독교도 겸손하고, 사려 깊고, 탐구하고, 평화적으로 행동할 준비가 되어 있지 않았다. 그들이 '신세계'에 억지로 강요한 문명은 원주민의 이 땅에 대한 경험이 아니라 유럽인의 생각과 정복자의 오만을 반영했다. 프레더릭 터너(Frederick Turner)의 말마따나, 우리는 '자신의 심리적, 정신적 과거와 접촉하게 되었으며…… 그것은 우리에게 전혀 준비가 안 된 접촉이었다'(1980, p. 95).

우리는 늘 아메리카 땅을 명확히 보는 데 어려움을 겪는다. 청교도는 아메리카를 황무지로 보는 경향이 있었다. 훗날 다른 이들은 그곳을 농민의 포부에 알맞게 강수량이 조절되는 낙원으로 보았다. 한 예로, 찰스 대너 윌버(Charles Dana Wilbur)는 1881년 날씨에 관한 의지의 작용을 설명하는 놀라운 주장을 펼쳤다.

> 이 진보의 기적에서 쟁기는 선봉에 서 있었다……. 어떤 주술이나 마법을 통해서도 아니며, 주문이나 공물을 통해서도 아니라, 맨손으로 열심히 일할 때 얼굴에 맺히는 땀을 통해서 사람은 자신이 터전으로 택한 땅에 이슬과 비라는 보물을 내리도록 하늘을 설득할 수 있다. 그것은 사실 장엄한 동의, 아니 오히려 인간의 정력이나 노고, 생명의 씨앗, 애원의 힘이나 일꾼의 기도에 언제나 답하는 우아한 빗방울이라는 힘들의 합주다. (Smith 1961, p. 211에서 인용)

내가 아는 한 의지는 1881년에도 그랬듯이 현재 미국의 생물물리학적 현실에 아무런 영향을 미치지 않는다. 하지만 지금도 미국의 땅, 숲, 풍족한 광물, 물, 공기로 무한정 경제성장을 추진할 수 있다고 믿는 이들이 많다. 이런 생각의 생태적 기록은 그 땅의 표면에 현재 지울 수 없이 새겨져 있다. 전체적으로 그것은 역사상 유례가 없는 규모로 이루어진 환경 파괴와 자원 약탈의 기록이다.

진보라는 신화: 우리는 정직한 역사를 쓰지 못했다. 나는 신세계로 온 유럽인이 진보라는 교리를 너무 깊이 믿는 성향이 있었다는 점도 한 이유라고 생각한다. 현재가 과거보다 낫고 미래는 더 나아질 것이라는 믿음 말이다. 진보 개념에 사로잡힌 우리는 토착 문화, 농촌 공동체, 촌락, 소읍, 말하자면 우리의 뿌리를 헐뜯어 왔다. 우리는 사회철학자이자 역사가인 피터 래슬릿(Peter Laslett)이 《우리가 잃어버린 세계(The World We Have Lost)》라고 한 것을 이해하지 못했다. 현대인은 작년보다 더 이전의 것은 무엇이든지 가망 없이 낡은 것이며 따라서 이해하거나 보존할 필요가 없다고 가정하는 경향이 있다. 그렇지 않다고 믿는 사람들은 보존론자이자 어수룩한 낭만주의자로 치부된다. 하지만 정반대의 견해가 있다. 토착 문화들에 나름대로 불완전하고 어리석은 부분이 있다는 점은 분명하지만, 사회학자 필립 슬레이터(Philip Slater)는 이렇게 말했다.

> 주술, 종교, 신비주의 전통 등 온갖 오류와 어리석음보다는 거기에 담긴 한 가지 위대한 지혜, 즉 인간이 복잡한 자연계에 유기적으로 끼워져 있다는 인식이 더 중요하다. 그리고 서구 합리주의의 온갖 명석하고 정교한 식견은 그 토대인 얼토당토않은 망상, 즉 인간의 독재라는 망상 때문에 무시된다. (Slater 1974, p. 233)

저명한 인류학자 로버트 레드필드(Robert Redfield)도 농촌 문화에 대해 대체로 비슷한 결론에 이르렀다.

> 흙에 강한 애착을 보이고, 터전과 전통 방식을 존중하고, 가족과 공동체를 위해 이기적 행동을 자제하고, 마을 생활을 받아들이는 한편으로 어느 정도 회의감도 지니며, 소박하고 세속적인 윤리를 지닌다. (Redfield 1967, p. 78)

어디에서든 농촌 사람은 생명과 신비가 가득한 유기적인 세계에 산다(Critchfield, 1983). 그들은 미신을 믿고, 종교적이며, 가난하고, 어떤 상황에서도 오뚝이처럼 일어나며, 겸손하다. 그들은 종종 서로 협력하면서 직접 땀 흘려 일하며, 도시 사람이 부, 사생활, 지식에 매달리는 이유를 이해하지 못한다. 그런 품성 중에는 우리가 버리지 않도록 노력해야 하는 것들도 있다.

우리의 역사 내내 미국인들은 우리의 모태인 농가와 소읍에 양면적 감정을 품어왔다. 이 모순 감정은 작가 에드거 리 매스터스(Edgar Lee Masters), 칼 샌드버그(Carl Sandburg), 베이철 린지(Vachel Lindsay), 셔우드 앤더슨의 문학작품에서 뚜렷이 드러난다. 그들은 소읍 출신이다. 소읍의 편협함과 위선을 혐오한 샌드버그와 매스터스 같은 시인들은 도시를 낭만적으로 그리는 경향을 보였다. 따라서 미국의 소읍과 시골을 공정하게 바라본 견해는 찾아보기 어렵다. 그것은 미국의 크기와 지역적 다양성 때문이기도 하고, 소읍과 시골 생활을 전통과 안정한 공동체를 파괴한 기술적으로 역동적인 자본주의 사회라는 맥락에서 경험했기 때문이기도 하다. 우리는 다른 어딘가에 있을 더 나은 것을 찾아 늘 대륙을 쏘다녔다. 작가이자 환경론자인 월리스 스테그너(Wallace Stegner)는 이렇게 말한다.

> 우리의 방랑성은 특히 서부에서 공동체와 전통에 속한 사람이 되

는 것을 방해해 왔다. 그것은 우리에게서 장소를 신성하게 하는 신들을 빼앗았다. 그것은 개인과 가족과 공동체를 기억과 시간의 연속성으로부터 단절시켰다. 그것은 적어도 우리 중 일부에게 일종의 정신적 펠라그라(pellagra), 결핍증, 풍족하고 안정한 사회 질서에 매이려는 갈망을 남겼다. (Stegner 1987, p. 22)

시골 생활: 정직한 역사는 시골 생활이 때로 고독하고 지루하고 불확실하다는 점도 인정할 것이다. 시골의 마을과 사람은 편협하고 고집불통에 폭력적일 때가 너무나 많다. 우리는 변경 개척자와 카우보이, 시골 생활을 찬미하지만, 역사학자이자 작가 월터 프레스콧 웹(Walter Prescott Webb)의 말처럼 그것은 '여성에게 유독 끔찍한 영향을 미친다'(1981, p. 506). 따라서 미국의 시골을 정직하게 기술하려면 여성, 아메리카 원주민, 아프리카계 미국인, 이주 노동자의 때로 비극적이기도 한 이야기도 포함시켜야 한다. 또 시골 사람들이 가장 잘 보여주는 진심이 담긴 친절, 자선, 공동체, 이웃의 모습과 더불어 종종 시골 공동체의 일부였던 편협함, 험담, 독선도 포함시켜야 한다.

정직한 역사는 소규모 농사와 시골 살림의 존엄함도 인정할 것이다. 대중은 성차별, 연령차별, 인종차별을 안 좋게 보지만, 아직 시골차별은 남아 있다. 시골차별은 시골 사람을 어리석고, 게으르고, 무능하고, 더 나아가 좀 위험한 존재로 본다는 뜻이다(Logsdon 1994, pp. 49~56). 도시인이 떠올리는 시골 사람의 이미지는 시골뜨기와 영리한 사람들이 득실대는 도시에서 버틸 수 없는 패자의 중간 형태다. 〈히호(Hee Haw)〉, 〈해저드 마을의 듀크 가족(Dukes of Hazard)〉, 〈그린 에이커스(Green Acres)〉 같은 TV 프로그램은 그런 시골 사람의 이미지를 강화한다. 시골 생활에 관한 정직한 견해는 잘

난 체해서도 독선적이어서도 스스로를 놀림감으로 삼을 수 없어서도 안 되지만, 설령 장난삼아서라도 도시 사람에게 시골적인 게 어떤 의미인지 정의하게 해서도 안 된다.

정치와 대중추수주의: 정직한 역사는 식민시대로 거슬러 올라가는 기업 집중, 부재지주, 불평등의 영향도 인정할 것이다. 미국 시골은 오랫동안 부재 자본, 대기업, 땅 투기꾼이 지배해 왔다. 하지만, 다를 수도 있었다. 1896년 선거에서 인민당원들은 시골의 토지 소유, 은행 운영과 투자 결정, 대기업 통제를 쟁점으로 부각시켜서 민주주의를 확대하려고 시도했다. 그들은 실패했으며, 그와 더불어 '국가 재정 체계의 구조에 참다운 민주적 영향을 끼친다는 사상도…… 소리 없이 미국 정치 담론에서 사라졌다'(Goodwyn 1978, p. 2,69). 그 시기 이후로 일상생활 영역 전체는 공개 감시 및 시민 담론과 단절되었다. 이제,

> '민중'은 비록 근심이 가득할지라도 자신의 사회를 덜 권위적으로 만들려면 정치적으로 무엇을 해야 할지 알지 못한다. 언어는 사유 도구이며, 사람들이 계급적 용어를 쓰면서 민주주의를 생각하기는 어렵다는 점이 입증되어 왔다. (Goodwyn 1978, p. 318)

21세기 농본주의

미국 시골에 지속 가능하게 재정착하려면 산업시대의 전형적인 개념보다 더 나은 개념이 필요할 것이다. 많은 사례에서 우리는 일을

하는 절대적으로 확실한 방법을 재발견할 필요가 있다. 다른 사례에서는 새로운 것을 창안할 필요가 있다. 하지만 어떤 원천에서 나왔든 간에, 이런 개념은 다음과 같은 것을 해야 한다.

– 특정 장소의 생태와 함께 일해야 하며,
– 장기적으로 땅과 자원을 보전해야 하며,
– 그것들에 영향을 받은 사람들이 이해할 수 있어야 하며,
– 감당할 수 있어야 하며,
– 민주주의와 참여를 장려해야 한다.

다시 말해, 다가올 세기들에는 정보가 대량의 값싼 에너지를 대신할 게 분명하다. 나는 그런 개념 8가지를 제안한다. 각각은 산업시대의 것보다 정보가 더 풍부하다. 이것들은 별개가 아니라 함께 운영되어야 하는 부분으로서 제안하는 것이다.

지속 가능한 농가

미국 시골의 핵심은 가족농이었다. 1935년의 670만 농가 중 살아남은 농가는 200만 곳도 안 되며, 대부분은 농사 이외의 소득에 크게 의존한다. 가족농이 애그리비즈니스에 밀려남에 따라 농업 생산성은 증가했지만, 환경 피해, 에너지 이용, 필요한 자본 또한 늘어났다. 그러나 애그리비즈니스의 비효율성은 공공 보조금과 생태 비용을 비롯한 여러 비용을 무시하는 부정직한 회계를 통해 은폐되어 있다(Strange 1988). 미국에서 가격에 반영되지 않은 식품비용은 연간 1,500억 달러에 이를 수 있다(Pimentel 1990). 우리는 햇빛을 동력원 삼고, 생물 다양성을 보전하고, 다양한 작물과 산물로 동네 시장 및

지역 시장을 활성화하고, 대기 이산화탄소를 흡수하는 더 작은 규모의 농가가 필요하다. 그런 농가는 특정 장소의 특정 조건에 맞추어져야 할 것이며, 그 어느 때보다도 더 생태적 복원력, 집중 관리, 경제적 기민함이 필요할 것이다. 우리는 새로운 세대의 젊은이들을 농업으로 끌어들이고 그들에게 농사가 감당할 만하고 수익이 남는 일이 되게끔 만들어야 할 것이다. 그리고 대체로 젊은이들은 이전 세대의 젊은이들보다 더 나은 농부가 되어야 할 것이다(Montmarquet 1989, p. 245).

지속 가능한 임업

산업시대는 숲을 주로 거기에서 무언가를 취할 수 있는 곳으로 간주했다. 가까운 미래의 기후와 생태적 추세는 숲이 흡수하는 탄소와 숲이 숨겨주는 생물 다양성 때문에 숲이 더 중요해질 것임을 시사한다. 따라서 우리는 낭비되는 미국 목재 수확량의 50%를 줄이는 법(Postel and Ryan 1991, pp. 86~87), 기존 숲을 보호하는 법, 새 숲을 복원하는 법에 관한 새로운 개념이 필요하다. 우리는 임업을 수십 년이 아니라 수천 년에 걸쳐 지속 가능하게 할 수 있는 법을 알 필요가 있다(Aplet et al. 1993). 우리는 부재 기업 소유권과 자원경제학자가 쓰는 할인율과 관련하여 숲의 이용을 통제하는 큰 요인들을 다룰 더 나은 개념이 필요하다. 그런 요인들은 장기적인 임업 자원 조성에 불리하다.

토지와 토지 소유권

존 로크(John Locke) 이후로 현대 세계는 땅을 주로 사유재산으로 여겼고, 땅의 가치는 '개량하는' 데 필요한 노동력과 동일시했다.

사유재산 개념과 법인에 개인의 권리를 부여한다는 개념은 미국 경관의 난개발, 추함, 생태 악화를 불러온 큰 원인이 되었다. 21세기에 우리는 밀도를 높이고, 토양과 녹지를 보존하고, 중요한 서식지와 생물 다양성을 보호하는 바람직한 토지 이용 행위에 보상을 하는 한편으로, 난개발과 남용을 제한하는 쪽으로 법과 관습에 구현된 개념이 필요할 것이다. 개인과 법인만이 지니도록 한 소유권은 공동체의 권리와 미래 세대의 권리를 보호하는 쪽으로 수정되어야 한다(Worster 1993, p. 110). 이런 일을 할 수단에는 토지 신탁, 공동 소유, 소유권과 개발권의 분리 같은 옛 개념들이 포함될 것이다. 내친김에 우리가 왜 어떻게 법인에 특권을 주고 있는지와 그런 특권을 종식시킬 근거가 되는 공공의 이익이라는 대의를 재고할 때다(Hawken 1993).

촌락과 공동체

미국의 여러 곳에서 소읍은 쇠퇴하고 있다. 한참 전부터 그래 왔다. 21세기에 시골로 돌아가는 사람들을 수용하려면 소읍을 복원하고, 매력적이고 살기 좋고 접근하기 쉬운 곳으로 만들어야 한다. 황폐해진 시골의 학교, 병원, 하부구조는 복원되고 수리되어야 한다. 하지만 이런 일은 혁신과 부흥 정신을 요구하며, 그런 것들은 작은 공동체의 특징이 아닐 때가 종종 있다. 그렇지만 나는 그런 부흥을 일으키는 데는 자기 공동체에 대한 사랑과 자부심에다가 미래에 관한 약간의 상상력이 최고라고 본다.

교통

화석연료 시대의 종말은 우리가 잘 아는 자동차와 트럭 이동의 종말을 뜻한다. 대안 교통으로 제시되는 모든 것들 중에서 가장 낫고 가장 값싼 방법은 거의 한 세기 동안 전국을 하나로 엮었던 철도망을 재건하는 것이다. 우리는 현재 자동차와 트럭에 해마다 약 3,000억 달러의 보조금을 쓰며(Nadis and MacKenzie 1993), 연료에도 1,000억 달러가 넘는 보조금을 지원한다(Romm 1992). 이런 보조금은 이를테면 50년에 걸쳐 진정한 국가 철도망을 재건하는 데 쓰여야 마땅하다. 철도는 예전에 미국 시골 전역의 소읍들에 봉사했다. 앞으로 다시 그래야 한다. 이것 역시 해체된 옛 개념이다. 작동하지 않아서가 아니라, 자본의 이익에 따라 계획적으로 타파되었기 때문이다.

지역

값싼 에너지 시대의 종말은 가능한 한 식량, 물자, 에너지의 공급선을 짧게 할 필요가 있다는 의미이기도 하다. 지구경제는 무거운 것들을 가공, 포장, 냉장하여 장거리 운송하는 데 필요한 에너지와 환경 비용을 요구하지 않는 지역경제에 자리를 양보해야 한다. 요컨대, 우리는 경제적 · 생태적 원천으로서의 지역을 재발견해야 한다. 이 전환을 준비하려면 어떻게 해야 할까?

지역 계획은 1923년 미국지역계획협회가 출범하면서 시작된, 비록 대체로 무시되긴 했지만, 길고도 눈부신 전통이 있다. 지역과 경관의 현명한 거주에 관한 가장 창의적인 사유의 일부는 루이스 멈퍼드, 벤턴 매카이(Benton MacKaye), 하워드 오덤(Howard Odum) 같은 기획자와 학자가 미국지역계획협회의 후원을 받아 한 것이다(Friedmann and Weaver 1980, pp. 29~41). 그 연구들과 지역 계획에 관한 더 최근의 연구는 시골과 도시를 통합하는 기본 틀을 제공한다.

장소의 경제학

기존의 시골 개발 이론은 어떻게 하면 외부 자본을 끌어들여서 시골의 성장을 영속시킬 것인가를 주로 다룬다. 그러나 자본이 값싼 노동력과 자원을 이용하기 위해 시골로 들어올 정도로 이동성이 있다면, 자본은 더 값싼 곳을 찾으면 언제든지 그 시골을 떠날 수 있다. 외부로부터의 개발의 역사는 기껏해야 좋은 면과 나쁜 면이 섞인 것이다. 대개 그것은 처음에 약속한 것보다 일자리와 임금을 더 적게 제공한다(Lingeman 1980, pp. 465~470). 바깥에서 들어온 산업체는 다양한 유인책과 세금 감면 혜택을 받기 때문에 공정한 몫의 세금을 내는 법이 거의 없다. 때로는 오염 억제 시설 설치를 면제 받는 혜택도 주어지며, 이는 애초에 시골을 매력적인 곳으로 여기게 한 특징 중 하나인 환경의 질을 악화시킨다. 우리는 다음과 같은 것을 인정하는 새로운 개발 모형이 필요하다.

> 새 일꾼을 공동체로 끌어들여 고용을 늘리려는 계획이 사실은 공동체 발전에 이바지하지 않는 반면, 지역민 경제활동의 범위와 효율을 증대시키는 계획은 지역 공동체 발전에 이바지한다. (Daly and Cobb, 1989, p. 134)

경제학자 토머스 마이클 파워는 매출, 사업 규모, 개인소득, 일자리 수, 인구 같은 기존 발전 지표들과는 반대로, 만족을 주는 일자리, 생물학적 · 사회적으로 필요한 것에 대한 접근성, 안정성, 공동체를 자극하고 다양화하고 활기차게 만드는 것들을 통해 발전을 측정하자고 주장했다. 기존 개발이 훼손하곤 했던 특징들을 통해 말이다.

외부의 자본과 자원은 적절히 활용하면 시골경제에 도움이 될 수 있지만, 그것들을 지방경제의 핵심으로 삼아서는 안 된다. 핵심은 지역의 자원과 물품을 이용하여 지역의 필요를 충족시켜서 자본, 에너지, 물자, 식량을 들여와야 할 필요성을 최소로 줄이는 다양한 지역 생산자와 사업체로 이루어져야 한다. 높은 수준의 자급자족은 돈이 지역 내에서 돌게 해서 경제적 기회를 늘릴 뿐 아니라, 외부의 경제 교란에 맞서 완충 작용도 한다. 즉 경제발전은 떠도는 자본의 위협으로부터 시골 공동체와 자원을 보호하면서 지속적인 번영의 토대를 제공해야 한다.

녹색도시

우리가 도시에서 사는 방식을 바꾸지 않은 채 지속 가능하게 시골에 재정착할 수 있다고 생각한다면 어리석은 것이다. 시골의 전망은 도시의 전망을 반영하며, 한쪽을 개선하지 않은 채 다른 한쪽을 크게 개선할 수는 없다. 값싼 석탄을 캐기 위해 애팔래치아의 공동체를 파괴하고, 값싼 식량을 위해 캔자스의 초원과 지하수를 다 써버린 바로 그 개념과 경제 세력의 상당수는 시카고 남부 영스타운 뉴워크와 다른 수많은 도시의 공동체를 파괴하는 데 한몫했다. 그리고 21세기의 생태적 · 인간적 도전 과제에 알맞게 도시 지역을 재설계하는 진지한 노력 없이는 미국 시골을 재건하려는 그 어떤 노력도 장기적으로 효과가 없을 것이다. 시골 재정착의 도시판 전망은 녹색도시다. 녹색도시는 산업시대의 도시보다 생태적으로 더 복잡하다(Calthorpe 1993; Van der Ryn and Calthorpe 1986). 도시 '녹화'는 우리의 생태적 상상력을 넓혀서 도시와 시골의 이분법을 타파하고 농가, 정원, 숲, 야생생물 통로, 강변 공원, 자연 지역 같은 시골다운 것들을 도시로 들여올 것을 요구한다. 그것은 생태적 기술을 이용하여 하수를 정화하고 유독물질에 오염된 장소를 복원하는 것을 의미한다. 그것은 자연 세계에서 시작하여 자연의 무료 서비스를 철저히 활용하는 건축과 도시 계획을 뜻한다. 또 효율, 오염 예방, 재생에너지를 토대로 세워진 경제를 의미한다. 아울러 도시 지역의 크기와 무분별한 팽창에 한계가 있음을 인정한다는 뜻이기도 하다. 그리고 주변 지역에 더 적합하게 도시를 설계한다는 뜻이다.

한 가지 제안

현재 지평선에 어른거리는 생태적, 기후적, 사회적 추세의 예상 효과는 우리가 도시와 교외로 모여드는 일을 더는 안전하고 사려 깊게 계속할 수 없음을 시사한다. 그리고 우리는 현재 상태의 시골 지역으로 대규모로 돌아갈 수도 없다. 따라서 나는 지속 가능한 시골 공동체를 건설하고 그 일을 수행할 국민적 합의를 이끌어내는 전국적 운동을 벌이자고 주장한다. 우리에게 외교정책, 도시정책, 경제정책은 있지만, 일관적이고 심사숙고를 거치고 생태적 토대를 지니고 선견지명을 담은 시골정책은 거의 없으며, 지속 가능한 토대 위에 시골 공동체를 부흥시키자는 정책은 아예 없다. 그런 정책이 없다면, 앞으로 언제가 되든지 간에 시골로 돌아가고자 하는 상당수 사람들은 혼란과 환멸에 빠질 것이다. 그 일의 규모와 엄청난 파장을 생각할 때, 어떻게 시작하는 게 좋을까?

그 문제를 연구할 대통령위원회를 설치하는 것이 한 가지 방법일 수 있다. 그런 제안은 오랜 전통을 지니며, 역대 대통령위원회들이 내놓은, 서가를 가득 채우고 있는 읽히지도 이해되지도 영감을 주지도 않는 보고서들이 바로 그 증거다. 그런 위원회는 주로 장식용이었다. 즉 정부가 애당초 문제를 빚어낸 현 상태를 유지하는 한편으로 어떤 큰 국가적 문제를 해결하기 위해 나서려 한다는 인상을 심어주는 역할을 한다. 정치적 동물인 대통령은 그런 위원회에 유력한 정치인을 임명하는 경향이 있다. 균형을 유지하는 차원에서 무당파적 인물도 한 사람 끼워 넣고 말이다. 따라서 시골 지역을 부흥시키려는 미래 지향적이고 활기찬 국가적 노력이 그런 산만한 방식으로 시작될 것 같지는 않다.

또 다른 가능성은 그 과제를 의회가 설립한 토지 불하 대학교에 맡기는 것이다. 1862년의 모릴법, 1887년의 해치법, 1914년의 스미스레버법에서, 의회는 '교양 및 실무 교육'을 장려하고 '영구적이고 효과적인 농업의 확립과 유지'를 의도했다. 하지만, 의도한 대로 되지 않았다. 토지 불하 대학교에서 이루어진 교육은 교양교육이 아니었고, 토지 불하 대학교가 육성하는 농업은 영속적이지 않다. 토지 불하 연구기관은 미국 시골 부흥의 토대를 마련하기는커녕 자신을 부흥시키는 데 필요한 대담함, 전망, 유연성, 지적 기민함조차 부족하다. 토지 불하 체계의 옹호자들조차도 기존 명령의 집행이 '새로운 유형의 조직'을 필요로 할 수도 있다는 결론에 이르렀다 (Meyer 1993, p. 88).

따라서 나는 이미 식량, 농업, 시골 부흥 문제를 다루고 있는 비영리 민간단체, 즉 기존의 민중단체를 활용하는 것으로 그 과정을 시작하자고 제안한다. 지난 20년 동안 지속 가능한 농업, 시골 공동체, 시골경제학, 정의와 공정성, 농업정책에 관한 가장 뛰어난 개념들은 로데일연구소, 랜드연구소, 미시시피델타프로젝트, 농촌문제센터, 남부협동조합연합, 뉴잉글랜드식품협회, 랜드스튜어드십프로젝트 같은 기관에서 나왔다. 이들을 비롯한 기관들은 작고, 융통성 있고, 예산을 훨씬 초과하는 수준의 헌신적인 노력으로 운영된다. 나는 전국 각지에서 이런 기관들의 모임에 10년 또는 그 이상 연구비 지원을 하여 자기 지역의 재시골화를 위한 세부 계획을 개발하고, 진정한 풀뿌리 민주주의 과정에 필요한 참여를 조직화하고, 포괄적인 국가 시골정책의 생태적 · 교육적 · 경제적 토대를 함께 개발하고, 각 공동체와 지역에서 앞으로의 전환에 필요한 지도자를 양성하는 계획을 개발하는 일을 맡기자고 제안한다.

1930년대와 1970년대의 재농촌화 시도는 주로 소박함, 조직화 부족, 그 땅으로 돌아간 사람들이 속했을 생존 가능한 시골경제의 부재로 실패했다. 전부는 아니라 해도 대부분은 경제적 어려움에 시달렸다. 때문에 나는 생계, 지속 가능한 시골경제, 고된 개인이라는 모형에 거스르는 협동 활동과 관련된 문제들을 우선해야 한다고 주장한다.

앞에 놓인 과제가 엄청나다는 점을 생각할 때, 10여 곳 지역 연구소가 맡은 10년간의 예비 연구는 수 세기에 걸칠 긴 여행의 첫걸음에 불과하다. 하지만 그 연구가 잘된다면 재시골화의 목표는 명확해질 것이고, 필요한 경제적 · 정치적 · 법적 · 정책적 변화의 토대가 마련될 것이다. 게다가 그것은 화석연료 이후 세계로의 전환을 위해 대중을 교육하고 동원하는 노력을 출범시킬 것이다. 또 지속 가능한 도시의 규모와 주변 지역의 생태적 관계를 명확히 밝히는 데 도움을 줄 것이다.

결론

에른스트 F. 슈마허는 집으로 돌아오는 자(homecomer)를 '우르르 몰려가는 자(people of the forward stampede)'에 대비시켰다(1973, pp. 146~149). 성경의 우화에 나오는 탕아에 상응하는 집으로 돌아오는 자는 오랫동안 흥청망청한 뒤 부끄러워하고 후회하면서 돌아온다. 그 우화는 탕아가 돌아오고 싶어하는 가치 있는 집과 탕아의 진심으로 후회하는 능력을 둘 다 요구한다. 미국인들도 탕아처럼 흥청망청해 왔으며, 권력, 부, 이동성의 환상이 그것을 부추겼다. 우리에게 집으로 돌아간다는 것은 비례 감각과 목적을 잃은 문명에 생태적 · 인간적 규모를 복원시키는 것을 의미한다. 그것은 특정한 장소와 전통에 다시 뿌리를 내리는 것을 뜻한다. 하지만 우리가 가치 있는 집을 짓는 게 아니라면, 우리는 대체 무엇을 짓는 것일까? 그리고 집으로 돌아오게끔 젊은이를 준비시키는 게 아니라면, 우리는 그들에게 어떤 목적지와 어떤 운명을 할당하고 있는가?

24_ 어려운 시기의 희망*

여기 우리 60억 명이 부대끼면서 한밤중에 시간의 작은 제방과 여울 위에서,
해수면이 높아지고 환경 폭풍우가 밀려드는 가운데 서 있다.
우리 종의 운명은 불안정한 상태에 있으며, 그 문제는 우리의 진화적 초시계로
다음 밀리초(millisecond: 1,000분의 1초) 내에 결정될 것이다.
– 레그 모리슨

그것들이 좋은 원인이라면 이 지구에 불가능한 원인은 없다.
– 그래니 D(도리스 해독)

영국 과학소설 작가이자 역사가인 허버트 G. 웰스(Herbert G. Wells)는 일흔아홉 살 때, 인류는 끝장났다고 결론지었다. "이 막다른 골목을 빠져나가거나 우회하거나 통과할 방법은 없다. 인류는 끝이다"(1946, p. 4). 아니, 완전히는 아니다. 우리는 그 뒤로 58년을 그럭저럭 버텨왔으니까. 하지만 그동안에 상황은 나아지지 않았다.

같은 근거를 반세기가 더 흘렀다는 이점을 이용하여 더 정확히 조사한 영국 천문학자 마틴 리스(Martin Rees)도 웰스처럼 우리가 2100년까지 버틸 가능성이 '50대 50에 불과'하며 아마 그보다 훨씬 낮을 것이라고 결론짓는다(2003, p. 8). 그는 우리의 과학과 기술이 '사회를 교란에 더 취약하게 할' 것이라고 주장한다(p. 21). 생물학, 컴퓨터과학, 물리학의 발전—감탄사가 나오게 하는 과학의 발전—

* 10주년 기념판을 위해 저자가 새로 쓴 글이다.

은 불법행위, 오류, 관리 불가능한 복잡을 위한 수단을 퍼뜨릴 것이다. 고에너지물리학 실험이 우주를 검은구멍(블랙홀) 속으로 빠뜨리는 원인이 될 가능성도 약간 있다(p. 120~121). 가방에 담기는 핵무기, 생물테러, 사이버테러의 가능성을 제쳐두고라도, '악의가 있기보다는 그저 무능한 사람이 일으킬 재앙'의 가능성도 커지고 있다(p. 61). 마틴 리스는 기후변화, 생물 다양성 감소, 커다란 소행성과의 충돌 가능성도 이야기한다. 그는 '인류는 역사상 그 어떤 때보다도 더 큰 위험에 처해 있다'고 결론짓지만, 그 소용돌이의 중심에 있는 과학자들이 '자신의 연구가 어떻게 적용될지 유념하고 더 많은 대중에게 잠재적 위험을 경고하는 데 최선을 기울여야' 한다는 불완전한 훈계 말고는 아무런 해결책도 제시하지 않는다(pp. 187~188).

웰스와 리스만이 이런 전폭적인 비관론을 설파한 것은 아니다. 영국 철학자 존 레슬리(John Leslie)는 '우리가 생각하는 것보다 곧 파멸을 맞이할 가능성이 더 크다'고 결론짓지만 아무런 해결책도 내놓지 않는다(1996, p. 1). 1992년, 노벨상 수상자 102명과 과학자 1,600명은 '지구와 그 안의 생명에 대한 우리의 집사 역할에서의 큰 변화'를 요구했지만, 별 소용이 없었다(Union of Concerned Scientists 1992). 정치학자 토머스 호머-딕슨(Thomas Homer-Dixon)은, 우리 상황을 스스로 빚어낸 문제가 우리의 영리함을 넘어서고 만 '창조력의 불균형(ingenuity gap)'이라고 했다(2000).

그런 우울함—현실주의—의 밑에는 무슨 일이 일어나는지 혹은 무슨 일이 일어날지 알기만 하면 바꿀 수 있을 것이라는 가정이 숨어 있을 때가 많다. 이 관점은 자료, 연구, 정보가 너무 적다는 것이 한 문제이며, 따라서 또 다른 연구 과제, 교과과정의 또 다른 과목, 종(種) 상실을 다룬 또 다른 책을 통해 해결할 수 있다고 본다. 이런 반응은 무엇보다도 인간이 단지 합리화하는 능력만을 갖춘 존재가 아니라 스스로를 합리적이라고 믿는 합리적인 동물이라고 가정한다. 오스트레일리아 작가 레그 모리슨(Reg Morrison)은 우리를 다른 식으로 묘사한다. 우리가 '우리의 경악할 정도로 사치스러운 유전적 광고에 내재한 장기적 위험이 이점을 능가하는 시점을 인식할 통찰력'을 갖추지 못한, 진화가 '설계한' 종이라고 말이다. "우리 유전자는 감정과 문화라는 가면 뒤에서 자신의 자질을 자랑하라고 강요받는다"(1999, pp. 179, 190). 그의 견해에 따르면, 우리는 소멸시키기 '쉬운 목표…… 하나만을 의식하는 한편으로 두 수준의 의식에서' 작동하는 종이다. '지각을 정신화하는 경이로운 재능은 우리를 현실 및 생물권 표준 형태의 개체수 조절 범위로부터 단절시킨다'(p. 192). 우리의 위대한 진화적 성취는 언어와 신비주의, 즉 우리 종의 엑스칼리버를 결합시킨 것이다. "예전에 멸종 직전에 우리 종을 구원했고, 우리를 별들로 데려갔고, 우리의 사소한 놀이가 끝나면 우리를 끝장낼 오래되고 극히 치명적인 유전적 광기 말이다"(p. 259).

비관론과 호모사피엔스가 스스로 생각하는 것과 다르다는 의구심은 이 책의 독자들에게 낯설 리가 없다. 전문지나 신문을 충분히 폭넓게 접하면 그 의구심을 확인시켜 주는 많은 증거가 나타날 것이다. 대개 보전생물학자는 종의 쇠퇴나 사멸의 물리적 측면과 존속의 생태적 필요조건을 연구한다. 알도 레오폴드의 말마따나, 자신이 좋다고 믿는 '상처뿐인 세계에서' 말이다.

이 세기의 어느 때쯤 어떤 식으로든 인간의 형세는 정점에 이르겠지만, 기후변화, 생태 교란, 오염의 더 장기적 효과는 수 세기 동안 계속될 것이다. 그것과 그것이 의지하는 우리 반응에 끼칠 악의나 착각의 위험을 제한하는 유효하거나 어지간한 방법은 설령 있다고 해도 거의 없을 것이다. 그 진니(jinni) 요정들은 무지의 병 속으로 돌아가지 않을 것이다. 비록 우리는 왜 그들이 풀려났으며 왜 많은 이가 그들을 풀어놓은 것이 최고의 성과였다고 생각하는지를 설명해 줄 더 심오한 이유를 모른 채 남아 있을 가능성이 크겠지만.

그 결과, 적은 비용으로 대규모로 극악한 짓을 하는 법에 관한 지식이 널리 퍼져 있으며, 그것은 문명에 항구적인 위협이다. 다시 말해, 문명은 자신을 파괴할 씨앗을 뿌려왔다. 철학적 성향이 있지만 세세한 사항까지 파고들지는 않는 트럭 운전사인 내 친구는 그런 것들을 생각하다가 맥주 두 잔을 들이켜고 나서 이렇게 말했다. "엿 된 거지." 나는 그 말에 반대할 설득력 있는 이유를 생각해 낼 수 없었다. 우리는 맥주를 한 잔 더 들이켰다.

문제는 인류가 대단히 위태로운 지경에 있는지 여부나 심한 망상에 빠져 있는지 여부가 아니라, 그런 지극히 현실적인 가능성에 우리가 어떻게 대응하느냐다. 많은 과학자를 비롯하여 대다수 사람들은 의견 조율이 더 쉬운 삶과 직업상의 세세한 사항에만 주의를 집중한다. 전문가로 육성된 그들은 자신의 전문 분야라는 협소한 경계 너머에 있는 사건, 추세, 사정, 더 깊은 흐름을 외면하는 일이 쉽고도 더 마음 편하다는 것을 안다.

너무 많이 알지 않겠다는 전략은 논의의 여지가 많다. '지적 무능(educated incapacity)'이라고 하든 어리석음이라고 하든 간에, 그것은 사유가 과대평가되고 프랑스 태생의 미국 역사학자 자크 바전(Jacques Barzun)이 말한 '지식 숭배'를 피해야 한다는 믿음의 한 형태다(1959, p. 149). 그 전략은 자신의 온전한 정신과 믿고 사귈 만한 사람이라는 좋은 평판을 유지하는 데 도움을 주는 이점이 있다. 그러나 제정신이 아닌 계에서 제정신으로 여겨진다는 것이 무슨 의미일까? 혹은 더 큰 생태적 맥락과 들어맞지 않는 계에서 잘 들어맞는다는 것이? 벼랑 끝에 말없이 서 있는 군중 속에서 아주 사교적이라는 것이? 부인과 무지는 나름대로 쓸모가 있지만, 우리가 잠시 빈둥거릴 생각이라면 그렇지 않다.

두 번째 전략은 한편으로는 문명이 위험에 빠져 있음을 인정하면서 한편으로는 아마도 다른 말썽을 일으키지 않으면서 다양한 문제를 해결할 것이라는 대단한 기술의 긴 목록을 제시하는 것이다. 나도 이따금 이 전략을 쓰며, 이 방식은 낙관론의 근거를 열심히 찾으면서 행동이나 생활양식을 크게 바꿀 필요가 없기를 바라는 청중의 공감을 산다.

여기서 지금까지 보여준 것보다 더 나은 기술들을 우리가 지니고 있다는 말을 서둘러 덧붙여야겠지만, 나는 우리가 기술을 동원하여 지속 가능하고 지탱하는 세계 같은 것을 향해 나아갈 것이라고는 전혀 믿지 않는다. 그런 것들은 기껏해야 시간을 좀 벌어줄 뿐이다. 우리 자신과 우리의 방향에 관한 더 깊이 있는 질문을 탐구하는 데 쓸 시간을 말이다. 우리의 곤경을 덜 떨어진 기술이나 기법 때문이라고 설명하면서 시작하는 해결책들의 문제는 아인슈타인의 말을 고쳐 말하자면, 이 상황으로 우리를 내모는 바로 그 사고방식이 우리를 그 상황에서 빼내줄 것 같지 않다는 것이다. 그리고 웨스 잭슨이 말했듯이, 직접적으로나 간접적으로 대기로의 탄소 흐름이나 바다로의 토양 흐름을 촉진하지 않았던 기술을 찾아내기는 무척 어렵다.

나쁜 소식에 대한 세 번째 반응은 차분한 체념이다. 죽을병에 걸렸다는 소식에 품위 있게 순응하는 사람처럼. 새뮤얼 존슨이 말했듯이, 2주일 뒤에 교수형을 당한다는 확신은 경이로운 집중력을 발휘하게 해준다. 아마 신학자 잭 마일스(Jack Miles 2000)가 말한 것처럼,

우리가 '지속 가능한 사회를 만들려는 노력은 명백히 실패했다'고 결론을 내린다고 할 때도 마찬가지일 것이다. 과학자들의 기나긴 경고 목록을 계속 무시하다가 어떤 정해진 시간에 종말이 일어난다는 것을 알아차리면, 아마 인류는 '새로운 종교와 새로운 예술'을 창조하는 쪽으로 관심을 돌릴 것이다. 잭 마일스는 만일 우리가 그렇게 한다면, 인류의 마지막 남은 시간은, 가라앉고 있는 타이타닉호의 갑판에서 〈네 주를 가까이 하려 함은〉을 연주하는 악단처럼, '우리의 가장 멋진' 시간이 될 수 있다고 본다. 투덜거리기보다는 품위 있고 우아하게 파국을 맞이하는 편이 더 나을지는 몰라도, 솔직히 나는 이런 생각에서 별 위안을 받지 못한다. 실제로 그런 일이 일어난다면 말이다.

예전에 커다란 부엉이가 갈고리발톱을 쫙 펼친 채 악의가 가득한 눈으로 노려보며 먹이를 덮치는 장면을 담은 포스터를 연구실 문에 붙인 적이 있다. 포스터 아래쪽 중앙에는 보는 사람에게 등을 돌린 채 단호한 자세로 서서 오른쪽 팔을 추켜올린 작은 생쥐 한 마리의 모습이 있었다. 가운뎃손가락을 불쑥 내밀고 말이다. 철학도, 예술도, 말도, 체념도, 두려움도, 해결책도, 몸부림도 없이 그저 도전만이 있는 영원할 듯한 한 순간의 장면이다. 사람들은 멈춰 서서 그림을 보고 예외 없이 웃음을 터뜨리곤 했다. 나는 그 웃음이 무정함에서 비롯한 것이 아니라 생쥐에게서 자신의 무언가를 보았기 때문이라고 생각한다. 마찬가지로 우리는 피터 셀러스(Peter Sellers)가 나온 영화를 보고 웃음을 터뜨린다. 셀러스가 연기한 클루조 경감이나 윌리 폭스의 잰 체하는 얼간이 같은 모습 속에서 자기 자신을 보지 못하는 사람이 누가 있겠는가? 우리가 처한 상황에서 이는 종말이 가까웠음을 인정하지만 해결책도 최고의 마지막 순간도 없이 그저 죽음의 한 방식만 제시하는 교수형 농담이다.

하지만, 더 깊이 파고들면서 끔찍한 가능성에 맞서 더 희망을 주는 네 번째 전략을 제시하는 또 다른 농담이 있다. 조지프 미커(Joseph Meeker 1980)는 이것을 '생존의 희극'이라고 말한다. 아우슈비츠수용소의 생존자 빅토르 프랑클(Viktor Frankl)은 '비극적 낙관주의'라 했다(1984, pp. 139~154). 진정한 희극은 농담과 웃음에 관한 것이라기보다는 오히려 우리의 한계와 약점을 인식하고 수용하며, 우리의 파충류 단계의 뇌줄기로 곧장 향한다. 프랑클은 그것이 한계를 비롯한 '모든 것에도 불구하고 삶에 예라고 말하는 것'이라 했다(p. 139). 우리는 피로 얼룩지고 파괴적인 과거사를 지닌 놀라운 능력과 엄청난 자만으로 가득한 조숙하고 지독히도 미성숙한 영장류의 하나, 허약한 다리로 일어선 종이다. 알래스카 최고의 강 안내인인 데이비드 그림스(David Grimes)의 말을 빌리자면, '우리는 많이 갖고 있지는 않지만, 최상의 것을 갖고 있다.' 가망성이 보이면, 우리는 어떻게 왜 그렇다는 것인지 말하라고 몹시 압박을 받는다. 우리의 잡다한 이력을 고려해, 조지프 미커는 두 가지 생존 전략을 기술한다.

> 비극적 관점에서 볼 때 세계는 선과 악, 인간과 자연, 진실과 거짓이 상대방을 파괴하는 것을 목표로 싸움을 벌이는 전쟁터다. 전쟁은 비극의 기본적인 비유이며, 전쟁 전략은 적을 제거하도록 고안된 전투 계획이다. 비극이 장례식이나 그에 상응하는 것으로 결말을 맺는 이유가 바로 그 때문이다. 반면에 희극 전략은 삶을 일종의 게임으로 본다. 그 기본 비유는 운동경기와 연인의 구애이며, 결론은 대개 장례식이 아니라 혼례식이다. (Meeker 1980, p. 48)

삶의 비극적 견해에 따른 행동은 세계를 재편하고, 죽음에 도전하고, 기념물을 세우고, 이쪽저쪽 변경을 개척하고, 제국을 건설하는 무수한 헛된 노력을 빚어내 왔다. 따라서 비극적 주인공은 정력적인 지도자, 흰 말을 탄 장군, 일 중독자, 출세 지상주의자, 성공한 자본가다. 그 또는 그녀는 몹시 진지하며 때로 재치가 엿보이지만 우스꽝스러운 농담은 하지 않는다. 비극적 주인공의 유산은 전쟁, 인간의 희생 위에 세워진 기념비적 업적, 자연의 파괴를 토대로 세워진 경제, 그리고 피할 수 없는 역설이다.

돈키호테나 브러 토끼(Brer Rabbit)* 같은 희극적 주인공은 결코 그런 존재가 아니다. 그들은 세계를 바꾸려 하는 게 아니라 세계에 자신을 맞추려고 하는 생존자다. 희극은 세계를 있는 그대로 받아들인다. 한계를 비롯한 모든 것을 말이다. 미커는 이렇게 쓴다. "서양문명을, 다른 위기들에 직면한 비극적 주인공들처럼, 생태적 위기에 직면한 비극적 주인공의 집합 이미지로서 보고 싶어지지만…… 비극적 주인공의 고고함은 사라지고 부조리함만 남아 있다. 그는 비극적인 것이 아니라 딱하다"(Meeker 1980, pp. 62~63). 희극적 전략은 '진정으로 중요한 것을 평범하게 만들려는 것이 아니라 지나치게 팽창한 것을 수축시키려는' 시도다. "희극은 가장 경박한 순간에도 삶을 진지하게 대한다"(Meeker 1980, p. 157). 달리 말하면 우리가 자기 자신, 자신의 겉치레, 더 나아가 곤경에 웃을 수 없다면, 우리는 자신과 자신의 상황을 충분히 진지하게 대한 게 아니다.

나는 희극 전략이 어려운 시기에 우리에게 최상의 희망을 제공

* 미국 작가 조엘 챈들러 해리스(Joel Chandler Harris)의 동물 우화 〈리머스 아저씨(Uncle Remus)〉에 나오는 중심 캐릭터.

한다고 본다. 희극 전략은 진정한 고결함을 모욕하지 않지만, 그렇다고 그것에 의지하지도 않는다. 희극은 지금의 우리 자신과 세계를 이데올로기나 종교나 유치한 환상에 맞게 다듬으려 시도하지 않은 채 그 상태 그대로 받아들인다. 희극은 전향시키거나 가장하지 않는다. 반대로 희극은 사실적이고 유쾌하다(Huizinga 1955). 희극의 본질은 감사와 찬미다. 희극은 세계가 어떻다는 것을 지금보다 더 잘 이해하고, 우리가 누구인지를 스스로 깨닫기를 요구한다. 아주 약삭빠르거나 슬기롭지 않으면서도 한없이 영리하기를. 게다가 희극 관점은 스페인 작가이자 철학자 미겔 데 우나무노(Miguel de Unamuno)가 말한, 우리가 합리적이 되고자 하는 성향과 살아 있고자 하는 욕구 사이, 즉 앎과 삶 사이에 사로잡혀 있다는 것을 받아들인다(1977, p. 39). 따라서 희극 관점은 우리의 한계를 받아들이고 그에 따라 야심의 크기를 줄인다. 그리고 이런저런 대의라는 성벽 위에 홀로 서 있는 비극적 주인공과 대조적으로, 희극적 인물은 늘 흥겨운 잔치를 벌이러 향하는 군중 속에 있다.

보전생물학자가 보기에 희극 전략은 생태적 질문에 본래 담겨 있다. "군집이란 무엇인가?" "다른 구성원들은 누구인가?" "우리는 서로 어떻게 관련되어 있는가?" "우리는 어떻게 어울리는가?" "우리는 어떤 의무를 지는가?" "얼마나 되어야 충분한가?" "규칙과 규범이란 무엇인가?" 희극 전략은 우리에게 관리할 것을 요구하지 않는다. 그것은 삶과 알도 레오폴드의 말을 빌리자면 육상 공동체의 정복자가 아니라 '평범한 구성원이자 시민'이라는 우리의 지위에 함축된 사실들을 받아들인다. 이런 말들은 믿기 어려울 만큼 급진적이다. 평범한 구성원은 다른 구성원들과 어울리며, 그들로부터 배우며, 그들을 뒷받침하며, 그들을 존중하며, 그들에 의존한다.

우리는 육상 공동체에서 탈퇴할 선택권을 결코 지니고 있지 않다. 반대로, 우리는 좋은 구성원이 될지 파괴적인 구성원이 될지를 선택해야 한다. 잘 어울리는 좋은 구성원이 되기로 한 결정은 동물 및 육상 공동체와 우리의 관계를 함께 변화시킬 것이다. 그 결정은 우리가 무엇을 먹고, 어떻게 먹고, 무엇을 입고, 어떻게 농사를 짓고, 어떻게 숲을 이용하는지에 변화를 일으킬 것이다. 공동체 구성원의 정당한 이익을 존중하도록 우리의 관심사도 바꿀 것이다. 우리 자신을 생물 공동체의 평범한 구성원으로 여긴다면, 겸손함을 유도하는 차원을 넘어서 동료 동물 시민(fellow animal citizens)들의 정중함과 지성 같은 품성을 인식하고 《지배(Dominion)》의 저자 매슈 스컬리(Matthew Scully)가 '자연 발전'이라고 부른 것에 대한 그들의 권리를 존중하게 될 것이다(2002, p. 300). 생명 공동체의 시민이라는 인식은 우리의 도덕적 · 법적 지위의 경계를 넓혀서 인간의 지위를 확대하는 한편으로 우리의 겉치레와 합리화를 줄일 것이다. 결국, 생물과 친척이라는 인식은 우리 서로의 관계를 변화시킬 것이다. 두려움에 이끌려서 안전과 안보를 위해 미친 듯 헛된 쟁탈전을 벌이는 대신에, 우리는 남들을 문명이라는 허약한 비행기에 탄 동료 승객으로 볼지 모른다.

어려운 시기에 희망을 품을 정당한 근거가 있지만, 그것이 어떤 낙관적인 안이한 생각의 토대는 결코 아니다. 우리는 더 많은 연구나 초기술(hypertechnology)이나 데우스엑스마키나(deus ex machina: 초자연적인 힘 또는 신의 손)를 통해서는 구원 받지 못할 것이다. 삼라만상을 이해할 익명의 '그들'은 없다. 이 역마차를 구하기 위해 언덕을 달려 내려오는 기병대도 없을 것이다. 바츨라프 하벨이 말했듯이, 우리 상황에서 '희망은 결코 낙관론과 같은 것이 아니다'. "그것은 무언가가 잘될 것이라는 확신이 아니라, 그것이 어떻게 되든 상관없이 무언가가 사리에 맞는다는 확신이다"(Havel 1991, p. 181). 프랑클이 간파했듯이, 낙관론은 억지로 끌어낼 수 없지만, 희망은 좋은 일을 하고, 삶을 받아들이고 우리의 편협한 자아를 높이 끌어올림으로써 고양시킬 수 있다. 희망, 진정한 희망은 우리가 이길지 질지 걱정하지 않은 채 감사와 찬미의 정신으로 우리 앞에 놓인, 할 필요가 있는 것들을 하는 데서 나온다.

결론

우리가 바로 지구입니다

어떻게 하면 생물권을 갖춘 행성에 위험을 끼치지 않도록 사람들의 마음을 바꿀 수 있을까?

이런저런 것의 쇠퇴를 보여주는 사실과 자료를 학생들에게 더 많이 가득 안겨주는 것이 한 가지 대답일 수 있다. 교사이자 교육자이자 걱정하는 시민으로서 우리는 진리를 눈에 보이는 그대로 정확하게 말할 의무가 있다. 즉, 어느 정도 짙은 유리창을 통해 들여다보는 진리 말이다. 하지만, 말로 전할 수 없는 진리도 있다. 그런 것은 직접 느껴야 한다. 그것은 우리 안에 있다. 수백 년 동안 진화를 해왔는데도 이 중요한 진리를 알아볼 능력을 우리가 갖추지 못했다니 좀 이상하기도 하다. 그리고 아무리 애쓴들 우리는 스탠 로가 말한 고도로 진화한 깊은 대기(deep air) 속의 포유동물이라는 사실에서 벗어날 수 없다. 우리가 곧 지구이며, 우리의 살은 풀이다. 우리는 삶과 죽음, 성장과 부패의 주기 속에서 살아간다. 우리 몸은 매일의 빛과 어둠의 주기, 달의 인력, 계절 변화에 반응한다. 우리 피의 염분 농도,

우리와 다른 생명체의 유전적 유사성, 매순간 우리의 행동은 그렇다는 것을 드러낸다. 우리는 야생성으로 충만하다. 그것을 바이오필리아(Wilson 1984) 또는 생태적 무의식(Roszak 1992)이라고 하자. 지구는 우리 안에 새겨져 있으며, 우리가 곧 지구다. 우리는 자연에 애호심을 갖고 있다. 이 단순하지만 압도적인 사실 앞에서 우리는 어떻게 해야 할까?

단순한 답은 그것을 직시하라는 것이지만, 우리는 여전히 그것을 부정하고 있다. 우리가 세운 문명은 인생의 95%까지를 자연으로부터 고립된 실내에서 지내도록 만든다. 마이클 코언(Michael Cohen)이 말했듯이, '태어나서 자라면서 우리의 생각과 타고난 천성에 가해지는 (야생과 단절된) 습격에 당혹해한다'(1993). 우리는 교통체증, 공사다망, 소음, 인위적인 것, 현실의 대체물로 가득한 스트레스에 찌든 삶을 살아간다. 우리 사회는 스트레스 및 스트레스와 관련된 병리학적 증세로 가득하다. 중독, 파탄 난 혼인관계, 폭력, 탐욕 등등. 총 2,500만 달러에 이르는 비용을 잡아먹고 있는 우리의 질병 중 70% 이상은 스트레스와 관련이 있다고 여겨진다(Cohen 1993). 우리는 우리의 근원과 소원해져 있다. 허먼 데일리의 말처럼, 우리는 한없이 가렵지만, 어디를 긁어야 할지 알지 못한다.

우리 자신의 산물을 직시하려면, 어떻게 교육을 해야 할까? 나는 영어의 교육(education)이라는 단어의 어원(educe)에 답이 암시되어 있다고 본다. 그 말은 '이끌어내다'라는 뜻이다. 이끌어내는 데 필요한 것은 우리의 생명 애호심이다. 이 애호심은 성장하고 번성할 기회가 필요하며, 보장할 필요가 있고, 가르치고 훈련시킬 필요가 있으며, 인간적이고 지속 가능한 사회를 건설한다는 목표에 맞게 다듬을 필요가 있다. 생명 애호심에 토대를 둔 교육은 산업적-실용주의적 정신에서 대체로 쓰이지 않은 채 잠자고 있는 가능성과 잠재력을 깨우는 각성제 역할을 할 것이다. 따라서 교육이라는 과제는 데이브 포어먼(Dave Foreman)이 말한 것처럼, '이 눈부시고 풍부하고 활기에 찬 행성을 사랑하게끔 우리의 영혼을 일깨우는' 데 도움을 주는 것이다(Roszak 1993). 좋은 소식은 우리의 천성이 이 과정을 도우리라는 것이다. 우리가 허락하기만 한다면 말이다.

일깨우기는 어떤 식으로 이루어질까? 아메리카인디언 출신의 미국 작가 스콧 모마데이(Scott Momaday)는 이렇게 말했다.

> 사람은 평생에 한 번쯤…… 자신이 경험한 특정한 경관에 침잠하여 가능한 한 여러 각도에서 그것을 살펴보고 궁금해 하고 깊이 생각해 볼 필요가 있다. 어느 때나 손으로 그것을 만지고 그것이 내는 소리에 귀를 기울인다고 상상해야 한다. 거기에 있는 존재들과 바람의 가장 희미한 움직임까지 상상해야 한다. 달의 눈부심과 해질 녘과 해 뜰 녘의 다채로운 온갖 색깔도 회상해야 한다. (Momaday 1993, p. 83)

참고문헌

◘ 서문

Kennedy, P. 1993. *Preparing for the Twenty-First Century*. New York: Random House.

제1부 | 교육이라는 문제

◘ 교육은 무엇을 위한 것인가?

Eiseley, L. 1979. *The Star Thrower*. New York: Harcourt Brace Jovanovich.

Leopold, A. 1966. *A Sand County Almanac*. New York: Ballantine. (Original work published 1949.)

Lopez, B. 1989, September. American Geographies. *Orion*.

Lynd, S. 1982. *The Fight Against Shutdowns*. San Pedro, CA: Singlejack Books.

Merton, T. 1985. *Love and Living*. New York: Harcourt Brace Jovanovich.

Miller, R. 1989, Spring. Editorial. *Holistic Education Review*.

Managing Planet Earth. 1989, Sept. *Scientific American, 261*, 3.

Smith, P. 1990. *Killing the Spirit*. New York: Viking.

Wiesel, E. 1990. Remarks before the Global Forum. Moscow.

교육의 위험성

Carson, R. 1984. *The Sense of Wonder.* New York: Harper.

Emerson, R. W. 1972. *Selections from Ralph Waldo Emerson.* S. E. Whicher, ed. Boston: Houghton-Mifflin. (Original work published 1839.)

Leopold, A. 1966. *A Sand County Almanac.* New York: Ballantine. (Original work published I949.)

Leopold, A. 1991. *The River of the Mother of God and Other Essays by Aldo Leopold.* S. Flader and J.B. Callicott, eds. Madison: University of Wisconsin Press. (Original work published 1941.)

McLuhan, T. C. 1971. *Touch the Earth.* New York: Simon & Schuster.

Meine, C. 1988. *Aldo Leopold: His Life and Work.* Madison: University of Wisconsin Press.

Snyder, G. 1990. *The Practice of the Wild.* San Francisco: North Point Press.

Speer, A. 1970. *Inside the Third Reich.* Boston: Houghton Mifflin.

교육의 문제

Bok, D. 1990. *Universities and the Future of America.* Durham: Duke University Press.

Gray, J. G. 1984. *Re-Thinking American Education.* Middletown: Wesleyan University Press.

Griffin, D. 1992. *Animal Minds.* Chicago: University of Chicago Press.

Havel, V. 1992. *Summer Meditations.* New York: Knopf.

James, W. 1987. The Ph.D. Octopus. In B. Kuklick, ed., *William James: Writings 1902-1920.* New York: Library of America. (Original work published 1903.)

Leopold, A. 1966. *A Sand County Almanac.* New York: Ballantine. (Original work published 1949.)

Logsdon, G. 1994. *At Nature's Pace.* New York: Pantheon.

Moravic, H. 1988. *Mind Children.* Cambridge: Harvard University Press.

Newman, J. H. 198Z. *The Idea of a University.* Notre Dame, IN: Notre

Dame University Press.
Orwell, G. 1958. *The Road to Wigan Pier.* New York: Harcourt Brace Jovanovich.
Pelikan, J. 1992. *The Idea of the University: A Reexamination.* New Haven: Yale University Press.
Polanyi, M. 1958. *Personal Knowledge: Towards a Post-Critical Philosophy.* New York: Harper.
Rowe, S. 1990. *Home Place: Essays on Ecology.* Edmonton, Alberta, Canada: NeWest.
Smith, P. 1984. *Dissenting Opinions.* San Francisco: North Point Press.
Smith, P. 1990. *Killing the Spirit.* New York: Viking Press.
Whitehead, A. N. 1967. *The Aims of Education.* New York: Basic Books. (Original work published 1929.)
Wilson, E. O. 1984. *Biophilia.* Cambridge: Harvard University Press.

◘ 교육 사업

Friedman, J. 1993, February 17. Big Business Goes to School. *The Nation,* pp. 188-192.
The New York Times. 1992, May 26, p. A12.
Schmidt, B.C. 1992, June 5. Educational Innovation for Profit. *The Wall Street Journal.*
Sloan, D. 1993. A Postmodern Vision of Education for a Living Planet. In D. R. Griffen and R. Falk, eds., *Postmodern Politics for a Planet in Crisis.* Albany: State University of New York Press.
Stout, H. 1992, February 14. Teams Vie to Redesign U.S. Education. *The Wall Street Journal.*

사랑

Fromm, E. 1956. *The Art of Loving.* New York: Harper.

Gould, S. J. 1991, September. Enchanted Evening. *Natural History*, p. 14.

Heschel, A. J. 1951. *Man Is Not Alone: A Philosophy of Religion.* New York: Farrar, Straus & Giroux.

Kellert, S., and Wilson, E., eds. 1993. *The Biophilia Hypothesis.* Washington, DC: Island Press.

Maslow, A. 1966. *The Psychology of Science.* Chicago: Regnery.

Wilson, E. O. 1992. *The Diversity of Life.* Cambridge: Harvard University Press.

지능

Berry, W. 1983. *Standing by Words.* San Francisco: North Point Press.

Emerson, R. W. 1972. *Selections from Ralph Waldo Emerson.* S. Whicher, ed. Boston: Houghton Mifflin. (Original work published 1839.)

Midgley, M. 1990. Why Smartness is Not Enough. In M. Clark and S. Wawrytko, eds., *Rethinking the Curriculum.* Westport: Greenwood Press.

Postman, N. 1988. *Conscientious Objections.* New York: Knopf.

Rowe, S. 1990. *Home Place: Essays on Ecology.* Edmundton, Alberta, Canada: NeWest.

Schumacher, E.F. 1973. *Small is Beautiful: Economics as if People Mattered.* New York: Harper Torchbooks.

Simmons, I. G., 1989. *Changing the Face of the Earth.* Cambridge, England: Blackwell.

◘ 물과 석유

Bowden, C. 1985. *Killing the Hidden Waters.* Austin: University of Texas Press.

Todd, J. 1991. *Living Machines.* Unpublished manuscript.

Wittfogel, K. 1956. *Oriental Despotism.* New Haven: Yale University Press.

Worster, D. 1985. *Rivers of Empire.* New York: Pantheon.

◘ 덕

Grant, M., translator. 1987. Cicero, *On the Good Life.* London: Penguin Books.

Heilbroner, R. 1974. *An Inquiry into the Human Prospect.* New York: Norton.

MacIntyre, A. 1981. *After Virtue.* Notre Dame, IN: Notre Dame University Press.

Oswald, M., translator. 1962. Aristotle, *Nichomachean Ethics.* Indianapolis: Bobbs-Merrill.

Proctor, R. 1988. *Education's Great Amnesia.* Bloomington: Indiana University Press.

◘ 숲과 나무

Giono, J. 1985. *The Man Who Planted Trees.* Post Mills, VT: Chelsea Green Publishing Co.

Gadgil, M., and Guha, R. 1992. *This Fissured Land: An Ecological History of India.* Berkeley: University of California Press.

Harrison, R. 1992. Forests: *The Shadow of Civilization.* Chicago: University of Chicago Press.

Leopold, A. 1991. *The River of the Mother of God and Other Essays by Aldo Leopold.* S. Flader and J. B. Callicott, eds. Madison: University of Wisconsin Press. (Original work published 1941.)

Manning, R. 1992. *Last Stand.* New York: Penguin Books.

Maser, C. 1989. *Forest Primeval.* San Francisco: Sierra Club Books.

Oelschlaeger, M. 1991. *The Idea of Wilderness.* New Haven: Yale University Press.

O'Toole, R. 1988. *Reforming the Forest Service.* Washington, DC: Island Press.

Panayotou, T., and Ashton, P. 1992. *Not by Timber Alone: Economics and Ecology for Sustaining Tropical Forestry.* Washington, DC: Island Press.

Perlin, J. 1989. *A Forest Journey: The Role of Wood in the Development of Civilization.* New York: Norton.

Repetto, R., and Gillis, M., eds. 1988. *Public Policies and the Misuse of Forest Resources.* New York: Cambridge University Press.

Sandars, N. K., ed. 1972. *The Epic of Gilgamesh.* New York: Penguin Books. (Original work circa 4700 B.C.)

Skole, D., and Tucker, C. 1993. Tropical Deforestation and Habitat Fragmentation in the Amazon. *Science, 260,* p.p. 1905-1910.

Smith, J. R. 1987. *Tree Crops: A Permanent Agriculture.* Washington, DC: Island Press.

Williams, M. 1989. *Americans and Their Forests.* New York: Cambridge University Press.

◘ 정치

Havel, V. 1990. *Living in Truth.* London: Faber & Faber.

Woodwell, G. 1989, February. On Causes of Biotic Impoverishment. *Ecology, 70,* 1.

◘ 경제

Daly, H. 1991. Towards an Environmental Macroeconomics. *Land Economics, 67,* pp. 255-259.

Dasgupta, P. 1991. Exhaustible Resources. In L. Friday and R. Laskey, eds., *The Fragile Environment.* New York: Cambridge University Press.

Repetto, R., and Gillis, M, eds. 1988. *Public Policies and the Misuse of Forest Resources.* New York: Cambridge University Press.

Thomas, L. 1984. Scientific Frontiers and National Frontiers: A Look Ahead. *Foreign Affairs 62*, pp. 966-994.

Wilson, E. 1989. Conservation: The Next Hundred Years. In D. Western and M. Pearl, eds., *Conservation for the Twenty-First Century.* New York: Oxford University Press.

◘ 판결: 파스칼의 내기와 더 뜨거운 시대의 경제학

Houghton, R. A., and Woodwell, G. 1989, April. Global Climatic Change. *Scientific American*, pp. 36-44.

Intergovernmental Panel on Climate Change. 1991. *Climate Change.* New York: Oxford University Press.

Lovins, A. 1990. The Role of Energy Efficiency. In J. Leggett, ed., *Global Warming.* New York: Oxford University Press.

National Academy of Sciences. 1991. *Policy Implications of Greenhouse Warming: Report of the Adaptation Panel.* Washington, DC: National Academy Press.

Nordhaus, W. D. 1990a, July 7. Greenhouse Economics: Count Before You Leap. *The Economist.*

Nordhaus, W. D. 1990b. Global Warming: Slowing the Greenhouse Express. In H. Aaron, ed., *Setting National Priorities.* Washington, DC: Brookings Institution.

Pascal, B. 1941. *Pensées.* New York: The Modern Library.

◘ 대학 순위 매기기

Smith, A. 1992. *Campus Ecology.* Los Angeles: Living Planet Press.

◘ 학문 분야의 문제와 문제의 학문 분야

Cobb, E. 1977. *The Ecology of Imagination in Childhood.* New York: Columbia University Press.

Dillard, A. 1974. *Pilgrim at Tinker Creek.* New York: Harper' s Magazine Press.

McDaniel, C. 1993. *One Mile of the Hudson.* Unpublished Manuscript.

Mermann, A. C. 1992. *Questions and Reflections.* New York: Pharos Books.

Mitchell, J. H. 1984. *Ceremonial Time.* New York: Anchor Press.

Moon, W. 1991. *Prairy-Erth.* Boston: Houghton Mifflin.

◘ 전문직주의와 인간의 전망

Alexander, J. C. 1993, December 1. The Irrational Disciplinarity of Undergraduate Education. *The Chronicle of Higher Education*, p. B3.

Bok, D. 1990. *Universities and the Future of America.* Durham: Duke University Press.

Darwin, C. 1986. *Origin of Species.* New York: NAL/Dutton. (Original work published 1859.)

Midgely, M. 1989. *Wisdom, Information, and Wonder.* London: Routledge.

Proctor, R. 1991. *Value Free Science.* Cambridge: Harvard University Press.

Smith, P. 1990. *Killing the Spirit.* New York: Viking.

Solomon, R. 1992. Beyond Reason: The Importance of Emotion in Philosophy. In J. Ogilvy, ed., *Revisioning Philosophy.* Albany: State University of New York Press.

◘ 마음 설계

Berry, W. 1987. *Home Economics.* San Francisco: North Point Press.

Daly, H., and Cobb, J. 1989. *For the Common Good.* Boston: Beacon Press.

Dewey, J. 1990. *The School and Society.* Chicago: University of Chicago Press. (Original work published 1899.)

Gray,J. G. 1984. *Rethinking American Education.* Middletown: Wesleyan University Press.

Newman, J. H. 1982. *The Idea of A University.* Notre Dame, IN: Notre Dame University Press.

Ophuls, W. 1977. *Ecology and the Politics of Scarcity.* San Francisco: W. H. Freeman.

Orr, D. 1990. The Campus, the Liberal Arts, and the Biosphere. *Harvard Educational Review 60*, 2, pp. 205-206.

Sturt, G., 1984. *The Wheelwright's Shop.* New York: Cambridge University Press. (Original wo republished 1923.)

Todd, J. 1991. Ecological Engineering, Living Machines and the Visionary Landscape. In C. Etnier and B. Guterstam, eds., *Ecological Engineering for Wastewater Treatment.* Gothenburg, Sweden: Boksgaden.

Wann, D. 1990. *Biologic.* Boulder: Johnson Publishing Co.

Whitehead, A. N. 1367. *The Aims of Education.* New York: Free Press.

◘ 농업과 교양과목

Bailey, L. H. 1980. *The Holy Earth.* Ithaca: New York State College of Agriculture. (Original work published 1915.)

Hawkes, J. 1951. *A Land.* New York: Random House.

Leopold, A. 1991. *The River of the Mother of God and Other Essays by Aldo Leopold.* S. Flader and J. B. Callicott, eds. Madison: University of Wisconsin Press. (Original work published 1941.)

Nabhan, G. 1982. *The Desert Smells Like Rain.* San Francisco: North Point Press.

Strange, M. 1988. *Family Farming.* Lincoln: University of Nebraska Press.

Wilken, G. 1987. *Good Farmers: Traditional Agriculture Resource Management in Mexico and Central America.* Berkeley: University of California Press.

Wright, A. 1990. *The Death of Ramon Gonzalez: The Modern Agricultural Dilemma.* Austin: University of Texas Press.

◘ 긴 안목의 유권자 교육

Gore, A. 1992. *Earth in the Balance: Ecology and the Human Spirit.* Boston: Houghton Mifflin.

Kennedy, P. 1993. *Preparing for the Twenty-First Century*. New York: Random House.

Ornstein, R., and Ehrlich, P. 1989. *New World, New Mind.* New York: Doubleday.

Perrin, N. 199Z, October 28. Colleges are Doing Pitifully Little to Protect the Environment. *The Chronicle of Higher Education, 39*, 10.

Rensberger, B. 1993, August 2-8. Blowing Hot and Cold on Global Warming. *Washington Post Weekly*, p. 38.

Stevens, W. 1991, August 20. Species Loss: Crisis or False Alarm? *The New York Times.*

Taubes, G. 1993, June n. The Ozone Backlash. *Science*, z6o, pp. 1580-1583.

Eiseley, L. 1970. *The Invisible Pyramid.* New York: Scribners.

◘ 사랑하지 않으면 잃는다: 바이오필리아 혁명의 도래

Barfield, O. 1957. *Saving the Appearances.* New York: Harcourt Brace Jovanovich.

Berry, W. 1981. *The Gift of Good Land.* San Francisco: North Point Press.

Bratton, S. 1992, Spring. Loving Nature: Eros or Agape? *Environmental Ethics 14*, I.

Carson, R. 1987. *The Sense of Wonder.* New York: Harper. (Original work published 1965.)

Coles, R. 1971. A Domain of Sorts. In S. Kaplan and R. Kaplan, eds., *Humanscape.* North Scituate, Mass.: Duxbury.

Darwin, C. 1958. *The Autobiography of Charles Darwin.* New York: Dover. (Original work published 1892.)

Darwin, C. 1977. *The Descent of Man.* New York: Modern Library. (Original work published 1871.)

Diamond, J. 1992. *The Third Chimpanzee.* New York: Harper.

Drexler, E. 1987. *Engines of Creation.* New York: Anchor Books.

Fromm, E. 1955. *The Sane Society.* New York: Fawcett Books.

Fromm, E. 1973. *The Anatomy of Human Destructiveness.* New York: Holt, Rinehart &c Winston.

Fromm, E. 1989. *The Art of Loving.* New York: Harper.

Gould, S. 1991, September. Enchanted Evening. *Natural History*, p. 14.

Havel, V. 1989. *Living in Truth.* London: Faber & Faber.

Havel, V. 1992. *Summer Meditations.* New York: Knopf.

Hawkes, J. 1951. *A Land.* New York: Random House.

Heschel, A. 1990. *Man is not Alone.* New York: Farrar, Straus 8c Giroux.

Konner, M. 1982. *The Tangled Wing.* New York: Holt, Rinehart & Winston.

Krutch, J. 1991. *The Great Chain of Life.* Boston: Houghton Mifflin.

Lax, E. 1992. *Woody Allen: A Biography.* New York: Vintage.

Leopold, A. 1966. *A Sand County Almanac.* New York: Ballantine. (Original work published 1949.)

Lopez, B. 1989. Renegotiating the Contracts. In T. Lyon, ed., *This Incomperable Lande.* Boston: Houghton Mifflin.

Maslow, A. 1966. *The Psychology of Science.* Chicago: Gateway.

Montgomery, S. 1991. *Walking with the Great Apes.* Boston: Houghton Mifflin.

Muir, J. 1988. *The Story of My Boyhood and Youth.* San Francisco: Sierra Club.

Mumford, L. 1946. *Values for Survival.* New York: Harcourt and Brace.

Mumford, L. 1970a. *The Conduct of Life.* New York: Harcourt Brace Jovanovich.

Mumford, L. 1970b. *The Culture of Cities.* New York: Harcourt Brace Jovanovich.

Nash, J. 1991. *Loving Nature.* Nashville: Abingdon.

Peters, R., and Myers, J. P. 1991-1992. Preserving Biodiversity in a Changing Climate. *Issues in Science and Technology,* 8, 2.

Roszak, T. 1992. *The Voice of the Earth.* New York: Simon &c Schuster.

Russell, B. 1959. *The Scientific Outlook.* New York: Norton.

Schweitzer, A. 1969. *Reverence for Life.* New York: Pilgrim Press.

Schweitzer, A. 1972. *Out of My Life and Thought.* New York: Holt, Rinehart & Winston.

Shepard, P. 1993. On Animal Friends. In S. Kellert and E. O. Wilson, eds., *The Biophilia Hypothesis.* Washington, DC: Island Press.

Shepard, P., and Sanders, B. 1992. *The Sacred Paw.* New York: Viking.

Snyder, G. 1974. *Turtle Island.* New York: New Directions.

Snyder, G. 1990. *The Practice of the Wild.* San Francisco: North Point Press.

Tuan, Y 1974. *Topophilia.* New York: Columbia University Press.

Turnbull, C. 1972. *The Mountain People.* New York: Simon & Schuster.

Vitousek, P., et al. 1986, June. Human Appropriation of the Products of Photosynthesis. *Bioscience, 36,* 6.

Weil, S. 1971. *The Need for Roots.* New York: Harper.

Wilson, E. O. 1984. *Biophilia.* Cambridge: Harvard University Press.

◘ 환경을 진지하게 고려하는 세상

Batra, R. 1993. *The Myth of Free Trade.* New York: Scribners.

Berry, W. 1987. *Home Economics.* San Francisco: North Point Press.

Carley, M., and Christie, 1.1993. *Managing Sustainable Development.* Minneapolis: University of Minnesota Press.

Daly, H. 1993, November. The Perils of Free Trade. *Scientific American,* pp. 50-57.

Daly, H., and Cobb, J. 1989. *For the Common Good.* Boston: Beacon Press.

Dewey, J. 1954. *The Public and Its Problems.* Chicago: Swallow Press.

Franke, R., and Chasin, B. 1991. *Kerala: Radical Reform as Development in an Indian State.* San Francisco: Institute for Food and Development Policy.

Friedmann, J. 1987. *Planning in the Public Domain.* Princeton: Princeton University Press.

Gallagher, W. 1993. *The Power of Place.* New York: Poseidon Press.

Haas, P., et al., eds. 1993. *Institutions for the Earth.* Cambridge: MIT Press.

Hardin, G, 1986. *Filters Against Folly.* New York: Viking.

Hardin, G. 1993. *Living Within Limits: Ecology, Economics, and Population Taboos.* New York: Oxford University Press.

Havel, V. 1992. *Summer Meditations.* New York: Knopf.

Hiss, T. 1990. *The Experience of Place.* New York: Random House.

Kelman, S. 1988. Why Public Ideas Matter. In R. Reich, ed., *The Power of Public Ideas.* Cambridge: Harvard University Press.

Kemmis, D. 1990. *Community and the Politics of Place.* Norman: University of Oklahoma Press.

Leopold, A. 1991. *The River of the Mother of God and Other E,ssays by Aldo Leopold.* S. Flader and J. B. Callicott, eds. Madison: University

of Wisconsin Press. (Original work published 1941.)
Lynd, S. 1982. *Fight Against Shutdowns.* San Pedro, CA: Singlejack Books.
Martin, C. 1992. *In the Spirit of the Earth.* Baltimore: Johns Hopkins University Press.
Morris, D. 1990, September/October. Free Trade: The Great Destroyer. *The Ecologist,* 20, pp. 190-195.
Orr, D. 1992. *Ecological Literacy.* Albany: State University of New York Press.
Power, T.M. 1988. *The Economic Pursuit of Quality.* Armonk, NY: M.E. Sharpe.
Reich. R. 1991. *The Work of Nations.* New York: Knopf.
Sachs, W. (ed.) 1992. *The Development Dictionary.* London: ZED Books.
Snyder, G. 1974. *Turtle Island.* New York: New Directions.
Tuan, Y. F. 1977. *Space and Place: Their Perspective of Experience.* Minneapolis: University of Minnesota Press.
Turner, F. 1980. *Beyond Geography: The Western Spirit Against the Wilderness.* New York: Viking.
Whyte, W., and Whyte, K. 1988. *Making Mondragon.* Ithaca: Cornell University Press.

◘ 가격과 교환된 생명: 미국 식품체계의 비용

Bailey, L. H. 1980. *The Holy Earth.* Ithaca: New York State College of Agriculture. (Original work published 1915.)
Berry, W. 1977. *The Unsettling of America.* San Francisco: Sierra Club Books.
Bryan, R, and McClaughry, J. 1989. *The Vermont Papers.* Post Mills, VT: Chelsea Green Publishing Co.
Costanza, R., et al. 1991. Goals, Agenda, and Policy Recommendations for Ecological Economics. In R. Costanza et al., eds., *Ecological Economics.* New York: Columbia University Press.
Daly, H. 1980. On Economics as a Life Science. In H. Daly, ed., *Economics, Ecology, Ethics.* San Francisco: W. H. Freeman.

Daly, H., and Cobb, J. 1989. *For the Common Good.* Boston: Beacon Press.

Davidson, O. G. 1990. *Broken Heartland.* New York: Anchor Books.

Durning, A. 1991. Asking How Much Is Enough. In L. Brown et al., eds., *State of the World: 1991.* New York: Norton.

Ehrlich, G. 1990. Growing Lean, Clean Beef. In R. Clark, ed., *Our Sustainable Table.* San Francisco: North Point Press.

Faeth, P., et al. 1991. *Paying the Farm Bill.* Washington, DC: World Resources Institute.

Fritsch, A. 1989. *Communities at Risk.* Washington, DC: Renew America.

Gever, j., et al. 1986. *Beyond Oil.* Cambridge: Ballinger.

Hawkes, J. 1951. *A Land.* New York: Random House.

Hightower, J. 1978. *Hard Times, Hard Tomatoes.* Cambridge: Shenkman.

Kenney, M. 1986. *Biotechnology: The University-Industrial Complex.* New Haven: Yale University Press.

Logsdon, G. 1984. The Importance of Traditional Farming Practices for a Sustainable Modern Agriculture. In W. Jackson et al., eds., *Meeting the Expectations of the Land.* San Francisco: North Point Press.

Meadows, D. 1990, September 29. Remarkable Energy Savings are Possible. *Valley News.*

Mumford, L. 1973. *The Condition of Man.* New York: Harcourt Brace Jovanovich.

National Academy of Sciences. 1987. *Regulating Pesticides in Food.* Washington, DC: National Academy Press.

National Research Council. 1989. *Alternative Agriculture.* Washington, DC: National Academy Press.

Pimentel, D. 1990. Environmental and Social Implications of Waste in U.S. Agriculture. *Journal of Agricultural Ethics.*

Rogoff, M., and Rawlins, S. 1987, December. Food Security. *Bioscience, 37,* 11.

Strange, M. 1988. *Family Farming.* Lincoln: University of Nebraska Press.

Strange, M. 1990. *Rural Economic Development and Sustainable*

Agriculture. Walt-hill, NE: Center for Rural Affairs.
Sturt, G. 1984. *The Wheelwright's Shop.* New York: Cambridge University Press.

◘ 피난민인가 귀국자인가? 미국 시골의 미래에 관한 추측들

Aplet, R, et al. 1993. *Defining Sustainable Forestry.* Washington, DC: Island Press.
Borsodi, R. 1972. *Flight from the City.* New York: Harper Colophon.
Brown, L., et al. 1990. *State of the World: 1990.* New York: Norton.
Calthorpe, P. 1993. *The Next American Metropolis.* Princeton, N.J.: Princeton Architectural Press.
Chivian, E., et al., eds. 1993. *Critical Condition.* Cambridge: MIT Press.
Critchfield, R. 1983. *Villages.* New York: Anchor Books.
Daly, H., and Cobb, J. 1989. *For the Common Good.* Boston: Beacon Press.
Debeir, J.-C, et al. 1991. *In the Servitude of Power.* London: ZED Books.
Friedmann, J., and Weaver, C. 1980. *Territory and Function.* Berkeley: University of California Press.
Goodwyn, L. 1978. *The Populist Movement.* New York: Oxford University Press.
Hawken, P. 1993. *The Ecology of Commerce.* New York: Harper Business.
Hubbert, M. K. 1969. Energy Resources. In *Resources and Man.* San Francisco: W. H. Freeman.
Intergovernmental Panel on Climate Change. 1990. *Climate Change.* New York: Cambridge University Press.
Laslett, P. 1971. *The World We Have Lost.* New York: Scribners.
Lingeman, R. 1980. *Small Town America.* Boston: Houghton Mifflin.
Logsdon, G. 1994. *At Nature's Pace.* New York: Pantheon.
McMichael, A.J. 1993. *Planetary Overload.* New York: Cambridge University Press.
Meyer, J. 1993. The Stalemate in Food and Agricultural Research, Teaching, and Extension. *Science, z6o,* pp. 881-882.

Montmarquet, J. 1989. *The Idea of Agrarianism.* Moscow: University of Idaho Press.

Nadis, S., and MacKenzie, J. 1993. Car Trouble. Boston: Beacon Press.

Pimentel, D. 1990. Environmental and Social Implications of Waste in U.S. Agriculture. *Journal of Environmental Ethics.*

Postel, S., and Ryan, J. 1991. Reforming Forestry. In L. Brown et al., *State of the World*: 1991. New York: Norton.

Power, T.M. 1988. *The Economic Pursuit of Quality.* Armonk, NY: Sharp.

Preston, R. 1992., October 26. Crisis in the Hot Zone. *The New Yorker*, pp. 58-81.

Redfield, R. 1967. *The Little Community/Peasant Society and Culture.* Chicago: University of Chicago Press.

Romm, J. 1992. *The Once and Future Superpower.* New York: Pantheon.

Schumacher, E. F. 1973. *Small is Beautiful.* New York: Harper.

Slater, P. 1974. *Earthwalk.* New York: Bantam Books.

Smil, V. 1991. *General Energetics.* New York: John Wiley & Sons.

Smith, H. 1961. *Virgin Land.* New York: Vintage Books.

Speare, A., and White, M. 1992. Optimal City Size and Population Density for the Twenty-First Century. In L. Grant, ed., *Elephants in the Volkswagen.* New York: W. H. Freeman.

Stegner, W 1987. *The American West as Living Space.* Ann Arbor: University of Michigan Press.

Steinhart, C, and Steinhart, J. 1974. Energy Use in the U.S. Food System. *Science, 184*, pp. 307-316.

Strange, M. 1988. *Family Farming.* Lincoln: University of Nebraska Press.

Tuchman, B. 1978. *A Distant Mirror.* New York: Knopf.

Tugwell, F. 1988. *The Energy Crisis and the American Political Economy.* Stanford, CA: Stanford University Press.

Turner, F. 1980. *Beyond Geography.* New York: Viking.

Van der Ryn, S., and Calthorpe, P., eds. 1986. *Sustainable Communities.* San Francisco: Sierra Club Books.

Webb, W. P. 1981. *The Great Plains.* Lincoln: University of Nebraska Press.

Worster, D. 1993. *The Wealth of Nature.* New York: Oxford University Press.

어려운 시기의 희망

Barzun, J. 1959. *The House of Intellect.* Chicago: University of Chicago Press.

Frankl, V. 1984. *Man's Search for Meaning.* New York: Simon & Schuster.

Havel, V 1991. *Disturbing the Peace.* New York: Vintage.

Homer-Dixon, T. 2000. *The Ingenuity Gap.* New York: Knopf.

Huizinga, J. 1955. *Homo Ludens.* Boston: Beacon Press.

Leslie, J. 1996. *The End of the World.* London: Routledge.

Meeker, J. 1980. *The Comedy of Survival.* Los Angeles: Guild of Tutors Press.

Miles, J. 2000. Global Requiem: The Apocalyptic Moment in Religion, Science, and Art. *Cross Currents.* Available on-line at http://www.crosscurrents.org/milesrequiern.htm.

Morrison, R. 1999. *The Spirit in the Gene.* Ithaca, NY: Cornell University Press.

Rees, M. 2003. *Our Final Hour.* New York: Basic Books.

Scully, M. 2002. *Dominion.* New York: St. Martin's Press.

Unamuno, M. de. 1977. *The Tragic Sense of Life in Men and Nations.* Princeton, NJ: Princeton University Press.

Union of Concerned Scientists. 1992. *World Scientists' Warning to Humanity.* Available on-line at http://www.ucsusa.org/ucs/about/page.cfm?pageID=ioo9.

Wells, H. G. 1946. Mind at the End of Its Tether. New York: Didier Publishers.

결론: 우리가 바로 지구입니다

Cohen, M. 1993. Integrated Ecology: The Process of Counseling with Nature. *The Humanistic Psychologist, 21*, 3.

Momaday, S. 1993. *The Way to Rainy Mountain.* Albuquerque: University of New Mexico Press. (Original work published 1969.)

Roszak, T. 1992. *Voice of the Earth.* New York: Simon & Schuster.

Roszak, T. 1993. Beyond the Reality Principle. *Sierra* (March/April).

Rowe, S. 1993. Stan Rowe on the Ecological Perspective in a Changing World. *Hastings Bridge*, 1, 1.

Wilson, E. O. 1984. *Biophilia.* Cambridge: Harvard University Press.

옮긴이의 말

아마 누구나 다 잘 안다고 생각하지만, 실제로 잘 아는 사람은 거의 없는 것이 환경문제가 아닐까? 모두가 환경 속에, 자연 속에 살고 있는데 환경과 자연을 모르는 이가 과연 있겠는가? 그저 좀 무심하거나 바쁘거나 의지가 부족해서 때로 실천을 안 한다는 점이 문제일 뿐, 환경과 자연을 보호하는 방법도 다 알고 있지 않은가? 자가용 대신 대중교통을 이용하고, 세제를 덜 쓰고, 전기를 절약하고, 물을 아껴 쓰고…….

하지만 이 책을 읽으면 그것이 전부가 아님을 깨닫게 된다. 우리가 알게 모르게 저지르는 자멸적인 환경 파괴 행위가 사실은 더 깊은 곳에 뿌리를 두고 있음을. 이 책은 그것이 잘못된 교육과 경제 체제와 정치 때문임을 설득력 있게 말한다. 깊은 성찰 끝에 나온 간결한 어조로 저자는 세계가 심각한 위기에 빠진 이유가 바로 우리가 자연에 의존한다는 근본을 잊거나 무시하는 태도가 대물림되기 때문임을 깊이 깨닫게 만든다.

그저 에너지를 절약하자거나 환경을 보호하자거나 지속 가능한 발전을 이루자는 그런 이야기라고 생각한다면 오산이다. 이 책은 그보다 훨씬 더 깊이가 있다. 읽다보면 자신이 환경과 자연에 관해 안다고 생각한 것이 단편적이고 얄팍한 수준에 불과함을 저절로 알게 된다. 많은 환경책을 읽었지만, 이 책만큼 정치, 경제, 생태, 교육, 윤리, 사회 등 환경문제의 여러 측면을 세세하면서도 종합적으로 살펴본 책은 보기 드물다. 더 나아가 저자는 환경문제를 근원적으로 해결할 실천 원칙과 방법론까지 구체적으로 제시한다. 구체적인 해법 없이 공허한 구호만 나열한 여느 책들과는 차원이 다르다.

읽으면서 곳곳에서 새로운 시각과 깨달음을 얻었는데, 그중 교육과 농업을 다룬 부분이 인상적이다. 저자는 오늘날 교육의 목표가 오로지 세계경제의 일류 일꾼을 배출하는 것이 되어버렸다고 비판하면서, 졸업생이 지구 환경에 얼마나 기여했는지가 학교 순위 평가의 기준이 되어야 한다고 역설한다. 오늘날 우리 사회가 교육기관에 요구하는 것을 생각하면 안타깝기 그지없다. 그리고 농업이 단순히 전문 분야가 아니라 교양교육의 일부가 되었어야 한다는 저자의 말도 많은 것을 생각하게 한다. 자연을 직접 접하면서 일하는 기쁨을 체득하는 장이 되었던 농촌 공동체와 농업의 몰락이 환경문제와 깊이 연관이 있다는 것을 깨닫기란 쉽지 않다. 게다가 '농업' 하면 수입 쇠고기 협상이 먼저 떠오르는 이상한 상황에 처해 있으니…….

이 책을 읽는 내내 과연 저자의 말이 우리 사회에 먹힐까 하는 생각이 맴돌았다. 우리는 서양이 한 세기에 걸쳐 이룩한 발전을 약 30년 만에 이루었다. 그렇기에 우리는 자연 속에서 사는 삶도 알고 자연을 격리시키고 정복할 대상으로 삼는 삶도 안다. 양쪽 삶을 다 살아왔으니까. 우리는 틈만 나면 산과 바다를 찾는다. 비록 사람들에게 치이다가 피곤해 돌아올 줄 알면서도, 그래도 자연에 머물다 오고 싶은 간절함이 있기에 포기하지 못한다.

하지만 다시 일상생활로 돌아오면 상황은 달라진다. 집에 들어서는 순간 한가로이 방바닥을 기어가는 벌레 한 마리를 보자마자, 깜짝 놀라면서 벌레 잡을 도구를 찾기 위해 허둥거린다. 산에서는 등에 노린재가 달라붙고 거미줄에 매달려 있던 거미가 얼굴에 부딪혀도 별 개의치 않던 사람들이 집에서는 벌레를 맨손으로 잡는 것조차 꺼려한다. 휴지라도 손에 쥐고 신문지라도 말아야 한다. 집 안은 오로지 사람만의 공간이어야 한다. 화초나 애완동물은 좀 있어도 좋지만, 그 외의 잡스러운 생물은 절대 안 된다. 집 주위의 생활 공간도 철저히 관리되지 않으면 왠지 싫다. 잡초를 뽑고 약을 뿌려서 날벌레를 없애야만 안심이 된다.

이런 이분법도 우리가 받은 교육의 산물일까? 내가 받은 교육은 과연 어떤 것이었을까? 이 책은 이렇게 익숙한 습성과 생각에 새삼스레 의문을 품게 만든다. 십 년이면 강산도 변한다고 했는데, 혹시 그 말은 예부터 인위적인 환경을 만드느라 애썼음을 시사하는 것은 아닐까? 이런저런 걱정을 하고 있자니, 본래 자신의 것이었던 녹색이라는 말조차 이제 사람에게 빼앗기려 하는 산과 바다가 왠지 처연한 표정을 짓는 듯하다.

작은 지구를 위한 마음

생태적 문맹에서 벗어나기

첫 번째 찍은 날 2014년 3월 25일

지은이 데이비드 W. 오어
옮긴이 이한음
펴낸곳 현실문화연구
펴낸이 김수기

편집 이용석, 김수현, 문용우, 허원
디자인 박미정
마케팅 임호
제작 이명혜

등록번호 제2013-000301호
등록일자 1999년 4월 23일

주소 서울시 마포구 포은로 56 2층
전화 02-393-1125
팩스 02-393-1128
전자우편 hyunsilbook@daum.net

가격은 뒤표지에 있습니다.
ISBN 978-89-6564-086-8 03300

「이 도서의 국립중앙도서관 출판시도서목록(CIP)은 서지정보유통지원시스템 홈페이지(http://seoji.nl.go.kr)와 국가자료공동목록시스템(http://www.nl.go.kr/kolisnet)에서 이용하실 수 있습니다. (CIP제어번호: CIP2014007069)」